LE PRINTEMPS DE PARIS

DES MÊMES AUTEURS

LES TOURNOIS DE DIEU.
I. LE TEMPLIER DE JÉRUSALEM, Laffont, 1977.
II. LA PART DES PAUVRES, Laffont, 1978.
III. ET NOUS IRONS AU BOUT DU MONDE, Laffont, 1979.
PRIEZ POUR NOUS A COMPOSTELLE, Hachette, 1978.
ALMANACH DE LA MÉMOIRE ET DES COUTUMES
(en collaboration avec Claire Tiévant), Hachette, 1979.
ILS VOYAGEAIENT LA FRANCE, Hachette, 1980.
LE ROI DES DERNIERS JOURS, Hachette, 1981.
SI JE T'OUBLIE JÉRUSALEM, Hachette, 1982.

DE JEAN-NOËL GURGAND

ISRAÉLIENNES, Grasset, 1967.
LA PETITE FÊTE, Grasset, 1969.
LES STATUES DE SABLE, Grasset, 1972.
ISRAËL LA MORT EN FACE
(en collaboration avec Jacques Derogy), Laffont, 1975.

DE MARGUERITE ET JEAN-NOËL GURGAND

L'HISTOIRE DE CHARLES BRUNET, Mazarine, 1982.

DE JEAN-NOËL GURGAND ET VÉRONIQUE RENARD

ENTRE LE SOLEIL ET NOUS, Denoël, 1986.

BARRET / GURGAND

LE PRINTEMPS DE PARIS

22 février - 25 juin 1848

FAYARD-HACHETTE

I

Le pain des pauvres

Ici et maintenant. — Un silence terrible. — L'auberge d'Isidore Poulet. — La crise. — Le fils Chambert. — Sept tonnes de blé. — Pigelot a disparu. — Le chef des brigands. — Je suis mort. — C'est carnaval. — Bivouacs. — Les zigzags du président Mater. — Quinze sous par jour. — Dites-moi donc ma mère.

« C'est à la boulangerie
que commencent les révolutions. »
Alfred de Vigny.

Il y a là Baptiste Bienvenu, vingt-cinq ans, journalier, François Velluet, trente-six ans, garde, et Louis Michot, vingt ans, dit Riche-en-Gueule, sabotier à Châteauroux, qui sait un peu lire et écrire. Autour d'eux, des prêtres en surplis et des hommes qui peinent à ajuster des bois qu'a gauchis, peut-être, l'humidité de l'aube.

C'est avec ces trois-là que nous entrons dans notre récit. Nous sommes à Buzançais, Indre, au printemps de 1847. Un an plus tard, on parlera dans toute l'Europe du « printemps des peuples », saison inouïe de notre histoire, révolution irréelle, disparue presque aussitôt qu'apparue, étoile filante surgissant dans la nuit et s'effaçant dans le même temps, ne laissant, au cœur des hommes de bonne volonté, qu'un sillage bouleversant : « Quarante-huit », rappelez-vous, c'était le ciel sur la terre, la justice régnant sur le monde, du travail et du pain pour tous, l'avènement, enfin, de cette époque heureuse et fraternelle promise de toute éternité — l'âge d'or « ici et maintenant ».

Scrupuleuses ou romancées, partisanes, hautaines, savantes,

naïves parfois, les chroniques de ces quelques mois insaisissables emplissent nos bibliothèques, décrivant l'événement, l'expliquant, le justifiant ou le tournant en dérision. Ici, nous voudrions seulement essayer de retrouver, plus que la vérité des circonstances, celle des hommes qui les traversent ; chercher ce qui, en eux, est de toujours — ainsi cette part irréductible et secrète qui nous tient parfois les yeux ouverts dans la nuit, à l'écoute du temps qui fuit sans tenir ses promesses, ainsi ce tourment indicible du salut à venir qui nous point le cœur tandis que, derrière nos précaires barricades, hurlent les loups de tous les jours.

Dans la foule des témoignages, nous avons choisi ceux d'un menuisier, Agricol Perdiguier, en compagnonnage Avignonnais-la-Vertu ; d'un maçon creusois têtu et patriote, Martin Nadaud ; de Jean Terson, un curé mal à l'aise dans sa soutane et qui devient « apôtre » saint-simonien ; de Pauline Roland, exemplaire prêtresse d'un Évangile des temps nouveaux ; d'un ouvrier, Norbert Truquin, surnommé avec dérision Marquis de Haute-Misère ; de Philippe Faure, un jeune journaliste qui veut le bonheur du monde ; de Bergier, un bourgeois lyonnais ; de Maxime du Camp, ami de Flaubert, dilettante éclairé et garde national, qui tient son journal quotidien. Témoins ou acteurs, ils ont — et bien d'autres avec eux, dont nous croiserons les destins — traversé, l'espace d'un printemps, d'une barricade à l'autre, ce qu'on appelle une « révolution ».

Velluet, Bienvenu et ce sabotier de vingt ans dit Riche-en-Gueule, nous ne resterons pas longtemps avec eux. Ce qu'ils attendent en tremblant — de peur ? de froid ? — ce matin-là sur la grand-place de Buzançais, c'est la mort. Les prêtres en surplis les exhortent au repentir et à la résignation, tandis que les aides du bourreau s'efforcent à coups de marteau de faire coulisser la lame tragique.

Priez pour eux !

Au pied de l'échafaud, le peuple des petites gens — les « Blouses », comme on dit — assemblé là dans un silence terrible. En face, ont pris position les lignards en pantalons rouges, l'arme au pied, et les canonniers qui ont reçu l'ordre, en cas d'émeute, de tirer à mitraille.

Le mardi est habituellement jour de marché à Buzançais mais, de part et d'autre des rues désertes, les boutiques ce matin sont restées fermées, volets tirés. A peine si, aux fenêtres des demeures qui bordent la grand-place, des mouvements furtifs de rideaux laissent deviner que les « Habits » — les bourgeois, les riches, les notables — attendent, eux aussi. L'exécution les rassurera, leur prouvera que tout est rentré dans l'ordre.

L'ordre, en France, alors, est louis-philippard. Le roi, soixante-quatorze ans, laisse Guizot mener avec une bonne conscience inentamable une politique ultra-conservatrice propice aux affaires, et plus précisément aux affairistes — « Enrichissez-vous ! » reste le mot d'ordre du jour. En ce milieu du XIXe siècle — Baudelaire, Pasteur et Offenbach ont vingt-cinq ans, Marx trente, Millet, Wagner et Chopin trente-cinq, Victor Hugo et Berlioz quarante-cinq, Michelet, Balzac et Delacroix près de cinquante, Rossini cinquante-cinq, le curé d'Ars soixante et Chateaubriand quatre-vingts — le progrès est à l'œuvre et son symbole, le chemin de fer, ouvre dans l'immémoriale forêt gauloise ses formidables chantiers, préparant sans qu'on le sache encore l'unification d'une France incroyablement multiple et diverse. Mais les temps de mue sont des temps de crise — crise économique, financière, sociale, morale et politique. « Le vieux monde se détraque, diagnostique Proudhon, mais le nouveau n'est pas né. »

Le vieux monde se défend. C'est ainsi que doit se comprendre l'exécution de Buzançais, en ce matin d'avril. Les trois pauvres bougres hébétés qu'on va supplicier n'en voulaient certainement pas au roi, ni à la Charte. Et ils ne seraient pas là si, trois mois plus tôt, le 13 janvier, un peu avant midi, un certain Pigelot n'avait décidé d'arrêter son charroi de blé devant l'auberge du sieur Isidore Poulet...

Buzançais, sur l'Indre, est un de ces bourgs grossis au

croisement de deux grandes routes, celle de Châteauroux à Tours et celle de Châtellerault à Vierzon ; avec ses hameaux et ses écarts, il compte alors 4 430 habitants, riches et pauvres, très riches et très pauvres. C'est ainsi que, sur le même domaine, vivent le marquis de Lancosme, qui emploie vingt domestiques, un régisseur, une préceptrice, qui vendra bientôt une terre pour 1 550 000 francs, et des gardes qui gagnent 1,89 franc par jour, somme sur laquelle il leur faut prélever 1,33 franc pour l'achat du pain quotidien. D'habitude, une famille qui dispose de 500 à 600 francs par an doit en consacrer plus de 300 à l'achat du seul pain. Mais, cet hiver, le salaire des journaliers et des ouvriers agricoles est tombé de 1,25 franc à 20 sous, puis à 15 sous par jour — et on ne peut guère compter sur plus de 250 jours de travail dans l'année. Les « ateliers de charité » permettent seulement à quelques-uns de ne pas mourir de faim.

A Buzançais comme ailleurs, la privation, la faim, on connaît ça depuis longtemps, on s'en arrange parce qu'il faut bien, parce qu'on n'a pas le choix. Les longs mois d'hiver, sous les ciels à corbeaux, on se terre dans des taudis gluants, dans des chaumines glaciales. Ce dénuement touche les esprits comme les corps : bien des instituteurs fuient ces postes mal rétribués — encore les élèves doivent-ils payer de 0,60 à 0,75 franc par mois pour apprendre à lire, et 1,50 franc s'ils veulent acquérir en outre des rudiments de calcul et de grammaire. Mais les vieux disent que c'était bien pire dans leur enfance, quand, par ici, on ne connaissait même pas la pomme de terre, et qu'il fallait passer l'hiver avec des noix et des châtaignes. Alors on prend sa faim en patience.

La patience, c'est l'espoir des pauvres. Au cœur des plus démunis reste toujours une étincelle. Demain... Demain, ce feu qui couve dans la nuit des hommes... Demain du travail et du pain... Demain la justice... Demain matin un monde meilleur...

Mais quand le ciel s'en mêle...

L'hiver 1844-1845 a été épouvantable, et il a plu sans

discontinuer de février à mai ; en juin, trois semaines d'orages ininterrompus ont sorti l'Indre de son lit : les crues ont inondé plus de mille hectares autour de Buzançais. En 1846, au contraire, c'est une sécheresse excessive qui a compromis les récoltes : un tiers de moins que dans une année ordinaire, un tiers encore détruit par l'alucite*, la meurtrière teigne du blé, ou les rongeurs. Quand on sait qu'il faut conserver pour la semence un hectolitre à l'hectare, il est clair que petits fermiers et métayers manqueront de ce dont ils auraient besoin pour se nourrir. Ils ne profiteront donc naturellement pas de l'envolée des prix qui va encore enrichir les gros producteurs. En trois ans, le prix du froment a triplé. Dans l'Indre, il a doublé en un an, comme celui de la pomme de terre.

Misère !

L'industrie locale ne se porte guère mieux. A l'entrée de l'hiver, on a distribué dans les ménages beaucoup moins de laine à filer que d'ordinaire. Aux forges de Bonneau, la sécheresse de l'Indre l'année précédente a réduit au silence pistons, marteaux et soufflets, laissant les ouvriers sans travail. Le niveau de l'Indre a remonté, mais reste que les vieilles forges — elles datent de 1550 — ne sont plus compétitives. Une tonne de fer au bois coûte 400 francs contre 269 francs la tonne de fer au charbon. Le prix du bois augmente et le cours de la fonte s'effondre. Les effectifs travaillant aux forges seront en six ans divisés par sept.

A l'automne 1846, les petits fermiers et les métayers vendent ce que « la chenille » a laissé de leur maigre récolte : ils doivent payer leur loyer, les gages des domestiques, le travail du charron ou du maréchal. Les gros blatiers de Corbeil et d'Étampes viennent acheter pour la région parisienne. Le 18 septembre, le maire d'Herbault signale dans une lettre au préfet que ses administrés « murmurent » au passage des

* Papillon à ailes gris jaune dont la chenille vit à l'intérieur du grain de blé, s'en nourrissant jusqu'à ce qu'il n'en reste qu'une enveloppe vide. Un stock peut en quelques semaines perdre de 10 à 50 % de son poids.

transports de blé vers Paris. Le préfet s'étonne auprès du ministre de voir les spéculateurs acheter sans marchander ni même comparer les qualités. Le maire de Sauge signale à son tour que les populations « voient d'un mauvais œil et avec frayeur les blés sortir continuellement du département ».

A l'exemple des professionnels et craignant de manquer, les gens du pays se précipitent sur les marchés, aggravant les effets de la spéculation. Ici et là, on commence à signaler des vols de grains, des menaces aux voituriers, aux blatiers étrangers surpris en train de traiter leurs achats en dehors des heures réglementaires, aux propriétaires qui refusent de vendre. Le 28 novembre, au marché d'Aigurande, quatre femmes ont causé du « tumulte », signale à son préfet le sous-préfet de La Châtre : « Elles ont contraint un marchand à vendre son blé au-dessous du cours. Il en est résulté une panique qui a suspendu les transactions pendant plusieurs heures. » Les gendarmes enquêtent sur des incendies d'origine suspecte.

Les cours du blé montent toujours. A Luant, le conseil municipal consigne que « l'élévation excessive du prix des grains jointe au défaut de travail réduisent les ouvriers à une affreuse misère ». Alors entre les Blouses et les Habits, réapparaissent la méfiance et les vieilles peurs des temps de crise. Des rumeurs circulent. « On imputait aux propriétaires la hausse du grain et l'on entendait dans les groupes des paroles menaçantes telles que : "Les sales bourgeois, il faut les tuer !" Ou encore : "Il faut aller piller les châteaux, demander du blé." »

A Buzançais, les mal-nourris et les sans-travail du faubourg des Herveaux, qui s'étire au long de la route de Tours, sont exactement où il faut pour voir les lourds charrois de blé leur passer sous le nez.

Le vendredi 8 janvier, le gendarme Devers entend les femmes de Buzançais se plaindre de ce que le marché n'a pas été approvisionné. Elles disent que les bourgeois gardent leur blé et que, même avec de l'argent, on ne peut pas en avoir.

Quelques-uns de ces « bourgeois » se savent désignés à la

colère et craignent que leurs biens ne soient menacés. Ainsi Frédéric Goulin, dont la vaste maison trône sur la rive gauche de l'Indre, au débouché même du faubourg des Herveaux : il s'est entendu traiter de « brigand ». Ainsi Cloquemin, l'opulent meunier qui paie la plus grosse patente du département (258,71 francs), emploie dix ouvriers et deux domestiques. Outre le bâtiment à cinq étages du moulin, qui se dresse comme un défi à deux pas de la grand-place, il possède plusieurs maisons et une boutique dans la grand-rue. Son fils est un notaire important. De la famille du maire, Cloquemin est par ailleurs le chef de file des anticléricaux de Buzançais, lesquels s'opposent aux notables catholiques. Ce qu'on lui reproche, c'est de réserver ses farines aux gros marchands du département.

Mais l'homme le plus haï du bourg, c'est le fils Chambert, dit « l'Usurier ». Son père est le troisième contribuable de Buzançais. Sa famille, les Huart-Chambert, parmi lesquels sont par tradition toujours choisis les adjoints au maire, possède près de 500 hectares et une vaste demeure luxueusement meublée.

L'indifférence, l'arrogance des propriétaires sont telles que l'un d'entre eux, Bonnaud, passant à l'atelier de charité, jure avoir entendu chuchoter dans son dos : « Tous ces bourgeois voudraient nous faire mourir de faim. Il faudrait les pendre aux marronniers. »

Pourtant, cette matinée du mercredi 13 janvier paraît bien calme. Si calme que le brigadier de gendarmerie Caudrelier n'a pas hésité à prendre la route pour aller régler quelques affaires au parquet de Châteauroux, tandis que le préfet Leroy a, lui, quitté le chef-lieu pour aller enquêter à Levroux sur les manifestations de la veille : on a lancé des pierres dans des vitrines. Quant au fils Chambert, dit l'Usurier, il est parti assister à une noce de village. Le maire de Buzançais, Guesnier, visite l'atelier de charité, sur la grand-place, face à l'église, à l'opposé du moulin de Cloquemin. L'atelier emploie alors 103 chômeurs, à qui on ne verse plus que 75 centimes par jour — soit de quoi acheter, en tout et pour tout, un peu plus d'un kilo de pain. Mais, devant le maire, c'est surtout du froid qu'on se plaint.

Un peu avant midi, quatre voitures — deux équipages à deux chevaux et deux carrioles — s'arrêtent, faubourg des Herveaux, devant l'auberge d'Isidore Poulet. Elles transportent un chargement de 91 hectolitres — environ sept tonnes — de blé achetés à Palluau par un négociant d'Issoudun. Pigelot, responsable du convoi, entre à l'auberge avec les voituriers. Ils s'attablent devant un solide repas.

Dehors, la rumeur a aussitôt couru les maisons basses du faubourg : du blé. Les femmes se rassemblent, s'échauffent, appellent les hommes, qu'elles vont chercher jusque dans l'atelier de charité. Ceux-ci, hésitants, décident d'« aller voir », entraînant avec eux les gendarmes et Guesnier, le maire, inquiet pour l'ordre public.

Après le café arrosé, les voituriers quittent l'auberge et découvrent que la foule s'est amassée autour de leur charroi ; ils ne peuvent repartir, prennent peur. Le maire, arrivant avec les ouvriers de l'atelier de charité, exhorte ceux-ci à regagner l'atelier et paraît sur le point de se faire obéir. Mais les femmes traitent leurs hommes de lâches, jettent même des pierres dans les reins de ceux qui s'en retournent. Quelqu'un crie qu'il faut tuer le maire à coups de pioche.

Le maire est encerclé, bousculé. Il donne l'ordre de faire ranger les voitures dans la cour de l'auberge. Mais les femmes, qui ne veulent pas lâcher leur prise, exigent que le chargement soit conduit dans la cour de l'école, près de la mairie. Il y a bien deux ou trois cents personnes pour faire au charroi une escorte silencieuse — on dirait un retour de Varennes. Personne n'a touché aux sacs de blé et on n'envisage apparemment rien d'illégal. A l'école, le blé est déchargé. On dételle les chevaux et on écarte les voitures à bras d'hommes.

Le maire Guesnier, a donné rendez-vous à Pigelot, le voiturier, à l'hôtel du Soleil d'or, pour y discuter au calme l'achat par la mairie du chargement dont il est responsable.

Après, on pourra envisager une distribution au prix du moment — que chacun est prêt à payer — soit 6 francs le double décalitre, la mesure usuelle. Mais Pigelot n'est pas au rendez-vous : craignant qu'on ne lui fasse un mauvais parti, il a quitté furtivement la ville.

La disparition de Pigelot fait monter la tension dans la foule. On le cherche en vain. On en profite pour contraindre Isidore Poulet, l'aubergiste, à porter son propre grain dans la cour de l'école. Des armes apparaissent, un coup de hache sur une voiture traduit l'énervement croissant.

Le maire se refuse à distribuer le blé en l'absence du représentant du propriétaire. On décide alors, de façon à avoir une caution légale, d'attendre le retour du brigadier de gendarmerie Caudrelier, qui ne devrait pas tarder à rentrer de Châteauroux. Mais il fait froid et le brigadier tarde. On allume de grands feux, on se serre autour. On tend les mains à la flamme mais, à la vérité, c'est surtout d'être ensemble qui tient chaud.

Il est dix heures du soir quand le brigadier arrive enfin. Effaré, vite débordé, il cherche à gagner du temps, dit qu'il est trop tard, qu'on verra demain. Alors survient Gaulin, le juge de paix, revenu lui aussi de la campagne. La foule s'ouvre en silence devant lui tandis qu'il rejoint le maire et le brigadier. Tous trois s'isolent dans un coin, décident d'envoyer secrètement une estafette à Châteauroux pour demander l'intervention de la troupe et, en attendant, tentent de raisonner les manifestants.

Mais on apprend le départ de l'estafette. La colère s'installe au cœur de la foule, que le serrurier Boistard harangue maintenant sans ménagements. La contagion opère à plein. Oui, on prendra ce que les autorités refusent de vendre... Oui, on se vengera de l'égoïsme et de l'avarice... Ce qu'il faudrait, c'est mettre le feu au moulin de Cloquemin...

Certains, notamment le maire, comprennent que l'affaire prend une tournure dangereuse. Guesnier annonce qu'il va faire distribuer le blé après avoir pris l'avis du conseil municipal. Mais le mécanisme de l'émeute est enclenché. A partir de ce moment, les propositions des autorités, dramatiquement décalées, auront toujours un temps de retard.

Quand Guesnier suggère de convoquer la réunion du conseil municipal, la foule, elle, en est à se mobiliser pour accueillir la troupe : il va falloir se défendre, et donc s'organiser, se renforcer. On envoie battre le tambour à Argy, la commune voisine, pour y soulever la population. Un groupe est chargé de sonner le tocsin pour ameuter les campagnes — le tocsin, c'est la voix de la guerre ou de la catastrophe, la voix aussi de la solidarité contre l'ennemi. Il faut forcer la porte de l'église, que le curé et le sacristain ont barrée avant de se cacher. On s'accroche à la grosse corde sans trouver le juste rythme du tocsin. « Les imbéciles, s'exclame quelqu'un, on dirait qu'ils sonnent la messe ! »

Il ne manque plus qu'un chef à cette foule en fusion qui se divise, se disperse, se contredit : ce sera Venin, qui donne de la gueule en agitant son gourdin, et qui, au brigadier Caudrelier complètement dépassé, se présente comme « le chef des brigands ».

Jeudi 14 janvier. Au lever du jour, le paysage a bien changé. La foule s'est pendant la nuit hérissée d'armes improvisées : fourches, masses, pioches, haches, et même des faux emmanchées à l'envers, comme pour une révolution. Certains veulent forcer l'armurerie, mais y renoncent en apprenant qu'ils n'y trouveront pas de poudre. Le mot d'ordre n'est plus d'obtenir la distribution du blé à 6 francs le double décalitre. Il s'agit maintenant de faire rendre gorge aux bourgeois : le blé, on ne le paiera pas plus de 4 francs.

Le curé et un propriétaire font annoncer qu'ils ont acheté tout le blé du chargement au tarif de 6 francs et qu'ils sont prêts à le revendre... 6,10 francs. Il faut bien qu'ils soient dédommagés de leur peine. Mais là encore il est trop tard : une partie de la foule s'engouffre déjà dans le moulin de Cloquemin.

La première vague s'en prend à la machinerie... Le gros arbre de la roue résiste, mais le cordonnier Louis Michot fait éclater à la masse les meules de pierre. On jette au feu les livres de compte. Derrière les hommes, arrivent les femmes, qui pillent utile — farine, pommes et noix qui sèchent là depuis l'automne — et laissent leurs enfants se gaver de pain et de miel.

Un gendarme fait irruption au milieu du pillage pour annoncer la décision du conseil municipal : le blé sera vendu à 5 francs le double décalitre. On ne l'écoute pas. Pas plus qu'on n'écoute un propriétaire courageux venu confirmer l'offre et tenter de calmer les esprits.

A neuf heures, le maire fait rouler le tambour sur la place : le blé est mis en vente à 4 francs. Mais on le réclame déjà à 3 francs. Et quand le maire fait crier, toujours par le tambour, qu'il accepte, on a commencé de se servir au moulin — une vingtaine de sacs ont été emportés — et beaucoup n'envisagent plus que des distributions gratuites.

Un bourgeois, Ratier, pour calmer les émeutiers, a l'idée de faire prendre aux propriétaires un engagement écrit de fournir au peuple du blé à 3 francs jusqu'à la moisson. Le maire appose sa signature sur le document que deux hommes portent de maison en maison. La plupart des propriétaires signent sans hésiter. Encore méfiants, les émeutiers rédigent un autre texte : certains voudraient obtenir des employeurs des garanties d'emploi et un salaire minimum de 1,50 franc par jour, mais d'autres, estimant ces exigences irréalistes, se contenteraient du blé à 3 francs.

Dix heures. Deux hommes se présentent chez Mme Huart-Chambert pour lui faire signer l'engagement de vente à prix réduit. La vaste maison d'angle abrite également son fils unique, âgé d'une quarantaine d'années, celui qu'on appelle « l'Usurier ». Les deux hommes évitent la porte financière donnant sur la grand-rue. On les fait entrer par la « fausse porte » ouverte dans le portail de la rue Porte-de-Luçay. Mme Huart-Chambert les reçoit et, sur le conseil de son fils, accepte de signer. Elle s'installe à une petite table, près de la fenêtre. A ce moment surgit Venin, le « chef des brigands », le gourdin à la main, très exalté, peut-être un peu ivre.

Venin donne un violent coup de bâton sur une table où le couvert est mis et apostrophe Chambert : « Il me faut de l'argent ! » Louis Bourgeot, domestique chez les Chambert, s'interpose. Il saisit Venin, le renverse, mais Venin se relève et reçoit le renfort d'un autre émeutier, celui-là armé d'une fourche. Chambert, qui a profité de la bagarre pour disparaître, revient un fusil à la main :

— Qui a frappé mon domestique ? demande-t-il.

— Pas moi ! répond le porteur de liste occupé près de la petite table de Mme Huart-Chambert.

Venin lâche Bourgeot et s'avance lentement vers Chambert, d'une main le croche au col et, de l'autre, écarte le canon de l'arme. Le coup part. Toute la charge frappe au bas-ventre Venin, qui tombe en tournant sur lui-même et en criant : « Je suis mort. » Le coup l'a touché de si près qu'il a mis le feu à sa blouse. Effaré, Chambert menace de tirer sur quiconque avancera et se replie à l'étage supérieur.

Au cabaret de Florence Pottin, plusieurs hommes sont en train de prendre le café. Ils l'arrosent d'une eau-de-vie qu'ils ont apportée eux-mêmes — sans doute raflée chez Cloquemin.

— De la meilleure que la vôtre ! lance l'un des hommes.

Soudain, Arrouy entre en criant :

— Chambert a tué Venin !... Mort à Chambert !... Il faut l'écarteler !

Tout le monde se précipite vers la maison du bourgeois. Des femmes en furie, menées par la Cotteron, traînent Mme Huart-Chambert jusque dans la cour ; sa domestique Madeleine Blanchet tente d'intervenir. « Il faut la tuer ! » crient des voix.

Chambert alors se montre à une fenêtre, le fusil en joue :

— Le premier qui entre dans la cour, je lui brûle la cervelle !

Mais on s'engouffre dans la maison, on envahit l'escalier,

on cherche Chambert partout. Quelqu'un le trouve dans une armoire. Une hache lancée à la volée le blesse, mais la peur lui donne des forces : il échappe à ses poursuivants, débouche dans la rue en appelant au secours, se précipite, la tête en sang, chez le bourrelier d'en face, qui suit les événements depuis le pas de sa porte. Chambert se réfugie dans une chambre, se cache entre deux lits.

Des émeutiers, dont Bienvenu, brisent la devanture de la bourrellerie. Un certain Brillant Godeau ressort de l'atelier en tenant Chambert à bras le corps. Quand il le lâche, on se bouscule pour le frapper — Velluet à coups de cognée, Louis Michot avec sa masse. On cogne « comme sur un bœuf ». Arrouy tente en vain d'enfoncer dans le ventre de Chambert sa fourche aux dents cassées puis cherche à lui crever le visage. Pourtant, Chambert se relève encore, retombe. Des femmes, dont la Cotteron, l'achèvent à coups de sabots ferrés.

Chez Chambert, le pillage a commencé. Les meubles sont mis en pièces : sept armoires, six buffets, cinq commodes, quatre secrétaires, onze tables, dix-huit fauteuils et canapés, soixante-deux chaises recouvertes de tapisserie, sept lits, trois baignoires — pour dire si la maison était riche. On vide la cave et les réserves. Mi-fête mi-guerre, c'est la grande revanche.

Chez le juge Gaulin comme chez Chambert, on brise, on pille ; on brûle les livres. De petits groupes commencent à parcourir les rues pour rançonner les Habits. Louis Michot, dit Riche-en-Gueule, en conduit un chez Bonnaud, que chacun taxe, à son gré, de 5 francs ou plus ; en tout, Bonnaud lâche 300 francs.

Le journalier Légeron, un peu ivre, proclame :

— Aujourd'hui, c'est mardi-gras ! Demain, on enterrera les bourgeois sous les cendres !

Treize heures. Le préfet Leroy arrive enfin à Buzançais, où il entre sans attendre la formation de vingt-cinq dragons à cheval qui le suit ; seuls l'accompagnent le procureur du roi, le juge d'instruction, deux gendarmes et un maréchal des logis de dragons. Sur leur passage, les gens crient que « les bourgeois ont signé le blé à 3 francs », et demandent au préfet de signer aussi. Il refuse et, étonné de ne pas voir arriver les dragons, envoie un gendarme aux nouvelles.

Les dragons, sur l'initiative d'un commissaire, sont restés hors de la ville. Le préfet Leroy leur donne l'ordre d'avancer, mais la foule menace de couper les jarrets des chevaux. Les dragons ne sont armés que de sabres, et le préfet juge plus prudent de les faire rengainer. On lui demande son propre argent : il donne ce qu'il a et emprunte même 12 francs à Guesnier le maire pour faire bonne mesure. Puis il annonce la distribution du blé pour le lendemain, 15 janvier.

En ville, on continue de forcer l'entrée des maisons pour exiger nourriture ou argent. Le préfet, comprenant son impuissance, repart pour Châteauroux.

Vendredi 15 janvier. Le maire, comme convenu, fait procéder à la distribution des 137 hectolitres de blé réunis dans la cour de l'école, que se partageront, au prix de 3 francs le double décalitre, 330 personnes — dont 159, qui n'ont pas de quoi payer, se voient accorder un crédit soigneusement noté par l'instituteur en marge de la liste des acheteurs.

Les Blouses ont gagné. C'est la fête, le « mardi-gras » annoncé par le journalier Légeron. On allume de grands feux, on s'enduit le visage et les mains de cette graisse à essieux dont se servent les charrons — le carnaval, c'est le monde à l'envers, quand le blanc devient noir, et riche le pauvre, quand les humbles dictent aux puissants leur loi et ont les rues pour eux, quand les affamés aux yeux creux font ripaille et vident cul-sec les bouteilles arrachées aux caves des bourgeois.

On dira, plus tard, que la foule était soumise à des meneurs membres de sociétés secrètes, comme Camelin, le sabotier de Vandœuvre, qui a de l'instruction, ou comme Monneron, un menuisier-cabaretier de Buzançais, qui apporte de l'eau-de-vie aux émeutiers. N'empêche que, meneurs ou pas, le renversement de l'ordre des choses et des hiérarchies est inscrit dans la vie souterraine des hommes, aussi profondément que le souvenir de ce miraculeux âge d'or ou la certitude confuse que demain... Ce monde qui bascule, après tout, n'est-ce pas ce que promet l'Évangile : « Les premiers seront les derniers, et les derniers seront les premiers »...

A l'autre bout du carnaval, les riches, qui se terrent, à l'écoute angoissée des nouvelles que déforme et qu'amplifie la peur, antique peur des nuits mémorables, peur toujours vivante de la Grande Révolution. On dit que les insurgés de Buzançais se préparent à ravager les campagnes, que trente mille ouvriers ont quitté Paris et marchent sur Châteauroux — où le préfet Leroy et les magistrats venus de Bourges, mal renseignés, restent dans l'expectative.

La vérité, à ce moment, c'est que le tocsin vole de clocher en clocher, que dans toutes les communes proches, Villedieu, Niherne, Saint-Maur, on exige maintenant du blé à 3 francs. Journaliers et artisans se regroupent en bandes — certaines comptent jusqu'à trois cents émeutiers — pour aller taxer les propriétaires. Ceux de Vandœuvre tirent 1 500 francs du marquis de Lancosme, 500 francs du comte de Prémorvan. En l'absence des propriétaires, enfuis ou cachés, la foule s'en prend aux biens. Des châteaux et des moulins sont pillés, les mobiliers attaqués à la cognée et à la masse.

Les moins violents se battent pour les salaires. A Vandœuvre, à Mézières, ils imposent le salaire minimum de 1,50 franc par jour. Par hantise du chômage, on brise des machines à battre, qui remplacent plusieurs hommes, ou même des charrues : plus lente, l'araire oblige les propriétaires à payer plus d'heures de travail à ceux qui la mènent. Certains exigent même de renoncer, pour les foins ou les moissons, à la faux, et de revenir à la faucille.

Misère !

Samedi 16 janvier. Tandis que les troubles se poursuivent dans les campagnes, une véritable émeute éclate au marché de Châteauroux : des femmes et des enfants envahissent la place en chantant *La Marseillaise* interdite et réclament le blé à 3 francs. Cent cinquante ouvriers du chemin de fer les rejoignent. Le maire et le secrétaire de la préfecture, venus parlementer, se sauvent sous les pierres et les tessons de bouteille.

Le préfet Leroy décide de faire placarder dans tout le département un avertissement qui rappelle à l'ordre les autorités locales — maires et conseillers municipaux — et fait interdire « à son de trompe et de caisse » tout rassemblement de plus de trois personnes : « Quels que soient les moyens de répression nécessaires, le gouvernement est déterminé à les employer. [...] Que les citoyens [...] n'oublient pas que la loi du 10 vendémiaire an IV rend chaque commune responsable des dommages qu'elle laisse commettre sur son territoire... »

Dimanche 17 janvier. Le préfet Leroy apprend que le ministère, à Paris, l'accuse d'avoir abandonné la campagne aux émeutiers au risque de laisser piller les châteaux. En réponse, il accuse les notables de Buzançais d'avoir lâchement laissé assassiner Chambert et le maire Guesnier d'avoir été trop accommodant avec l'émeute. Dans une nouvelle adresse aux maires du département, il rappelle encore sévèrement la loi du 10 vendémiaire an IV, aux termes de laquelle « tous les citoyens habitant la même commune sont garants civilement des attentats commis sur le territoire de la commune soit envers les personnes, soit envers les propriétés ».

Il est vrai qu'un certain nombre de maires de condition modeste ont sinon sympathisé avec les émeutiers, du moins compris que l'extrême misère était cause de la révolte. De même, la Garde nationale ne s'est-elle pas pressée d'aller combattre des journaliers au ventre vide qui sont souvent des connaissances, et parfois des parents. Ceux des gardes qui ne répondent pas aux réquisitions sont condamnés à des amendes.

A Châteauroux, affluent maintenant les troupes régulières demandées par le préfet : 73ᵉ d'infanterie, lanciers, 16ᵉ léger, artillerie à cheval. Le soir, les feux des bivouacs illuminent le chef-lieu transformé en place-forte, comme si c'était la guerre.

Lundi 18 janvier. Le préfet Leroy entre dans Buzançais à la tête d'un détachement de 450 fantassins et de 120 lanciers aux ordres du lieutenant-colonel Bousquet, aide de camp du ministre de la Guerre. Les accompagnent le procureur et le général de Rigny, qui commande toutes les troupes du département, avec un détachement d'artillerie à cheval.

L'affaire est vite réglée, d'autant que personne ne songe à résister : 49 arrestations pour la seule ville de Buzançais, 78 pour les bourgs et villages des environs. Les prisonniers sont conduits à Châteauroux.

Mercredi 20 janvier. Le préfet Leroy fait annuler tous les engagements de vente de blé à 3 francs ou de salaire garanti, précisant que ceux qui en demanderaient l'application seraient considérés comme complices des inculpés. « Les chefs de la sédition, précise le communiqué, sont sous les mains de la justice. De terribles et salutaires exemples vont être faits. L'ordre qui va régner sur nos marchés est une garantie pour tous. Les prix y seront librement débattus... »

Les bourgeois de Buzançais, mal à l'aise, rédigent pour se justifier un « rapport des notables ». Certains décident de maintenir les ventes à des prix raisonnables ou font des dons à l'atelier de charité. Les souscriptions avaient rapporté à l'œuvre de bienfaisance 1 500 francs en novembre et 4 000 en décembre ; après les événements, on collecte 12 000 francs en moins d'une semaine.

Chargée de juger les prévenus, la Cour royale de Bourges délègue une partie de ses membres à Châteauroux : le conseiller Bazenerye, qui fera fonction de juge d'instruction, et le premier avocat général Louis Raynal. Le président de la cour, Mater, est un ami de Guizot, un magistrat d'une soixantaine d'années que Victor Hugo a rencontré, à la Chambre des députés, « la prunelle égayée, la bouche empâtée, sentant le vin et faisant des zigzags » — se renseignant, il apprend que Mater « est à jeun dur, froid, sans pitié ; le vin en fait un bon homme ». Pour le malheur des accusés, Mater les jugera à jeun. Son opinion d'ailleurs est vite faite ; dès le 20 janvier, il écrit au garde des Sceaux pour suggérer une « punition exemplaire ». Dans le même temps, à Paris, la Chambre repousse sans hésiter une proposition d'amendement visant à faire diminuer, par des dégrèvements, le prix du pain.

Une voisine, George Sand, connaît bien les émeutiers : « Ce sont, écrit-elle, des gens qui ont faim et se fâchent contre les avares et les spéculateurs. [...] N'y a-t-il pas quelque chose de plus révoltant que de voir des hommes privés de tout perdre patience et demander du pain un peu haut ? [...] Entre ceux qui vont comparaître aux assises et ceux qui vont les accuser, je ne sais pas trop lesquels ont mérité les galères. »

Commencée le 19 janvier, l'instruction est bouclée dès le 26, une semaine plus tard, principalement d'après les témoignages des propriétaires — Pigelot le voiturier n'a même pas été entendu ! — qui mettent l'accent sur les méfaits de la paresse et de la boisson. Sur les quarante noms choisis pour composer le jury d'assises, on ne compte pas moins de vingt propriétaires, quatre notaires, deux officiers en retraite, plusieurs riches négociants... Vingt-trois de ces jurés viennent de localités où se sont passés des troubles, et l'un d'eux est un Chambert, proche parent du mort... Le procureur, enfin, récuse cinq jurés douteux, dont un opposant déclaré au gouvernement.

25 février. Quand s'ouvre la session extraordinaire de la Cour d'assises de l'Indre, les jurés ne peuvent ignorer ce que l'on attend d'eux : « Le pays a les yeux fixés sur vous. [...] L'exemple du crime a été rapide et funeste. L'exemple de la répression doit être ferme et salutaire. »

On accuse les sociétés secrètes, les espions de l'étranger, les partis, d'avoir organisé les émeutes de Buzançais. La misère ? Quelle misère ? L'extraordinaire est peut-être qu'on peut croire à la sincérité, autant qu'à l'aveuglement, de cette caste qui dirige le pays, pour qui il est dans l'ordre des choses qu'il y ait des riches et des pauvres, chacun dans son rôle.

En plein tribunal, le président Mater prend à partie un jeune tailleur de pierre : « Je ne me doutais pas que des journaliers allassent prendre du café. Quand on prend du café, c'est qu'on ne manque de rien. C'est inouï que des gens qui vont prendre du café aillent briser les meubles des autres parce qu'ils sont un peu plus riches qu'eux ! » Le garde Velluet tentera en vain d'expliquer qu'il ne peut pas, avec 15 sous par jour — soit un peu plus d'un kilo de pain — nourrir sa mère et ses quatre enfants. On ne l'écoute pas, c'est comme s'il parlait d'un autre monde, ou d'une autre époque, comme si ce qu'il disait n'avait rien à voir à l'affaire.

4 mars. Fin des débats. Il n'y aura pas de circonstances atténuantes. Le président Mater a bien mené son procès, qui se termine comme le souhaitait le gouvernement : la mort pour Michot, Velluet et Bienvenu, qui devront être guillotinés à Buzançais, sur la grand-place, un jour de marché. Des cent quatre inculpés jugés en assises, un seul est acquitté, pour son application à aider la justice et à témoigner contre les autres.

20 mars. Quatre journaliers condamnés aux travaux forcés à perpétuité sont exposés en place publique de Châteauroux, fers aux pieds, en tunique grise. Il s'agit de « frapper le vulgaire ». *Le Journal du Cher* se félicite : si l'on avait jugé autrement, « on dirait bientôt : ce n'est rien, ce ne sont que quelques propriétaires qu'on massacre ».

Mardi 16 avril. Les aides du bourreau ont fini par ajuster les montants de la guillotine, entre lesquels la lourde lame glisse maintenant librement. La Justice va pouvoir s'exercer selon le décret des 26 et 27 septembre 1791 de l'Assemblée nationale : « Dès à présent, la peine de mort ne sera plus que la simple privation de la vie. » (*Article premier et unique.*)

Les trois condamnés, rapporteront les journaux, ont montré un grand courage.

Oh oui ! priez pour eux !

A l'exception du jeune Michot, qui savait un peu lire et écrire, ont-ils même compris, patoisant depuis l'enfance, les discours en français de cérémonie que leur ont assenés ces Messieurs de la Justice ?

Ils ne savaient pas ce qu'ils faisaient en s'en prenant à un Habit. Mais leur vérité était simple : un jour qu'ils avaient la tête à l'envers, ils avaient tué le fils Chambert, voilà tout ; pour eux, l'« Usurier » était le pire des riches, et il venait d'abattre d'un coup de fusil leur compagnon Venin. Il ne s'agissait pas d'un acte de justice politique, ni d'une vengeance de classe. Mais cette fois-là, à Buzançais, Baptiste Bienvenu, vingt-cinq ans, journalier, François Velluet, trente-six ans, garde, et le sabotier Louis Michot, vingt ans, dit Fort-en-Gueule, ont rappelé l'existence, en France, un demi-siècle après la Grande Révolution, d'une majorité de citoyens en proie à la noire misère quotidienne.

Ce que George Sand, dans son roman *Jeanne*, appelle « la vieille chanson » reste plus vrai que jamais :

Dites-moi donc, ma mère,
Où les Français en sont.
Ils sont dans la misère,
Toujours comme ils étiont...

Louis Raynal, l'avocat général près de la Cour royale de Bourges, celui-là même qui a requis contre les insurgés de Buzançais, a, durant le procès, écrit au garde des Sceaux : « Je persiste à croire que les partis sont étrangers à l'origine et à l'explosion de ce mouvement. Il n'en est que plus sérieux et plus inquiétant à mon avis. »

II

Des Habits et des Blouses

Avec les dents. — Une livre de pain. — Bossus et contrefaits. — Sa Majesté Vapeur. — J'ai faim. — Effet de ciseau. — Des hordes de mendiants. — Les affaires quotidiennes de M. Guizot. — L'ombre des grands parcs. — Fosses à hommes. — Chez ma tante. — Pas assez de femmes. — Scandales. — Mon cher Monsieur Parmentier. — Dans quatre ans.

« La France ? Cinq cent mille mangeurs
et trente millions de mangés. »

Beauséjour, député.

Au moment où, à Buzançais, tombe le couperet, le jeune Norbert Truquin — l'un de ceux avec qui nous allons traverser cette histoire — a treize ans et arrive à Paris. Quatrième enfant, après trois filles, il se souviendra avoir vécu heureux jusqu'à ce que son père, artisan à Rosières, dans la Somme, fasse faillite. C'est, soudain, la misère. Norbert a alors cinq ans. Un an plus tard, sa mère meurt. Un an encore, et il est placé chez un peigneur de laine. Il ne gagne rien mais, au moins, il n'est plus à la charge de son père.

Chez son patron, il dort sous un escalier de pierre, avec un sac pour toute literie. Levé à 3 heures du matin, il commence une heure plus tard, dans un réduit puant, à extraire de la laine ses impuretés : « On se sert des dents [...] parce qu'il faut que la laine puisse être tirée sans se déchirer, et que les deux mains occupées à ce travail ne peuvent en être distraites. » Arrêt à 10 heures du soir, ce qui représente une journée de travail de dix-huit heures. Il a sept ans ! Quand il s'endort debout, son patron le réveille d'une baffe dans le nez

— il saigne souvent — et à coups de corde s'il lui arrive de se rendormir.

De plus, il doit cuisiner, et, notamment, préparer les têtes de mouton qui servent à faire le bouillon, « une rude corvée pour un gamin », écrira-t-il plus tard. D'autant qu'il lui arrive de trouver de gros vers blancs dans la viande : « Je fis part de ma répulsion à mon patron, mais il me répondit d'un ton rude que cela n'était rien ; qu'il fallait jeter les vers et qu'il m'arriverait peut-être plus tard d'en être réduit à manger le cuir de mes souliers. » Il est vêtu de haillons et surnommé Marquis de la Haute-Misère par les gamins du voisinage.

Il a dix ans quand son patron meurt. On le chasse. Il vagabonde, survit comme il peut. Quelques mois plus tard, il est logé-nourri par deux prostituées dont il fait, en échange, le ménage et les courses. A nouveau mis dehors à l'occasion d'un contrôle, il passe quelques semaines à soigner sa gale à l'hôpital, puis va faire les vendanges en Champagne avant de travailler à tâche avec des briqueteurs de 3 h 30 du matin à 10 heures du soir. Enfin, récupérant dans un abattoir peaux et os, il amasse peu à peu un petit pécule — 37 francs — avec lequel il va retrouver son père, malade. Dès qu'il est rétabli, le père Truquin joue au cabaret ce qui reste du trésor de son fils, et le perd d'un coup.

Un quignon en poche, Norbert reprend la route. Il a maintenant treize ans. Arrivé à Amiens, il dort dans une voiture et se nourrit de pommes pourries qu'il ramasse sur les quais. Il est « assez heureux » pour trouver à s'embaucher dans une filature de laine. Là, il gagne 22 sous par journée de quinze ou seize heures de travail, ce qui lui permet alors d'acheter en tout et pour tout une livre de pain.

Il trouve à se loger chez « une bonne vieille », à cinq ou six kilomètres de là — qu'il doit faire à pied quand il quitte son travail, le soir à 9 heures ; il ne se couche pas avant 10 h 30, pour se lever à 3 heures et repartir dans la nuit rejoindre son poste quand « la cloche sonne », à 5 heures moins le quart... « En me rendant à mon travail, précise-t-il, je passais devant une fabrique tenue par des Anglais. Plus de quatre cents jeunes filles attendaient pour entrer qu'on sonnât la cloche. Parmi elles, je remarquai des enfants de sept ans qui restaient exposés à toutes les rigueurs de la température. »

Les premiers rapports sur les misères de l'enfance dans l'industrie, en 1840, établirent que, dans les manufactures de coton, « on voyait des enfants de six et cinq ans passer quatorze et quinze heures consécutives à rattacher des fils et tomber épuisés ». Le ministre du Commerce dut ordonner une enquête, dont Villermé fut chargé par l'Académie des Sciences morales et politiques. Les Chambres étaient, semble-t-il, prêtes à accepter une certaine réglementation, mais les manufacturiers, bien représentés, mirent en avant le principe fondamental de la liberté du travail et demandèrent « si l'on voulait faire croupir l'enfance dans l'oisiveté » — d'autant plus indignés qu'ils craignaient qu'une réglementation du travail des enfants ne débouche aussitôt sur une réglementation du travail des adultes.

Pris entre ces objections jugées légitimes et ses convictions humanitaires, le rapporteur mit en avant « l'utilité morale » qu'il y avait pour les enfants à pouvoir travailler « à un âge assez jeune » et finit par conclure : « Nous ne voulons pas que [les enfants] vivent jusqu'à dix ans sans avoir contracté l'habitude salutaire du travail. »

La loi est votée : on ne peut mettre au travail des enfants de moins de huit ans. Mais elle se voit aussitôt restreinte dans son champ d'application : elle ne concerne que les établissements à feu continu ou les fabriques employant plus de vingt ouvriers en atelier. Les enfants de moins de douze ans n'y travailleront plus que huit heures par jour, et pas plus de douze heures s'ils ont entre douze et seize ans. Il est en principe interdit de faire travailler de nuit les moins de treize ans — mais les contrôles seront rares, et, en cas d'infraction, les sanctions légères.

La loi nouvelle, fort logiquement mal accueillie par les patrons, l'est aussi par les parents, qui se plaignent de ne pouvoir surveiller des enfants sortant de l'usine après seulement huit heures de travail. Bon prétexte pour ne pas l'appliquer.

En 1847, le gouvernement prépare un nouveau texte qui, pour simplifier, propose d'élever à dix ans la mise au travail des enfants, mais d'autoriser à cet âge douze heures de présence par jour. Il n'aura pas le temps de le faire voter.

A Rouen, Adolphe Blanqui — le sage économiste de l'Institut, pas son révolutionnaire de jeune frère — note que la plupart des enfants travaillant dans les fabriques sont « rabougris au point de causer d'étranges méprises sur leur âge ». A Lille, qu'ils sont presque tous « étiolés, bossus, contrefaits ». Le préfet du Haut-Rhin écrit au ministre de la Justice que les enfants et les jeunes gens « livrés à ce nouveau genre de travaux forcés perdent leur santé et conservent à peine l'apparence humaine ». Le Dr Gosselet, médecin de la ville de Lille, établit dans un rapport sur les enfants des taudis souterrains de la ville que, sur 21 000 nouveau-nés, il en meurt 20 700 avant l'âge de cinq ans.

A Mulhouse, à Rouen, à Nantes, ce qu'on appellera un siècle plus tard « l'espérance de vie » est de vingt-huit ans pour un enfant de manufacturier, de dix-neuf mois pour un enfant d'ouvrier. Quant à ceux qui survivent, une sèche statistique du ministère de la Guerre en dit long sur leur état : sur 10 000 conscrits ouvriers, 8 980 sont, en moyenne, déclarés inaptes et réformés.

A la campagne, par exemple dans les régions du Centre, où l'espérance de vie chez les ouvriers dépasse vingt-cinq ans, un conscrit sur trois « seulement » est exempté. Mais là aussi la mortalité culmine en 1847, et les mariages n'ont jamais été aussi peu nombreux : à quoi bon faire des enfants qui crèveront de faim ? A Lille, en cette même année, le nombre des décès l'emporte sur celui des naissances.

Singulière époque, où le progrès anarchique des sciences et des techniques, loin de libérer le travailleur, l'asservit au contraire comme il ne l'a jamais été, même aux temps des dures pratiques féodales. A Mulhouse, en 1812, cinq ans après l'apparition à Lyon du métier Jacquard, on installait pour la première fois une machine à vapeur dans une filature. On en comptait soixante-cinq en 1820, six cent vingt-cinq en 1830... Sa Majesté Vapeur... Chuintements, sifflements, chocs du métal contre le métal, cliquetis sans fin des mécaniques étouffent la voix des hommes... Hauts fourneaux, marteaux-pilons... Fonte et fer, fours à feu continu, scories... Vertige du progrès... Course au rendement, ruée vers l'or... En 1827, c'est de la houille que la première locomotive a transporté, comme symboliquement, de Roanne à Saint-Etienne... Industriels et financiers se jettent dans les affaires comme dans une débauche... « C'est, observe Proudhon, une minorité qui trafique, qui spécule, qui agiote, une cohue. »

Ce que Charles Gille, ouvrier cérusier qui compose des chansons, les recopie à la main et les vend aux carrefours à ceux qui peuvent payer — sinon il les donne — traduit à sa façon dans *Les accapareurs* :

Et le Progrès t'offrira pour miracles
D'autres ventrus et d'autres appétits...

Dans le peuple, on s'indigne, mais on ne se révolte pas, et tout semble pouvoir se perpétuer quand, de façon totalement imprévue, frappe la crise. Dans leur frénésie de profits rapides, financiers et industriels n'ont pas pris le temps d'adapter les structures économiques du pays aux besoins d'une expansion forcenée. Ainsi les compagnies de chemin de fer, qui mobilisent une part importante des investissements boursiers, ont pour la plupart sous-estimé le coût des grands travaux et doivent lancer de nouveaux appels de fonds, ruinant la confiance des actionnaires, accroissant le déficit en numéraire et faisant grimper le taux de l'escompte. Les cours chutent brutalement. L'encaisse métallique de la Banque passe en trois mois de 163 à 63 millions de francs. Le 24 janvier 1847, alors même qu'à Buzançais quelques journaliers renversent l'ordre du monde, il faut porter le taux de l'escompte à 5%. Les difficultés s'aggravent avec des faillites de maisons de banque auxquelles les épargnants inquiets viennent réclamer leurs dépôts. Quant au budget présenté en 1847 pour l'année suivante, il prévoit un déficit jamais vu de 243 millions de francs : 15% du montant total !

La situation est d'autant moins contrôlable que les importations massives de céréales entraînent d'importantes sorties d'or vers les Etats-Unis et la Russie. Le gouvernement doit multiplier les émissions de Bons du Trésor, augmentant ainsi une dette flottante déjà lourde. Le cérusier Charles Gille ne manque pas d'en tirer un couplet :

Nos Crésus sentent la faillite
De maux le peuple est accablé
Le taux de l'argent périclite
La Bourse est à la halle au blé.

A l'automne 1847, le débauchage est de 20% dans les charbonnages, 35% dans la métallurgie et le textile, et pratiquement 100% sur les chantiers de chemin de fer. « Bientôt, note Norbert Truquin, l'ouvrage commença à diminuer. On nous fit d'abord travailler cinq jours par semaine, puis quatre, puis trois. » Du sommeil en plus, mais du pain en moins.

La crise frumentaire touche particulièrement, avec le Centre, les régions du Nord et de l'Ouest, entraînant, comme à Buzançais, des confiscations de blé, des ventes forcées, des débuts d'émeutes, des tensions entre Blouses et Habits, d'autant plus fortes que des bandes d'ouvriers affamés — sidérurgistes et mineurs, travailleurs du textile et du bâtiment, secteurs en crise — quittent les cités industrielles pour aller rôder dans les campagnes, répandant cette vieille « terreur nocturne » qui fait barrer les portes et garder les fusils chargés.

Le gouvernement fixe au minimum les taxes sur les farines

et les grains importés, exempte de droits de tonnage les navires qui les transportent : mais le prix du pain reste calculé sur celui du blé aux halles. A Caen, par exemple, malgré les arrivages de février, il continue à monter. L'un des témoins que nous avons choisi de suivre, le jeune journaliste Philippe Faure, celui qui veut refaire le monde, note avec indignation dans son *Journal* qu'il y a aux Etats-Unis d'énormes excédents de céréales : « Pourtant, s'étonne-t-il, la France ne manque pas de navires ! »

Philippe Faure, descendant d'un député à la Constituante dont les fils furent généraux de la Grande Armée, est né à Châlons-sur-Marne au hasard des mutations de son père, sous-intendant militaire. A la mort de son père, c'est sa mère qui l'a élevé, seule, le nourrissant de connaissances variées, dont, quand même, le latin et le grec, lui faisant approcher Lamennais, Béranger, Armand Marrast, toujours attentive à lui faire garder sa liberté d'esprit.

A dix-neuf ans, Philippe Faure — petit, malingre, très myope, mais infatigable, impatient, curieux de tout — est attiré par les projets socialistes de réformer la société et son premier article, une relation de voyage qu'il fait en Algérie, il l'envoie à la *Revue sociale*, que publie Pierre Leroux à Boussac.

En 1847, à vingt-quatre ans, il vit à Paris et, attentif au moindre frémissement politique, en France comme à l'étranger, attend chaque jour pour le lendemain le premier signe d'un soulèvement général. Pour l'heure, il se scandalise que le gouvernement « abandonne à la libre concurrence le soin de nourrir le pays ».

Un chansonnier lyonnais, Paul Dupont (« *J'ai deux grands bœufs dans mon étable* ») chante alors :

On n'arrête pas le murmure
Du Peuple quand il dit « J'ai faim »
Car c'est le cri de la nature
Il faut du pain !
Il faut du pain !

A Mulhouse, les ouvriers, improvisant « la fête des boulangers », envahissent les boutiques, menacent, taxent les prix. A Vendôme, un boulanger inculpé de manœuvres ayant abouti à une augmentation du prix des grains au marché local est condamné en correctionnelle à deux mois de prison et deux mille francs d'amende ; la foule, grondant aux portes du tribunal, trouve la peine trop légère et s'empare du boulanger, que les gendarmes sauvent de justesse.

Ainsi un peu partout. Le préfet de l'Aube avait prévu que l'année serait difficile ; la crise industrielle laissant sans travail la forte population ouvrière de la ville de Troyes, il avait pris ses précautions : « Dans une ville populeuse où près de vingt mille ouvriers peuvent se trouver fort malheureux cet hiver à cause de la cherté des grains, il est possible que le gouvernement ait besoin, pour maintenir l'ordre, du concours de la garde nationale. »

La plupart des grands secteurs de l'économie ont été frappés par la mévente avant même que la crise de subsistance ne vienne transformer en disette, puis en famine, l'habituelle misère du prolétariat des villes, qui voit dans le même temps monter les prix et le chômage tandis que les salaires de ceux qui travaillent encore sont fortement diminués.

Dans le Calvados, le nombre de faillites de fabricants, déjà important en 1846, double brutalement, grossissant de vagues successives le flot des sans-travail — transformant du même coup la crise industrielle en crise sociale. Les entreprises qui échappent à la faillite réduisent effectifs et salaires. Au printemps, deux ouvrières sur trois sont au chômage et celles qui travaillent ne gagnent plus que de 0,20 à 0,40 franc par jour. Dans le même temps, le kilo de pain est passé de 40 à 70 centimes — deux journées de travail pour un pain de deux livres...

En 1845, l'ensemble industriel Lille-Roubaix-Tourcoing, en pleine expansion, faisait travailler 60 000 personnes dans le textile et 10 000 à la mine. Dans les filatures récemment modernisées, un ouvrier en lin gagnait 1,75 franc par jour, une ouvrière 1 franc, un enfant 0,50 franc. Pour le charbon, c'est la puissante Compagnie d'Anzin — exploitant la moitié du bassin et fournissant les deux tiers de la production — qui donnait le ton en matière de salaires : selon leur classe, les ouvriers, dont un sur deux n'avait pas vingt ans, recevaient de 1,10 à 2 francs par jour.

En 1846, aux premières flambées des prix alimentaires, les mineurs, mieux organisés que les ouvriers du textile, ont vainement tenté d'obtenir la journée à trois francs. En juillet, les herseurs ont refusé de descendre : jugeant trop lourdes les nouvelles berlines dont les fosses venaient d'être équipées, ils réclamaient une réduction des tâches. On leur envoya la troupe — 4 000 hommes ! — pour leur faire reprendre le travail tout en leur consentant des augmentations de salaire de 15% : 2,30 francs pour un mineur de la veine, 2,10, 1,60 et 1,25 pour les autres catégories.

Le textile est entré en crise à peu près en même temps. Des machines se sont tues, accroissant le chômage au point que le préfet a dénoncé « l'esprit d'égoïsme des fabricants de Roubaix qui, à la moindre stagnation des affaires, renvoient la plupart des ouvriers et réduisent tellement les salaires qu'ils mettent ceux qu'ils conservent dans l'impossibilité de pourvoir aux besoins de leur famille ».

A Roubaix, donc, le nombre des chômeurs est passé de 4 000 en février 6 000 à la mi-mars et à 8 000 au début de mai — sur un effectif total de 13 000 ! Ceux qui ont encore un semblant d'emploi ne travaillent plus que quatre jours par semaine. Dans le même temps, le prix du pain de deuxième catégorie a doublé. Imparable « effet de ciseaux ».

C'est à cette époque que déferlent sur la région lilloise des hordes de mendiants belges, migrants faméliques chassés par l'épouvantable crise des Flandres. Ils viennent disputer aux chômeurs locaux non seulement le travail mais les secours des bureaux de bienfaisance, auxquels ils n'ont en principe pas droit. Les maires s'en plaignent, leur reprochent « d'épuiser en charités les moyens trop limités des habitants ». Menaces, incidents.

Un rapport de gendarmerie nous apprend que le vendredi 7 mai, consacré à Tourcoing à la charité publique, comme tous les premiers vendredis du mois, voit affluer plusieurs milliers de mendiants ; le soir, au soulagement des autorités, une vingtaine seulement sont maintenus en état d'arrestation : huit pour avoir attaqué une voiture de boulanger, dix pour vol de pain, deux pour vagabondage...

Le 12 mai, le marché de Lille est le théâtre d'une violente émeute de la faim. « Aux femmes et aux enfants affamés rôdant autour des marchands se joignent un grand nombre d'hommes en blouse sortis des fabriques. Plusieurs boulangeries sont pillées. » Là comme à Buzançais un mois plus tôt, la répression est sévère.

Le vieux Chateaubriand s'indigne, oppose à « ceux qui possèdent mille fois le superflu de la vie » « ces multitudes sans nom, [...] ces troupeaux affamés » : « Et vous vous imaginez qu'une telle distribution de la propriété peut subsister ? Et vous pensez qu'elle ne justifie pas les soulèvements populaires ? » Et Lamartine : « Il n'y a de richesse légitime que celle qu'aucune misère imméritée n'accuse. »

Mais Guizot reste fidèle à la position qu'il a définie juste un an plut tôt : « Tranquille sur les principes, sur les intérêts moraux qui lui sont si chers, tranquille sur sa grande existence morale, le pays fait paisiblement ses affaires quotidiennes. »

Pourtant, rendues méfiantes par l'agitation de l'année précédente, les compagnies minières prennent les devants et organisent des distributions de bons de pain à 40 centimes, alors que le kilo vaut maintenant pratiquement deux fois plus à Denain et à Anzin. L'État n'intervient en aucune façon dans ces arrangements locaux, ni, plus généralement, dans la fixation des salaires. Il a fallu des canons pour le rappeler aux ouvriers de Lyon en 1834 et, selon Guizot, « rétablir entre les fabricants et les ouvriers cette entière liberté de transactions, condition absolue de la sûreté comme de la propriété ».

Guizot n'est certainement pas malhonnête homme. Ombre portée du « roi-citoyen » sur le plan politique, sur le plan personnel, convaincu que la mémoire est l'un des fondements de la nation, il se préoccupe surtout depuis quelques années d'organiser la collecte et le classement des archives de la France. Mais à l'entendre parler ainsi d'« entière liberté de transactions », on mesure l'effarante bonne conscience avec laquelle la classe au pouvoir considère, comme ses esclaves nègres, ses esclaves blancs, hommes, femmes, enfants tout aussi bien.

Exemple : les travailleurs doivent toujours être porteurs du livret créé en 1781 « pour garantir la docilité des ouvriers dans les régions industrielles » : en cas de déplacement, le carnet doit être visé au départ par le maire et l'employeur, et indiquer la destination prévue ; tout voyageur contrôlé hors de l'itinéraire annoncé est arrêté pour vagabondage et passible de sanctions récemment aggravées.

Autre exemple, parmi cent : ces ouvrières en textile qui passent quatorze heures par jour « suspendues à l'aide d'une courroie au-dessus de leur métier afin de pouvoir se servir à la fois de leurs pieds et de leurs mains, dont le mouvement continuel et simultané est indispensable au tissage. »

Aux esprits sensibles qui s'attendriraient, en février 1846, le baron Dupin, à la Chambre des pairs, donne tous apaisements : « Je ne craindrai pas de le répéter, proclame-t-il, la classe ouvrière, en France, est heureuse. »

Heureux ? Ce n'est pas ainsi que Charles Gille, qui s'intoxique tous les jours un peu plus dans sa fabrique de céruse, dépeint son sort :

Pour des maîtres avides
Perfides
Cupides
Nous perdons la santé
Et la société
Souffre nos suicides

Enivrons-nous, amis, sans souci ni remords
Demain dans le travail nous puiserons la mort.

La toute jeune révolution industrielle a créé un nouveau type de travail, et un nouveau type de travailleur, assujetti aux performances proprement inhumaines des glorieuses machines. La « Blouse bleue des villes », aussi pauvre, si c'est possible, que la « Blouse grise des champs » est encore plus démunie, coupée de surcroît des choses de la nature, dont la vie, les rythmes, les lois constituent, avec les rituels et les pratiques éprouvées des sociétés paysannes, une inappréciable culture, une prise sur le monde, aussi rude soit-elle. Quand Pierre Dupont, en 1846, compose *Le chant des ouvriers*, Baudelaire l'esthète, comme en réponse au baron Dupin, a, lui, le courage de saluer dans les rimes un peu frustes un « admirable cri de douleur et de mélancolie » : « Il est impossible, écrit-il, à quelque parti qu'on appartienne, de quelques préjugés qu'on ait été nourri, de ne pas être touché du spectacle de cette multitude maladive respirant la poussière des ateliers, avalant du coton, s'imprégnant de céruse, de mercure et de tous les poisons nécessaires à la création des chefs-d'œuvre, dormant dans la vermine, au fond des quartiers où les vertus les plus humbles et les plus grandes nichent à côté des vices les plus endurcis et des vomissements du bagne ; de cette multitude soupirante et languissante [...] qui jette un long regard chargé de tristesse sur le soleil et l'ombre des grands parcs... »

Les conditions de vie ? A Rouen, Adolphe Blanqui a parcouru le quartier Martainville, refuge du prolétariat. Venelle de la Bassesse ou impasse du Cloaque, il a pénétré dans les taudis par des couloirs humides et sombres « où souvent un homme ne peut se tenir debout » et où court un ruisseau fétide. Au bout d'escaliers encombrés de déjections et d'ordures, il a visité des tanières à un franc la semaine où s'entassent des hordes faméliques. A Lille, au fond d'abris souterrains, des « fosses à hommes » à l'odeur pestilentielle, sans air et sans lumière, il a vu se terrer des familles de spectres, couchés à même le sol, sur des fanes pourries de pommes de terre.

Quand les grandes compagnies de chemin de fer ralentissent puis arrêtent les chantiers, à la fin de 1847, les sociétés ferroviaires et les entreprises métallurgiques qui travaillent pour elles licencient et jettent dans la misère 700 000 ouvriers, soit, avec les familles, quelques millions de personnes de plus, qui ne peuvent plus espérer, pour survivre, qu'en la charité.

La charité publique entretient alors en France, entre autres établissements, 1 338 hôpitaux et hospices, 7 599 bureaux de bienfaisance, 144 dépôts d'enfants trouvés, 46 monts-de-piété... C'est au mont-de-piété, « chez ma tante », que commence le chemin de la misère, là qu'on dépose ses derniers biens. En 1847, les monts-de-piété ont prêté 36,6 millions de francs sur 2 798 813 gages ! Dans les cités industrielles, le prêt moyen ne dépasse pas cinq francs, soit sept à dix kilos de pain...

Les bureaux de bienfaisance, hôpitaux et hospices assistent deux millions de nécessiteux, chiffre très inférieur naturellement au nombre de ceux qui sont condamnés à la mendicité, puisqu'on estime qu'un Français sur deux connaît des problèmes de subsistance. Le budget des seuls bureaux de bienfaisance — environ un pour 3 700 habitants — dépasse vingt millions de francs en 1847, soit 35% de plus qu'en 1846. Dans la Seine, d'une année sur l'autre, la proportion d'assistés a doublé.

Les ressources en argent, en nourriture, en vêtements, viennent pour l'essentiel de legs et de dons, le plus souvent de la part de gens tout juste aisés — petits bourgeois ou commerçants — écoutant la voix de leur conscience, se mettant en règle avec leur devoir de solidarité humaine ou avec la vertu chrétienne de charité, accomplissant ces « bonnes œuvres » qui sauvent aussi sûrement celui qui donne que celui qui reçoit. C'est ainsi que Joseph Bergier, notre bourgeois lyonnais — ayant hérité un commerce de liqueurs et de confiserie, *A l'aigle d'or*, rue de l'Enfant-qui-pisse, il a cessé le négoce pour vivre de ses rentes — dirige la Société de patronage des enfants pauvres de Lyon et fait édifier un « asile républicain ». C'est ainsi que Victor Hugo, en visite, se voit contraint par Mme de Chateaubriand d'acheter à un prix exorbitant une pile de « chocolat catholique », le bénéfice de la vente étant « pour ses pauvres ».

Certains catholiques, alors, tentent de refaire le terrain perdu par l'Église, que ses prises de position hostiles aux principes de 1789 et son soutien permanent aux ultras ont coupée d'une part importante de ses fidèles. Tandis que Buchez propose de supprimer le salariat en créant des coopératives de production ouvrières, d'autres organisent l'action charitable, fondant ainsi la Société de Saint-Vincent-de-Paul ou les Petites Sœurs des Pauvres, vouées à l'assistance des malades.

Chez les « riches », la charité est moins évangélique. Quand ils ne se contentent pas de conseils — « Au lieu de mendier, travaillez donc ! » — elle peut être prétexte à fêtes somptueuses, comme celle que donne le 6 juillet M. de Montpensier dans le parc des Minimes, au bois de Vincennes, et à laquelle assiste Victor Hugo : quatre mille invités — « mais pas assez de femmes » — des princesses, des peupliers illuminés, la tente d'Abd el-Kader, des buffets partout, des rafraîchissements à profusion, des enfants chantant dans les arbres, des sonneries de trompette... « M. de Montpensier, calcule Victor Hugo, en dépensant deux cent mille francs, a fait dépenser un million. Voilà, dans cet instant de misère, douze cent mille francs au profit du peuple. »

Le principe de ces fêtes de charité provoque de violentes réactions. Ce jour-là, d'ailleurs, le peuple du faubourg Saint-Antoine a jeté des pierres sur les voitures des invités. Dans *Le Diable à Paris*, P.-J. Stahl s'indigne ; « On danse, on dîne, on joue, on chante, on s'amuse pour les pauvres ! [...] C'est du reste de vos plaisirs que vous nourrissez les pauvres ! [...] Les riches ne partagent pas ; les meilleurs se contentent de donner ; il n'y a que les pauvres qui partagent. »

Les riches ? Bourgeois et « gens du monde » sont la tribu dominante du régime de Juillet. Régnant avec Louis-Philippe, ils sont à la fois soutien et sangsue d'un système qui fera mieux ressortir ses défauts que ses qualités. C'est ainsi que l'égoïsme et la politique à courte vue de la bourgeoisie industrielle, largement représentée aux Chambres, entraînent, notamment par le maintien de droits de douane excluant les importations, sous-équipement et surcoût : la tonne de fonte, qui vaut 75 francs en Angleterre, revient en France à 220 francs !

Les « maîtres de forges » sont des exemples pour toute une classe. Dans cette société du paraître, l'habit, l'équipage ou le mobilier — cossu, lourd, ornemental — doivent laisser deviner des rentes, une fortune supérieure à la réalité. S'il le faut, on économisera sur ce qui ne se voit pas : les pièces secondaires de l'habitation, la rémunération des domestiques, au besoin la nourriture.

La Restauration avait mis la vertu à l'ordre du jour ; sous la monarchie de Juillet, en dépit de l'image d'austérité que voudrait donner la famille royale, c'est le plaisir qui est à la mode. Réceptions où il faut être invité, bals, où il faut être vu, modes à suivre, coulisses où l'on a ses entrées, salons où se rencontrent hommes politiques, musiciens, écrivains, artistes... Mais la bourgeoisie des parvenus n'a ni les goûts ni les manières de l'ancienne aristocratie, et Mme de Girardin s'indigne par exemple de voir les hommes fumer sans retenue en présence des femmes, ou ces mêmes femmes préférer le *Mauprat* de George Sand, *L'auberge rouge* de Balzac ou les romans d'Eugène Sue aux « délicatesses infinies » de Mademoiselle de La Fayette...

Joseph Bergier, rentier, dirigeant activement sa Société de patronage des enfants pauvres de Lyon, est d'un autre type. Il mène sa vie de bourgeois éclairé, partagée en occupations multiples. Républicain, franc-maçon, conseiller municipal pendant une dizaine d'années, il s'intéresse à la politique locale, ainsi qu'aux nouvelles internationales que donnent les journaux — où il cherche d'abord, en rubrique économique, les cours de la Bourse et l'évolution de la rente — le cours de la rente 5% est monté jusqu'à 125 francs en 1845. Il va volontiers au théâtre et fréquente assidûment le café Grand, place des Terreaux, où l'on se rencontre « entre hommes ». Quand il traverse le pont sur le Rhône, il dit qu'il « passe en ville ».

En 1847, il a cinquante ans. C'est un homme plutôt massif, le visage carré arrondi par un collier de barbe grisonnant, le front haut, les cheveux peignés en arrière jusque sur la nuque, la bouche pincée et l'air sévère qui sied à un homme de sa condition, mais le regard bienveillant derrière de petites lunettes ovales.

Quand il est empêché de tenir son *Journal*, c'est son épouse Fanny qui prend la plume — intelligente, Fanny Bergier, observatrice ; elle veille à tout dans la maison — un cocher et deux domestiques — s'occupe activement de la propriété de Collonges, où tous deux se rendent régulièrement. L'important, pour eux, est d'être en règle, avec leur condition, avec leurs convictions.

« Cinq cent mille mangeurs, trente millions de mangés » : l'extraordinaire, en vérité, c'est l'exploitation sans vergogne des uns par les autres, la mise en coupe réglée des richesses du pays au seul bénéfice de quelques-uns, l'institutionnalisation des pratiques cyniques du pire affairisme. Le roi lui-même ravage les forêts françaises pour arrondir le montant de sa liste civile. A son exemple, du haut en bas de l'administration, « on se vend comme au marché, dit Lamartine en 1845, sans cacher la main qui donne ni celle qui reçoit ».

Un observateur anglais, le marquis de Normanby, ambassadeur et ancien ministre de l'Intérieur, assiste avec effarement aux élections de 1846 : « Il est impossible, note-t-il, de se former aucune idée de l'action puissante que l'abus de l'influence et le patronage ministériel, en ce qui concerne les travaux publics, et plus spécialement les chemins de fer, ont exercée sur les élections. » Il faut dire que le gouvernement venait de rejeter un plan limitant les créations aux lignes principales, ce qui aurait réduit le nombre des pots de vin et les possibilités d'agiotage.

Les cours de la Bourse de Paris, à cette époque, sont transmis à Marseille, à Bordeaux ou à La Rochelle par télégraphe optique — les premiers essais du télégraphe électrique sont effectués le 18 mai 1845 sur Paris-Rouen. Par météo favorable, les nouvelles vont de Paris à Marseille en une heure et demie ; mais quand la visibilité est mauvaise, des courriers spéciaux prennent le relais. Comme le remarque Maxime du Camp, « les agioteurs qui eussent appris le mouvement des fonds publics douze heures à l'avance étaient donc en mesure de faire des bénéfices coupables mais assurés ».

On emploie des pigeons voyageurs, on envoie des messages à l'aide de moulins aux ailes disposées d'une certaine façon. L'objectif est toujours de savoir avant les autres si la rente a monté ou baissé, et jouer à coup sûr.

Des jumeaux bordelais, François et Joseph Blanc, ont imaginé une procédure simple : leur agent parisien prévient l'agent télégraphique de Tours en lui faisant passer par la poste une paire de gants gris si la rente a baissé, blancs si elle a monté. L'agent de Tours transmet alors en direction de Bordeaux un faux signal (message suivi de la mention « erreur ») que décryptent aisément les frères Blanc. Ils connaissent ainsi la cote de la Bourse de Paris suffisamment à l'avance pour faire d'importants bénéfices. Au point qu'on finit par les suspecter, et qu'on évente leur système — on découvre ainsi que le télégraphiste de Tours, dont le salaire ordinaire était de 1,50 franc par jour, recevait des frères Blanc 300 francs par mois et 50 francs par faux signal.

Faute de texte adapté à une situation que n'avait pas prévue le législateur, les frères Blanc et leurs complices furent absous en assises. La nouvelle loi, qui réserve l'usage du télégraphe au gouvernement, comporte un article unique : « Quiconque transmettra sans autorisation des signaux d'un lieu à un autre, soit à l'aide de machines télégraphiques, soit par tout autre moyen, sera puni d'un emprisonnement d'un mois à un an et d'une amende de 100 à 10 000 francs. » Cette loi fait des préfets les destinataires des informations transmises par le gouvernement, laissant de fait à leur appréciation le soin de les rendre publiques au moment le plus opportun.

On comprend mieux alors l'effarement du marquis de Normanby, que confirment des couplets vengeurs :

S'agit-il de corrompre un arrondissement
D'enlever à prix d'or un siège au Parlement
De monter à l'assaut d'une brillante place
De s'emparer du banc d'un ministre tenace
De faire avec l'État des marchés scandaleux
D'exploiter à la Bourse, à grands coups ruineux
Le secret éventé des jeux télégraphiques
Enfin par toutes ruses et tous moyens iniques
D'opérer pour sa race et dans on intérêt
Une large saignée au fleuve du budget
Oh ! comme le pouls bat ! Comme la tête brûle !
Comme un torrent de feu dans les veines circule...

Un scandale pour ainsi dire chronique est celui des fournitures aux armées. La presse a en vain maintes fois dénoncé désordres et détournements : tout juste a-t-on désavoué ou déplacé quelques agents. Mais, à propos de l'arsenal de Toulon, la Cour des Comptes, pourtant obéissante, ayant cru devoir poser quelques questions, la Chambre n'a pu faire moins que de demander une vérification régulière des livres de comptes. Le résultat ne s'est pas fait attendre : un incendie a aussitôt et fort opportunément détruit le grand entrepôt du Mourillon.

A Rochefort, autre importante base navale, on découvre alors dilapidations et détournements, portant notamment sur l'alimentation — des boulangers complices livraient des farines contenant jusqu'à 38% de substances étrangères ! — les vins

— les quantités manquantes déclarées avariées et jetées à la mer — et les combustibles — la spéculation consistant là à jouer sur la différence de poids entre les bois verts et les bois secs. Cette fois, les coupables sont déférés à la justice. Le directeur des Subsistances se suicide. Quelques comparses sont condamnés. Mais l'important est que le public prend conscience de la permanence et de l'ancienneté de ces mœurs, un certain nombre d'hommes intègres ayant même en vain alerté le gouvernement.

Quand Bénier, directeur de la Manutention générale des Vivres, disparaît, en mai 1845, on découvre dans les Entrepôts de Paris un « trou » de 14 000 quintaux de blé — le comptable spéculait avec l'argent de l'État — et on s'aperçoit à l'occasion que Bénier avait été dispensé de verser le cautionnement pourtant réglementaire avant de prendre sa charge. Quant au chef de bureau qui avait découvert et signalé dans un rapport les agissements de Bénier dès 1836, il avait purement et simplement été révoqué — et en était mort de chagrin.

L'affaire Bénier, dénoncée à la tribune le 5 juin 1846, n'aura comme conséquence que la mise à la réforme de deux intendants militaires jugés coupables de défaut de surveillance... « M. Guizot est personnellement incorruptible et il gouverne par la corruption, note Victor Hugo dans son Journal quelques jours plus tard. Il me fait l'effet d'une femme honnête qui tiendrait un bordel. »

Les scandales se succèdent. Le scandale Drouillard, un banquier qui, tenant à Quimperlé « boutique ouverte de corruption », a littéralement acheté son élection électeur par électeur. Son siège lui a ainsi coûté 145 000 francs. En assises, il sera « condamné » à 7 400 francs d'amende et dix ans de privation de droits civiques... Le scandale Duchâtel : le ministre de l'Intérieur est accusé d'avoir vendu le privilège de la création d'un troisième théâtre lyrique contre le versement de 100 000 francs au journal *L'Époque*. Journal qui avait par ailleurs promis aux maîtres de poste — dont l'activité était menacée par les progrès du chemin de fer — le dépôt par

M. Duchâtel d'un projet de loi favorable à leurs intérêts contre le versement de 1 200 000 francs. Le ministre évite de poursuivre ses accusateurs — et reste en place... Scandale au Puy, où le préfet, ayant à dédommager les victimes d'une crue de la Loire, s'indemnise d'abord, puis sert ses amis politiques, et même le gendre d'un électeur influent dont les propriétés sont situées deux cents mètres au-dessus du niveau de la crue... Scandale Fould, un banquier mêlé à un trafic de croix d'honneur et de titres de pair...

C'est alors qu'éclate l'affaire Teste-Cubières. En 1839, le général Cubières, ancien ministre de la Guerre, grand officier de la Légion d'honneur, bientôt pair de France, s'est porté candidat à la députation pour l'arrondissement de Lure, en Haute-Saône, où sont situées les mines de charbon de Gouhenans, dont il a pu devenir actionnaire. Il s'engage à faire obtenir à la société que préside un certain Parmentier le droit d'exploiter un gisement de sel découvert au même endroit.

Une lettre de 1842 témoigne de la manière dont il entreprend de convaincre Parmentier, que lui, général Cubières, pourrait l'aider à acheter quelques-unes de ces protections dont on peut toujours avoir besoin :

> Mon cher Monsieur Parmentier,
> Tout ce qui se passe doit faire croire à la stabilité de la politique actuelle et au maintien de ceux qui la dirigent. Notre affaire dépendra donc des personnes qui se trouvent maintenant au pouvoir. Il n'y a pas un moment à perdre, il n'y a pas à hésiter sur les moyens de nous créer un appui intéressé dans le sein même du Conseil [des Ministres].

M. Parmentier aura sans doute quelques difficultés à convaincre les actionnaires de faire les sacrifices nécessaires, mais le général supplie qu'on fasse preuve de réalisme :

> [Notre actionnariat] se montrera sans doute très disposé à compter sur notre bon droit, sur la justice de l'administration,

> et cependant rien ne serait plus puéril. N'oubliez pas que le gouvernement est dans des mains avides et corrompues, que la liberté de la presse court le risque d'être étranglée sans bruit l'un de ces jours, et que jamais le bon droit n'eut plus besoin de protection.

Très vite, l'affaire paraît en bonne voie : « On » offre, parmi d'autres garanties, celle « d'avoir un président [de tribunal] à souhait et de faire avorter les prétentions adverses, si elles étaient appuyées dans l'un ou l'autre Conseil ». En revanche, « on » insiste pour cinquante actions, et non vingt-cinq comme « on » s'est vu proposer...

Mais en 1847 le torchon brûle entre Cubières et Parmentier, qui intente au général, devenu entre-temps pair de France, un procès en escroquerie. Bénéficiant sans doute de meilleures « garanties », Cubières l'emporte. Parmentier donne alors aux journaux, qui les publient le 2 mai, les lettres que le général lui a adressées. L'énorme scandale ébranle cette fois toute la classe politique.

Guizot estime qu'on ne peut éviter de saisir la justice, si pénibles puissent être les révélations que provoquera un procès. Louis-Philippe est d'un avis opposé : « Des soupçons, si loin qu'on les pousse, ont toujours moins de gravité que des faits attestés et vérifiés dans une enquête publique. » Mais il est impossible de reculer, et la Cour des pairs est chargée de juger Cubières.

L'instruction révèle le nom du fameux « on » qui a vendu son appui : rien moins que J.-B. Teste, ancien ministre des Travaux publics, lui aussi pair de France, en outre président de la plus haute juridiction du pays, la Cour de cassation... Corruption, prévarication, escroqueries en tout genre... Teste est condamné à trois ans de prison, la dégradation civique et à 94 000 francs d'amende (versés, comme en expiation collective, aux hospices de Paris) ; Cubières et Parmentier, quant à eux, sont dégradés et doivent verser chacun 10 000 francs d'amende.

L'affaire Teste-Cubières à peine jugée, le 9 août 1847, un conseil de guerre condamne à cinq ans de travaux forcés un comptable coupable d'avoir opéré d'énormes détournements au préjudice de l'hôpital du Gros-Caillou... Jusqu'à Guizot lui-même, éclaboussé par l'affaire Petit : son propre secrétaire, dans le bureau voisin du sien, s'est activement mêlé d'un trafic de charges et de démissions achetées dont le ministre, à l'évidence, ne peut pas ne pas avoir eu connaissance...

Le 21 août, la Chambre des pairs, à peine s'est-elle mise en congé, doit à nouveau se réunir pour juger l'un des siens, le duc de Praslin, qui a sauvagement assassiné sa femme, fille du maréchal Sébastiani, dans son hôtel, faubourg Saint-Honoré. Si l'affaire n'a rien à voir avec les détournements d'argent, les concussions et les trafics d'influence, le titre et la qualité du duc — qui profite d'un moment où on le laisse seul pour s'empoisonner — finissent de confirmer le peuple dans sa conviction que toute la classe dirigeante est corrompue.

En 1842, Lamartine prédisait avec une belle lucidité : « Dans quatre ans, ce sera l'heure des angoisses pour ce vieux parti composé par tiers d'intrigants, d'imbéciles et d'honnêtes gens qu'on appelle les hommes de gouvernement depuis 1830. Le pays leur échappera [...], nous nous en emparerons avec la force que donnent la lutte et la popularité de l'opposition et, si Dieu nous assiste, nous le sauverons. »

III

L'appel aux âmes

La plume à la main. — Une grande amitié. — Rongeurs et rongés. — Bleu, blanc, rouge. — Une soupe à l'oignon. — Nous sommes frères. — Le Tour de France des Compagnons. — Avignonnais la Vertu. — Un petit taudis. — L'union fait le bonheur. — La prière au Travail. — Toasts. — Le serrurier de Flaubert. — La Révélation de 48.

« L'âge d'or, qu'une aveugle tradition
a placé jusqu'ici dans le passé,
est devant nous. »

Saint-Simon,
en épigraphe du journal *Le Producteur*, 1825.

« Nous sauverons le pays », promet Lamartine. C'est bien en effet de salut qu'il s'agit pour ceux qui ne se résignent ni à une injustice sociale de moins en moins supportable ni aux pratiques immorales de la classe au pouvoir.

Aucune époque n'a sans doute suscité autant de sauveurs, de « penseurs » comme on dit alors, c'est-à-dire d'inventeurs de systèmes à vivre heureux. Sur l'essentiel, ils sont d'accord : sentimentaux et humanitaires, ils croient au progrès humain et, fondant dans le même creuset leurs solutions techniques et les très anciennes promesses eschatologiques, ils préparent fiévreusement le règne de la république universelle, version XIXe de la Jérusalem terrestre. Héritiers sans complexes de Voltairousseau, ils posent comme principes une exigence fondamentale de liberté, d'égalité et de fraternité — les « valeurs sublimes », disent-ils — et une vieille revendication adaptée au temps des fabriques et de la vapeur : l'organisation des modes de production et de consommation.

La « politique » comme on la pratique ne les concerne pas — ni d'ailleurs ceux à qui ils s'adressent et que les révolutionnaires purs et durs — Barbès, Blanqui — exhortent en vain. Eux, ce qu'ils demandent, c'est le droit de présenter l'évangile utopiste comme un programme de gouvernement visant à établir sur la terre le règne d'un bonheur collectif enfin possible.

Confus, aventureux, excentriques, irréalistes ? Sans doute, mais voyez-les, à la fois théoriciens, prophètes, gourous, polygraphes exaltés passant leurs nuits la plume à la main, à rédiger des opuscules, des libelles, des almanachs, des affiches, des articles, des lettres, d'innombrables lettres — dont ils gardent copie —, débattant, discutant, proposant, incitant leurs correspondants, traquant les possibles souscripteurs qui les aideraient à publier de mirobolantes feuilles de chou à but non lucratif.

Cette infatigable croisade, cette ferveur proprement religieuse sont une réponse au « mal du siècle », la face nocturne du romantisme, cette mélancolie de devoir vivre l'imparfaite condition humaine quand on voudrait s'accomplir dans l'infini, se fondre dans l'harmonie de la Création.

Ce n'est pas un état d'esprit : c'est un état d'âme, qu'entretiennent aussi bien les premiers rapports sur la misère du prolétariat et les théories palingénésiques de Ballanche — « Les âges de tutelle sont passés, les âges de l'émancipation commencent » — que les « Méditations poétiques » des uns et des autres — Renan veut faire de l'homme « le compagnon de route des étoiles », Michelet définit la patrie comme « une grande amitié », Edgar Quinet propose d'aller « voir la source jaillissante des choses, le comment des êtres et de tous ceux qui attendent la vie dans le berceau des mondes futurs », et Victor Considérant réclame « le droit à l'amour libre ». Seule une communion lyrique avec la nature et l'humanité paraissent pouvoir apaiser ce tourment, donner un sens à cette attente.

Comment changer les règles de cette société inhumaine, lutter contre la misère, l'injustice, l'indifférence ? C'est, tandis que résonnent ce que Pierre Leroux nomme « les fanfares industrielles », la grande urgence du temps.

Chateaubriand invite ingénument à mener une vie chrétienne et à pratiquer les vertus sociales. Mais d'autres font des propositions plus concrètes, ou plus attrayantes.

L'Anglais Owen : « L'erreur, le mal et la misère existent partout. Et les moyens d'établir la vérité, la richesse et le bonheur abondent partout. Et l'on ne pourrait faire l'échange ? » Ou encore : « De nos jours, et sous l'empire des circonstances, toutes les vieilles choses doivent disparaître, et toutes choses être refaites à neuf. » Son système ? L'homme, c'est-à-dire tous les hommes, servis par des machines.

Le prêtre Lamennais propose l'instruction pour tous, la justice sociale et la charité pour combattre les maux de la société. Son « socialisme évangélique » condamné par le pape, il rompt avec l'Église.

Fourier préconise la formation de phalanstères, coopératives de production et de consommation, communautés harmonieuses où chacun trouverait le bien-être en accomplissant librement un travail attrayant. Chaque membre, possédant une action du phalanstère, serait propriétaire du tout, le profit étant réparti entre le Capital, le Travail et le Talent.

Cabet le « communiste » prépare son *Voyage en Icarie*, qui fera des Icariens les véritables disciples du Christ, qui a enseigné la fraternité, « un grand principe social », et la communauté des biens : « Son évangile est notre code, sa doctrine est notre guide. »

Mais le « penseur » le plus écouté, celui qui suscite le plus d'adhésions foudroyantes est le comte de Saint-Simon, mort en cette même année 1825 où paraît son *Nouveau Christianisme*, un an après *Le catéchisme des industriels*. Dénonçant la propriété privée, qui aboutit à une organisation anarchique de la production et consacre l'exploitation de l'homme par l'homme, il pose les fondements d'une « nouvelle religion » : un collectivisme qui maîtrisera toutes les possibilités de la science et assurera « à chacun selon ses capacités, à chaque capacité selon ses œuvres ». Cette bible-là va en toucher plus d'un au cœur.

Pauline Roland, en 1825, a vingt ans et s'ennuie. Elle vit à Falaise, cité industrieuse et bien-pensante du Calvados. Sa mère, veuve, receveuse des postes, veille à donner à Pauline et à sa sœur cadette une éducation à principes dont la jeune fille ne s'évade qu'en rêvant de « choses grandes ». Elle apprend l'anglais et l'italien pour s'occuper l'esprit, mais, lisant et relisant l'histoire des premiers chrétiens, il lui arrive de « pleurer de n'être point venue dans un monde où l'on peut mourir pour sa foi ».

Mme Roland, pour parfaire la culture de ses filles, notamment en philosophie, leur choisit un mentor, M. Deprez, jeune professeur au collège, marié et père de famille, mais pâle, romantique, le regard fiévreux : autant dire qu'elle vient de faire entrer le loup dans la bergerie. Car M. Deprez lit *Le Globe*, journal de la religion saint-simonienne, et ne manque pas une occasion d'en prêcher les beautés à Pauline, exaltant ce besoin qu'il sent chez elle de mettre au-dessus de tout « l'amour de l'humanité ».

Éblouie, Pauline Roland écrit alors : « Le saint-simonisme m'a dégoûtée de tout ce qui n'est pas lui. »

Jean Terson a, lui, vingt-deux ans en 1825. Il est né à Quillan, au bord de l'Aude. Son père, qui a été capturé par les barbaresques et vendu comme esclave à Constantinople avant de rentrer au pays, enseigne lui-même Jean jusqu'à l'âge de quatorze ans selon les meilleurs principes rousseauistes. Envoyé en apprentissage à Carcassonne, il découvre un monde de « rongeurs et de rongés » puis, sur l'insistance du curé de Quillan, entre au séminaire. De là, composant difficilement entre sa raison et sa foi, essayant de « s'abêtir dans la pratique de la vie dévote », il part pour la maison des missions étrangères, à Paris, où on le prépare à aller « prêcher les Cochinchinois ».

Cherchant en vain sa place dans cette Église hautaine où il

ne trouve pas le Christ, il tente de s'ouvrir les veines. Désarmé de justesse, soigné avec de l'eau froide et des sangsues, on l'envoie, à sa demande, comme curé dans ses « chères montagnes » pyrénéennes, où il poursuit en vain la foi qui le fuit. En 1830, pour ne pas être un prêtre imposteur, il quitte sa paroisse avec l'intention d'aller se jeter dans l'océan.

De passage à Toulouse, il tombe à l'auberge sur une tablée de saint-simoniens qui lui présentent « l'Évangile nouveau, harmonisant la vie sous ses trois aspects, science, art, industrie, substituant à la guerre le travail pacifique et organisé, terminant la lutte du Ciel avec la Terre, de l'esprit avec la chair, régénérant la morale et transformant la politique ». Jean Terson ressuscite : « Tout à l'heure sans foi, sans espérance, embrassant la mort [...], voici qu'une subite lumière m'éclairait. [...] Je n'étais plus étranger sur la terre. »

Il troque chez un fripier sa soutane pour des vêtements laïques, s'instruit dans la religion saint-simonienne, va à Lyon s'embaucher sur des chantiers de terrassements pour porter la bonne nouvelle puis, promu au 3e grade de la hiérarchie et ayant fait à Toulouse sa profession de foi publique — « Humanité je t'aime ! » — gagne Paris au printemps de 1832.

Sept ans après la mort de Saint-Simon, ses disciples se partagent l'héritage spirituel au point que rapidement des scissions divisent l'« église ». Parmi ceux qui s'éloignent, Pierre Leroux, typographe, journaliste, éditeur, inventeur tous terrains, inépuisable agitateur d'idées, généreux, prolixe, grand fournisseur de formules — « Il n'y a pas d'autre ciel et d'autre terre que la vie » — toujours à chercher dix-neuf sous pour faire un franc, un de ceux qui incarnent le mieux ce qu'on appellera « l'esprit de 48 ».

Celui qui reste, c'est Prosper Enfantin, alors âgé de quarante ans, polytechnicien de forte personnalité qui traduit en dogmes et en réalités les idées de Saint-Simon. Le mouvement, avec lui, tourne à la secte. Il se proclame « Père » et désigne quarante « fils » pour venir s'installer avec lui dans une communauté exemplaire, à Ménilmontant, « sur le coteau de Belleville ».

Parmi les élus, Jean Terson, notre curé défroqué, qui arrive en diligence et « prend l'habit » en juin 1832. L'habit saint-simonien : pantalon blanc, gilet rouge, tunique bleue dont les couleurs symbolisent respectivement l'amour, le travail et la foi — le gilet se boutonne dans le dos, afin de rappeler la loi de dépendance et de solidarité. Les fils, « bourgeois par la naissance, l'instruction et les habitudes, prolétaires par dévouement et par la conviction qu'ils font œuvre religieuse », portent la barbe et se partagent les tâches de la communauté ; Terson, lui, est « chargé de tout le menu détail de la maison ».

Travaux, chants, méditation ; les portes sont ouvertes au public le dimanche et le mercredi. C'est, avec les publications régulières, un moyen de diffuser le programme d'Enfantin : le développement de l'industrie, l'organisation en grand du travail, l'affranchissement progressif et pacifique des travailleurs, l'affranchissement des femmes. Ce dernier point est fondamental : les femmes sont déclarées les « égales des hommes », principe induisant du même coup les concepts de Dieu-Père-et-Mère, de la Femme-Messie et du couple-prêtre.

C'est d'ailleurs en cette année 1832 qu'Enfantin fait appel aux femmes — dont, semble-t-il, il ne dédaigne pas d'éprouver le degré de libération — et annonce que 1833 sera l'Année de la Femme.

A Falaise, Pauline Roland, la fille de la receveuse des postes, est naturellement tombée amoureuse de ce M. Deprez qui lui a révélé l'existence de la religion saint-simonienne. Grande passion platonique qu'elle sacrifie avec une douloureuse volupté à « l'amour de l'humanité » quand elle entend l'appel du « Père ». Les traits réguliers, plutôt belle, semble-t-il, mais sans coquetterie, indifférente à « la supériorité de porter plus ou moins bien une robe de soie », elle décide d'aller se mettre au service de Prosper Enfantin : « L'âme du Christ l'anime », juge-t-elle. Quittant « ce monde de plomb qui [l']entoure et [l']étouffe », elle aussi prend la diligence de Paris.

Quand elle arrive, la police vient de faire fermer la maison de Ménilmontant : l'Évangile d'Enfantin sent le soufre. Le Père lui-même est en prison à Saint-Pélagie, mais les « fils » continuent d'exhorter leurs prochains. « Écoutez, prêche par exemple avec ferveur un nommé Barrault, écoutez enfin ! Chez les Hébreux, lorsque, sur le bord de la route était trouvé un cadavre, les habitants de la cité voisine, la main étendue sur le corps inanimé, juraient qu'ils n'avaient point trempé dans cet homicide. Eh bien, je vous adjure ici de m'entendre. A la vue de ce peuple entier que vous voyez dans la fange de vos rues et de vos places, sur de misérables grabats, au milieu de l'air fétide des caves et des greniers, dans des hôpitaux encombrés, dans des bagnes hideux, se mouvoir pâle de faim et de privations, exténué par un rude travail, à moitié couvert de haillons, livré à des agitations convulsives, dégoûtant d'immoralité, meurtri de chaînes, vivant à peine, je vous adjure, enfants des classes privilégiées, levez-vous, et, la main appuyée sur ces plaies putrides et saignantes, enfants des classes privilégiées qui vous engraissez de la sueur de cette classe misérable exploitée à votre profit, jurez que vous n'avez aucune part à ses souffrances, à ses douleurs, à son agonie. Jurez ! Vous ne l'oseriez pas ! »

Jean Terson, lui, part évangéliser la province avec la conviction de marcher sur les traces des chrétiens du temps des catacombes. Il fait porter sur son passeport la profession d'« apôtre » et va enseigner les charbonniers d'Ariège et d'Andorre, nu-pieds, habillé en bagnard, portant une chaîne symbolique et une plaque sur laquelle il a fait graver « LE PEUPLE SOUFFRE ». Pourchassé, lapidé, emprisonné plus souvent qu'à son tour — ce qui ne l'empêche pas à l'occasion de se « régaler d'une soupe à l'oignon avec un jaune d'œuf » ou de partager « une gourde de vieux rhum » — il finit par regagner Lyon, ville où les saint-simoniens sont bien installés.

Là, devenu teneur de livres de commerce, il étudie la médecine et assiste à l'insurrection de 1834.

Pauline Roland, à Paris, donne alors des leçons pour vivre, fait des traductions, écrit des articles de compilation. Enfantin, sortant de prison, décide de s'embarquer pour l'Égypte avec quelques disciples afin de rechercher celle qui, sans doute, l'attend quelque part en Orient pour, à ses côtés, être la Mère — à l'occasion, l'ingénieur qu'il est aussi étudiera la possibilité de creuser à travers l'isthme de Suez un canal reliant la Méditerranée à la mer Rouge.

Pauline pense un moment le suivre mais y renonce. De plus en plus convaincue que son engagement doit être effectif, elle décide, après bien des hésitations, de se consacrer au sacerdoce saint-simonien : le « réconfort des âmes en peine par le cordial bienfaisant de l'amour ». Autrement dit : le « don complet » d'elle-même aux plus désemparés des « fils ». Des enfants lui naissent. Les contemporains crient au scandale devant ces « prêtresses » saint-simoniennes qui, de plus, pratiquent sans hypocrisie le mariage à l'essai, où le plaisir charnel n'est plus tabou.

Or cette jeune femme énergique et fière, intelligente, à la sensibilité exacerbée, n'agit ainsi que pour aller au bout de sa conviction : il ne suffit pas de vouloir changer les règles de cette société inhumaine ; il faut commencer. Ainsi voit-on passer à l'action ceux que l'on prenait pour de bien inoffensifs rêveurs, comme cette provinciale candidate au martyre ou ce curé défroqué ayant enfin trouvé sa vocation. Mais ils ne sont pas seuls. Tenez, Agricol Perdiguier, menuisier et compagnon du Tour de France...

Agricol Perdiguier est né près d'Avignon en 1805, au lendemain de la bataille d'Austerlitz — la même année que Pauline Roland. Son père, paysan, fait le menuisier en hiver et emploie ses trois fils à dresser les planches au rabot, à pousser les rainures. Un de ses garçons devra reprendre l'établi, mais l'aîné, parti se battre en Espagne derrière Soult, est pris par les Anglais et expédié aux Amériques dans un convoi de prisonniers. Le cadet préfère travailler la terre plutôt que le bois. Reste le benjamin, Agricol :

— Il faut que tu sois menuisier, lui dit son père.

— Je préfère être paysan.

— Il me faut un menuisier, tu le seras.

Quand le père a dit, mieux vaut baisser la tête. Le jeune Agricol, alors âgé de treize ans, a été élevé dans l'idée qu'on n'a rien sans travail, sans peine, sans mérite ; que connaître un bon métier est, dans ce bas monde, la seule chance de ne pas mourir de faim, d'échapper au sort de ceux qui usent leur vie dans les fabriques et les manufactures.

Formé sans tendresse par son père, pour qui le pied aux fesses a autant de vertu que le tour de main, il est à seize ans placé comme apprenti chez un menuisier d'Avignon. Hiver comme été, six jours par semaine, il se lève à cinq heures du matin, travaille jusqu'à huit ou neuf heures du soir sans que son patron se soucie de le faire progresser. Le dimanche, il doit en outre balayer l'atelier, ranger le bois et vérifier les outils. En échange, il est nourri et logé — dans un grenier. Pas d'argent ni, ce que regrette plus encore le jeune Agricol, « le moindre encouragement ».

Quand il comprend que le menuisier le tient « dans l'ignorance du métier afin de l'exploiter plus longtemps », il quitte l'atelier et va s'embaucher chez un ami de son père, où il reçoit un peu d'argent pour son travail et où, surtout, il apprend le traçage et l'assemblage. Adroit, appliqué, ayant le sens et le goût du bois, il progresse vite et, pour ses dix-huit ans, réalise un grand buffet de sacristie équipé intérieurement de demi-cercles mobiles pour le rangement des vêtements du culte. Son patron l'incite alors à rejoindre les Compagnons et à « voyager la France ».

Le compagnonnage n'a jamais, chez les ouvriers, été aussi prestigieux qu'en ce milieu du XIXe siècle. C'est une organisation de formation professionnelle, d'entraide et de défense qui se divise en trois familles : enfants de Salomon, de Soubise, de maître Jacques. Elles ont en commun de faire remonter leur histoire à la plus haute antiquité biblique, et d'exiger, d'un patron à l'autre, un « tour de France » en quelque sorte initiatique s'achevant par la réalisation d'un « chef-d'œuvre » qui « qualifie » à jamais l'ouvrier et donne un sens à son travail. Malheureusement, des rivalités historiques opposent en rixes féroces, canne au poing, les membres des divers *Devoirs* — *gavots* contre *devoirants*, *indiens* contre *bons drilles*.

Agricol Perdiguier, à l'atelier où il travaille, fréquente des Enfants de Salomon, Carcassonne le Cœur Aimable et Provençal la Justesse, qui l'invitent un jour chez leur *mère*, c'est-à-dire la maison des gavots à Avignon. Il est frappé par le sérieux qui y règne : « Pas de tutoiement, pas de mots saugrenus, mais quelque chose de grand, de sublime, de fraternel. » Sa décision est prise : il rejoint la société des compagnons du Devoir de Liberté. Lui aussi sera gavot.

Il part « sur le Tour » au printemps de 1824. Direction Marseille, Toulon, Montpellier, Carcassonne, etc. A l'époque, les routes sont vivantes ; au gré des saisons et des foires s'y croisent ou s'y mêlent les migrations des vendangeurs, des ramasseurs de châtaignes, des moissonneurs, des maçons creusois, des ramoneurs savoyards, des bûcherons, fourmillement de tribus raclant leurs sabots vers un peu moins de misère, troupeaux, marchands d'almanachs, d'images et de saints en plâtre, rétameurs, rempailleurs, colporteurs portant leur boutique sur leur dos, tous autant de *nouvelleux* qui racontent aux haltes le monde comme il va, offrent leur pacotille ou leur travail.

Ainsi Perdiguier fait-il son apprentissage des gens et des choses. Peu à peu, en chemin, chez la mère ou chez le *singe* — le patron —, il apprend les usages et les rituels du compagnonnage. Cours du soir, conduite des partants, affrontements en rase campagne ou défis professionnels, visites aux compagnons malades ou entretien de l'habit — c'est que, gavots ou devoirants, ils doivent porter une tenue convenable : il s'agit à la fois de traduire une exigence morale et de se distinguer du tout-venant des prolétaires. L'habit aussi fait le compagnon ; et ces ouvriers en redingote et *trombonne* — chapeau haut-de-forme — bientôt maîtres dans leur art, affichent ce qu'ils revendiquent : la dignité.

Heureux mélange de théorie et de pratique, l'enseignement dispensé sur le Tour est bien la meilleure école des métiers. Quand l'aspirant a fait ses preuves, de bon esprit autant que de compétence, il est reçu compagnon. Agricol Perdiguier conçoit et réalise alors un chef-d'œuvre d'une grande modestie apparente mais demandant d'exceptionnelles qualités de trait et d'exécution : une maquette d'escalier tournant à dessous coulissant, un quart-de-tour de spirale en noyer comportant treize marches, le fin du fin consistant à laisser cachée, au regard non averti, la difficulté de ce fond à glissière spiralé.

Devenu compagnon sous le nom d'Avignonnais-la-Vertu, Perdiguier, après quatre ans de Tour de France, entreprend de se consacrer au rapprochement des sociétés ennemies, à dénoncer l'esprit de clan et le goût des rixes. Pour gagner le droit de parler, il va lui falloir d'abord affronter un certain Bayonnais le Flambeau du Trait, qui le met au défi de réaliser devant un jury de pairs « une certaine pièce » de menuiserie dont il se prétend seul capable. « Si, notera Avignonnais-la-Vertu, j'avais été vaincu dans un concours où il ne s'agissait que de tirer des lignes et de couper des bouts de bois, il ne m'était plus permis de parler ni morale ni réforme compagnonnale. Mais vainqueur, c'était tout autre chose... » Il l'emportera.

Il lui faudra alors trouver un langage pour se faire entendre. Ce qu'il veut dire, il le chantera : la chanson, très en vogue chez les ouvriers, eux-mêmes infatigables rimailleurs, peut porter tous les messages sous une forme accessible et populaire, même si les meilleures intentions ne font pas forcément les meilleurs refrains :

Que tous les préjugés périssent
Du mal détruisons le levain

Que tous les nobles cœurs s'unissent
Le règne d'amour est prochain.

Mais, plus ambitieux, il entreprend la rédaction d'un livre : « Les compagnons se battaient, se déchiraient les uns les autres, écrit-il. J'en souffrais ; il me semblait que leur sang était mon sang. Je voulus les réformer. Avec quel entrain je me jetai dans cette rude entreprise ! J'aurais tout donné pour réaliser le bien, et ma liberté, et ma vie, et une grande fortune si je l'eusse possédée... C'était mon cœur, c'était mon âme qui agissaient, qui s'épanchaient, qui se prodiguaient. Je ne faisais pas une œuvre littéraire, mais quelque chose de saint... »

Le Livre du compagnonnage paraît en 1839. Sur le Tour, l'accueil est mi-hostile, mi-enthousiaste. Ce qu'on lui reproche d'abord, c'est d'avoir étalé sur la place publique la vie et les usages des compagnons, jusqu'alors ignorés de la plupart des gens. Et c'est vrai que le premier succès du livre est un succès de curiosité. On se penche sur les mœurs de ces étranges ouvriers comme sur celles des tribus qu'on découvre alors aux confins de lointaines jungles. Mais les écrivains, les artistes, les théoriciens, ceux qui, dans la société, tendent leurs antennes pour capter la voix confuse du temps, tous ceux-là font à Perdiguier un accueil chaleureux. « Votre ouvrage, lui écrit Lamartine, est plein d'intérêt et d'une utilité réelle ; il ne peut manquer d'atteindre le but vers lequel vous marchez. » Chateaubriand, Eugène Sue, Béranger, Lamennais saluent. « C'est l'entrée du peuple en littérature », formule George Sand.

Perdiguier, qui a connu à Paris, à la fin de son Tour de France, les temps sombres de la maladie, du chômage et de la solitude, s'est marié en 1836 avec la fille d'un charretier, Lise Marcel, qui fait des travaux de couture. Ils vivent alors faubourg Saint-Antoine :

Moi je n'ai qu'un petit taudis
Où je possède en paix Lisette

Nous y vivons contents, unis
Sans entrave et sans étiquette.

Cette irruption de la gloire littéraire dans « le petit taudis » confirme à ses yeux le bien-fondé de son entreprise. George Sand l'invite à dîner. Celle-ci, qui a des talents de sourcière pour exprimer des idées encore souterraines, a compris que Perdiguier dit des choses importantes, et que ce n'est sans doute pas un hasard si l'expérience de cet ouvrier rejoint les rêves des « penseurs » utopistes. Ces choses, elle veut les redire à sa manière et entreprend un roman pour lequel elle lui demande conseils et modèles. C'est à l'occasion de ces rencontres qu'elle l'encourage à repartir sur le Tour. Non plus pour apprendre, mais pour convaincre : les idées aussi doivent faire leur chemin.

Muni d'une caisse de livres et d'une somme de 500 francs que George Sand a collectée parmi ses amis, il parcourt la France pendant deux mois, « à grandes enjambées, prêchant la paix, l'union, la concorde, jetant son *Livre du compagnonnage* par la portière de la voiture dans les villages où il ne s'arrête pas ». En route, il reçoit des lettres de George Sand où, en lui disant « mille choses affectueuses de la part de Chopin », elle lui réaffirme sa conviction : « Le moment est venu de tout voir, de tout comprendre, et de tout sentir. Quand le peuple donnera l'exemple de la fusion [...] il sera bien fort et bien grand. C'est lui qui sera le maître du monde, l'initiateur de la civilisation, le nouveau messie. »

George Sand fait paraître, en 1841, *Le Compagnon du Tour de France* dont le héros est, audace inouïe, un ouvrier, compagnon menuisier intelligent, beau, généreux, qui incarne les aspirations du travailleur et qu'aime une demoiselle de. On voit ainsi Pierre Huguenin, avatar romanesque d'Agricol Perdiguier, allant son chemin d'initiation et de connaissance avant de dépouiller le vieil homme et mériter le droit de naître enfin à lui-même.

Le succès est considérable dans les « classes privilégiées » du pays. L'œil rond, elles voient surgir d'on ne sait quel monde souterrain, comme un mineur naguère oublié dans la fosse, un fantôme, un étranger scandaleux qui leur dit : « N'ayez pas peur de nous. Nous sommes frères ! » Cet inconnu dans la nation, c'est l'ouvrier.

Or, dans le même temps, ce qu'est en train de découvrir l'ouvrier, c'est que l'union, qui fait la force — la preuve en est, en 1845, une très dure grève, finalement victorieuse, des charpentiers de Paris, tous devoirs unis et solidaires — peut faire aussi le bonheur. Quelle aventure !

Flora Tristan ne dit pas autre chose. La vie de cette ancienne ouvrière coloriste a été difficile, cahotée, et elle n'a pas toujours eu, comme on dit, du bois pour son feu. La misère l'effare, la scandalise, celle des femmes aussi bien que celle des ouvriers, misère physique et morale — celle qu'on dit noire. Quand elle parvient à la conviction que la division des prolétaires est la cause de leur malheur, qu'il faut les unir, elle élabore un projet d'organisation sociale, l'Union ouvrière, qu'elle décrit dans un ouvrage achevé en 1843 : « Ouvriers et ouvrières, commence-t-elle, écoutez-moi... »

Sa passion, son urgente vérité éclatent dans chaque mot : il faut « constituer la classe ouvrière ». Certitude visionnaire, quasi mystique, dont l'aboutissement sera non la lutte des classes mais la collaboration des classes pour le bonheur de tous. Impatiente de se faire entendre, elle aussi part sur le Tour de France. Auxerre, Chalon, Lyon, Avignon, Marseille, Nîmes, Béziers, Carcassonne, Agen... Elle prêche, discute sans fin, s'exalte, s'épuise. Elle est bientôt à bout de forces. A Bordeaux, elle doit s'arrêter. Elle y meurt de fièvre typhoïde, épuisée, en novembre 1844. Quatre ouvriers porteront son cercueil et un ouvrier lira sur sa tombe un poème dont les quatre premiers mots eussent suffi à son bonheur : « Oui, nous nous unirons... »

Prodigieuse *surgie* qui n'est pas sans rappeler la croisade de ces enfants de 1210 qui, devant la faillite des institutions à reconquérir Jérusalem, c'est-à-dire la seule voie du salut, prirent sur leurs épaules maigres le destin des hommes. Ainsi, alors, voit-on les prolétaires transformer la soupe populaire en festin des âmes...

Ce n'est pas rien de vouloir changer sans violence l'ordre des choses et celui des hommes. Il y faut tant de foi, tant d'espoir en l'humanité... Cette impatience à vouloir instaurer le règne du bonheur sur la terre, cet appel obsédant à l'âme, cette soif d'ineffable, cette attente sont le fait des temps creux de l'histoire, des périodes sans grand projet collectif, sans élan.

Les hommes de bonne volonté ne manquent pas, pour qui alors le christianisme catholique et romain, que les jésuites caricaturent, a trahi sa mission, celui du pauvre. Et dans ce paria, cette créature des ténèbres, en vérité, ils reconnaissent le Christ. Ou, mieux encore, le Christ, c'est le peuple lui-même, qui poursuit au fond de la mine ou dans les fabriques inhumaines son inexpiable chemin de croix.

Tout, en ce milieu de siècle, est religieux. Écoutez la prière composée par le compagnon Bressan l'Estimable :

> Compagnons, mes amis, mes frères, élevons nos cœurs dans une commune pensée pour glorifier le travail, la première et la plus haute vertu du compagnonnage.
>
> Ô Travail ! Devoir sacré de l'homme libre ! Force et consolation des cœurs généreux ! Toi qui préserves des passions lâches et mauvaises, toi qui rends plus douces au cœur les caresses de l'enfant et l'affection de l'épouse, sois glorifié ! C'est toi qui nous donnes l'estime de nous-mêmes et nous fais meilleur pour les autres ! Tu nous protèges contre la corruption du vice, tu nous assures la Liberté, tu nous enseignes l'égalité et tu mûris nos âmes pour la divine Fraternité !
>
> Sois glorifié, ô Travail ! Sois béni par tous les enfants du Compagnonnage pour tes présents du passé et sois béni pour les bienfaits de l'avenir !

Quand le récitant se tait, tous les compagnons se lèvent et répondent : « Gloire au travail ! » Cette singulière oraison s'est dite à Lyon chez les tisseurs-ferrandiniers, longtemps victimes d'effroyables conditions de chômage et de misère. Oubliée la malédiction biblique ; la sueur au front de l'ouvrier devient l'eau de son nouveau baptême, le travail se transmue en vertu, « la première et la plus haute ».

Nul doute que le compagnon aime son métier d'un « amour sacré », comme on aime sa patrie, pour des raisons qui échappent aux seules contingences, aux seuls intérêts. Il y gagne son pain, son accomplissement personnel, mais surtout s'intègre ainsi dans une vision globale de l'univers où chaque élément doit remplir son juste rôle à sa juste place, humble mais irremplaçable rouage du grand Tout.

Cette révolution qu'appellent de leurs vœux Agricol Perdiguier le compagnon, Pauline Roland la prêtresse saint-simonienne, Jean Terson le curé défroqué, Michelet la définit : « Il la faut plus profonde que ne l'était la première, trop exclusivement politique ; plus profonde que ne le veulent les socialistes, préoccupés presque uniquement d'améliorations matérielles ; il faut qu'elle aille au fond de l'homme, qu'elle agisse sur l'âme, qu'elle atteigne les volontés, qu'elle soit une Révolution voulue, une Révolution du cœur, une transformation morale et religieuse. »

Le défi que les plus réalistes des rêveurs vont avoir à relever est de transformer cette utopie proprement religieuse en révolution sociale. En 1847, un certain nombre de notables, des gens bien installés dans la vie, influents dans leur milieu ou dans leur région, se trouvent comme aspirés par ce courant, et jouent, sans toujours bien en être conscients, le rôle de relais.

Ainsi, le 2 janvier 1848, se tient à Limoges un de ces banquets sur invitations, donc privés, par lesquels l'opposition réformiste tourne la loi qui interdit toute réunion publique.

Il fait froid — le 2 janvier ! — mais la réunion se tient pourtant en plein air, au Champ de Juillet. Le journal de Limoges *L'Avenir national* avait annoncé quelque chose comme une guerre civile. Mille souscripteurs et une « foule compacte » de curieux se pressent jusque dans les champs voisins pour tenter d'attraper au vol l'un ou l'autre des toasts qu'emportait le vent.

Premier toast : *A la souveraineté du peuple !* (« Ne sommes-nous pas tous frères ? »)

Deuxième toast : *A l'avenir religieux !* (« La religion de l'humanité nous rendra tous libres, tous frères, tous égaux. »)

Troisième toast : *A la solution pacifique du problème du prolétariat !* (« Commençons pas nous aimer les uns les autres sans distinction de classe. »)

Quatrième toast : *A la solidarité !*

Ainsi de suite : *A l'éducation nationale !... Au triomphe de la vérité !... A la liberté de la presse !... A la transformation morale de tous par la transformation morale de chacun !...* La conclusion, c'est l'avocat Théodore Bac qui la formule : « Nous voyons le moment où les hommes, mettant fin aux tristes luttes qui ont agité le passé, religieusement associés pour l'exploitation du globe, que leur livrent les découvertes de la science et les efforts de l'industrie, jouiront enfin du bonheur... »

Et, ce jour d'hiver, à Limoges, quand on se sépare, « la poitrine gonflée d'impérissables espérances », on refuse même de chanter ce couplet de *La Marseillaise* qui voudrait d'« un sang impur abreuver nos sillons »... C'est pour rien que le préfet avait consigné deux escadrons à la caserne.

Cette émotion contagieuse, avant d'être ce qu'on a appelé une révolution, c'est, en vérité, la Révélation de 48. Oh ! sans doute, la marée n'emporte pas tout, et un Balzac, entomologiste parmi les prophètes, dénonce « le vertige démocratique auquel s'adonnent tant d'écrivains aveugles ».

A la fin de décembre, Flaubert et son ami Maxime Du Camp ont assisté, à Rouen, à l'un de ces banquets réformistes, où, autour d'Odilon Barrot, « tous les commis voyageurs en agitation s'étaient donné rendez-vous ». Ils n'en ont vu que le ridicule des envolées lyriques et des clichés convenus. « Après cette séance de neuf heures, écrira Flaubert, passées devant du dindon froid, du cochon de lait et dans la compagnie de mon serrurier qui me tapait sur l'épaule aux beaux endroits, je m'en suis revenu gelé jusque dans les entrailles. Quelque triste opinion que l'on ait des hommes, l'amertume vous vient au cœur quand s'étalent devant vous des bêtises aussi délirantes, des stupidités aussi échevelées. »

Sans doute, pour espérer un monde meilleur, ne faut-il pas avoir cette « triste opinion des hommes », ou ne juger le fond qu'à la forme. Mais, à ne pas voir plus loin que le bout de leurs phrases, les deux amis perdent de vue l'essentiel. Le soir, ils se promènent sur les quais de la Seine : « Nous ne comprenions pas que le gouvernement pût paraître inquiet de cette éloquence ambulatoire, et nous étions persuadés que les gens qui parlaient un langage si prétentieux, si pauvre, si dénué, sombreraient infailliblement dans le ridicule... »

Leur voisin normand Tocqueville comprend les choses autrement — il le dira quelques jours plus tard à la tribune de la Chambre : « Regardez ce qui se passe au sein des classes ouvrières [...]. Ne voyez-vous pas que leurs passions, de politiques, sont devenues sociales ? Ne voyez-vous pas que peu à peu il se répand dans leur sein des opinions, des idées qui ne vont pas seulement à renverser telles lois, tel ministère, tel gouvernement, mais la société même ? [...] Ne voyez-vous pas que peu à peu il se dit dans leur sein que tout ce qui se trouve au-dessus d'elles est incapable et indigne de les gouverner ; que la division des biens faite jusqu'à présent dans le monde est injuste ? [...] Et ne croyez-vous pas que quand de telles opinions prennent racine, quand elles descendent profondément dans les masses, elles amènent tôt ou tard, je ne sais pas quand, je ne sais pas comment, mais elles amènent tôt ou tard les révolutions les plus redoutables... Telle est, Messieurs, ma conviction profonde. Je crois que nous nous endormons, à l'heure qu'il est, sur un volcan. »

IV

Sur un volcan

Un froid de loup. — Vive la Réforme ! — La révolution du mépris. — Le fossé. — Le cheval d'Abd el-Kader. — Démission. — Demi-lunes et contre-escarpes. — La rumeur de la ville. — A la mode de Paris. — Défrayée de tout. — Les ongles de Lamennais. — Taper dans le tas. — Pétards et flambeaux. — Mardi 22 à midi. — Mon ombre derrière moi. — Grand bal chez la princesse. — Ceci est mon testament.

« Rois, votre étoile file, file
Le peuple monte à l'horizon. »
L'Étoile du peuple,
almanach des faubourgs de 1847.

Il fait froid en cet hiver 47-48 — « un froid de loup », note Victor Hugo. La Seine est prise à Paris et, à la fin de janvier, on patinera sous le pont des Arts.

En attendant, le 28 décembre, la voiture de cérémonie de Louis-Philippe — une grosse berline bleue tirée par huit chevaux, l'intérieur tapissé de damas jaune d'or — quitte les Tuileries, le « Château », comme on dit. Le vieux roi, assis à l'arrière, près de la portière droite, s'en va délivrer son « adresse » aux Chambres réunies. C'est un rituel dont il n'y a guère à attendre, puisque tout va pour le mieux dans la meilleure des monarchies constitutionnelles et qu'il n'y a aucune raison de modifier un programme défini une fois pour toutes : statu quo à l'intérieur des frontières, paix au-dehors.

Douze pairs de France, dont Victor Hugo, et vingt-cinq députés tirés au sort attendent sur les marches du grand escalier du Palais-Bourbon ; dans les bourrasques de vent glacé, le vénérable maréchal Soult, bardé de plaques, de cordons et de broderies, se plaint de ses rhumatismes.

Le roi et son gouvernement disposent à la Chambre, depuis les élections de 1846, d'une majorité confortable, largement composée de fonctionnaires serviles qu'anime le goût des places et de l'argent. Ils se rangent au centre droit avec Guizot, au centre gauche avec Thiers, ou encore, pour une centaine de conservateurs sans parti-pris, autour du président de la Chambre Dupin. Et quand l'un d'eux s'aventure à suggérer un projet de réforme, Guizot répond froidement que « ceux qui ne sont pas contents de la marche du cabinet peuvent passer dans le camp de l'opposition ».

L'opposition parlementaire, c'est, pour l'essentiel : la gauche dite dynastique d'Odilon Barrot ; les légitimistes restés fidèles au petit-fils de Charles X, le comte de Chambord ; les républicains notoires, une quinzaine, dont Arago, Ledru-Rollin et Marie ; un certain nombre d'indépendants enfin, comme Lamartine ou Girardin, qui pèsent quelquefois d'un poids important. Les principaux journaux de l'opposition sont *Le National*, *La Presse* d'Émile de Girardin, à l'affût des scandales du régime, *La Réforme*, qui diffuse les prises de position et le programme des républicains : élargissement du corps électoral, instruction primaire gratuite, liberté d'association, impôt progressif, conquête de la rive gauche du Rhin et affranchissement des peuples opprimés.

En attendant d'être au pouvoir, l'opposition réclame inlassablement, et en vain, une réforme parlementaire qui, pour moraliser la vie politique, interdirait à certains fonctionnaires d'être en même temps députés, ainsi qu'une réforme électorale abaissant le cens à 100 francs et reconnaissant certaines capacités : en 1846, la France n'est représentée que par deux cent cinquante mille électeurs !

Mais Louis-Philippe, à soixante-quatorze ans, n'est pas un homme qui doute. C'est un tisse-menu obstiné et satisfait ; le nez sur les petits points de son ouvrage, il ne voit pas que la Chambre, ce n'est pas la France.

Pourtant cette résistance à tout débat, à tout progrès commence à en exaspérer plus d'un — ce jour même, au passage du cortège royal, entre les Tuileries et la Chambre, un officier de la 7e légion de la Garde nationale a soudain poussé un cri : « Vive la Réforme ! » Il a été aussitôt arrêté et conduit au corps de garde sans qu'on y prête autrement attention. Et l'opposition, impuissante à la Chambre, ne manque pas une occasion, en menant une assidue campagne de banquets, de récupérer à son profit l'impatience de l'opinion, profondément choquée par ce conservatisme aveugle, les affaires de corruption récemment rendues publiques et l'abaissement de la France, notamment devant l'Angleterre.

Les banquets, comme à Limoges ou à Rouen, rendez-vous de l'emphase et de l'émotion — ah ! la chaleur communicative des banquets ! — cérémonies quasi sacramentelles, sont dans les mœurs du temps. Guizot lui-même a cru devoir en présider quelques-uns avant les élections de 1846. Mais ceux de l'opposition font plus de bruit.

Celui de Mâcon, par exemple, en juillet 1847, offert par sa ville natale à Lamartine, qui venait de faire vibrer la France avec son *Histoire des Girondins*. On y a ressenti, raconte Marie d'Agoult, « quelque chose de saisissant pour l'imagination et de prophétique lorsqu'aux derniers grondements du tonnerre, à la vue d'un ciel sombre sillonné d'éclairs, sous une tente battue par l'ouragan, on entendit, dominant le craquement des charpentes, le sifflement du vent dans les toiles déchirées, le bris des tables, des bancs, des vaisselles et le tumulte d'une foule en désordre, la voix sévère d'un poète prédire la chute du trône et le renversement de la monarchie ».

« Si la royauté, tonnait Lamartine pour finir, parvient à faire d'une nation de citoyens une vile meute de trafiquants [...], après avoir eu les révolutions de la liberté et les contre-révolutions de la gloire, vous aurez la révolution de la conscience publique et la révolution du mépris ! »

Dans le grand souffle de Lamartine sont aspirés les ténors de l'opposition, comme à Lille, où, assuré d'un large soutien de la cité industrielle, Ledru-Rollin — ouvertement républicain — exige un toast à la Réforme plus agressif que celui qu'avait préparé le très modéré Odilon Barrot. Tous deux sont des habitués des banquets, ainsi que Louis Blanc, qui écrit dans *La Réforme*, petit bonhomme toujours en mouvement que sa verve et ses mots rendent particulièrement populaire dans « les classes laborieuses ».

Mais les ouvriers n'entendent pas que Louis Blanc. Des discours de plein vent ainsi prodigués, ils attrapent une formule au vol, retiennent une promesse, apprennent à faire des comparaisons entre leur dénuement harassé et l'insolente oisiveté des parvenus. « On est épouvanté de voir, écrit alors Balzac, qu'une moitié de la France est à découvert devant l'autre. Quand les comptes se règleront, les débiteurs avaleront les créanciers. Telle sera la fin probable du règne dit de l'Industrie. [...] La haute bourgeoisie offrira plus de têtes à couper que la noblesse ; et si elle a des fusils, elle aura pour adversaires ceux qui les fabriquent. Tout le monde aide à creuser le fossé, sans doute pour que tout le monde y tienne. »

D'habitude, les adresses de Louis-Philippe aux Chambres sont soigneusement creuses et dépourvues de toute formule pouvant entraîner la moindre discussion. Mais, ce 27 décembre, le roi lit un texte — quatre pages de parchemin — où, contre toute attente, il s'engage : autosatisfaction pour commencer, pour continuer condamnation de « l'agitation que fomentent les passions ennemies ou aveugles », c'est-à-dire des banquets réformistes et de ceux qui y assistent. En conclusion, le programme pour l'année à venir : « Maintenons fermement l'ordre social et toutes ses conditions. »

Le discours du Trône doit être discuté par les Chambres. Les pairs, d'un seul élan, en adoptent le texte par 144 voix contre 43. En attendant que les députés en débattent, à la fin de janvier, quelques nouvelles affaires viennent encombrer l'atmosphère.

Tout d'abord, Guizot est mis en cause dans un scandale où est impliqué son chef de cabinet particulier, un certain Génie, qui se livre dans le bureau voisin à un trafic de places qu'il ne peut pas ignorer : « M. Génie, note Victor Hugo, est le bras droit et la main gauche de M. Guizot. »

Ensuite, le ministre de l'Instruction publique suspend le cours de Michelet au Collège de France, à la suite d'un chahut, irrespectueux pour le roi, de ses étudiants en son absence. Michelet avait ouvert ce cours deux semaines plus tôt par un appel à l'unité nationale qu'il fallait « maintenir à tout prix malgré le conflit des riches et des pauvres, le divorce des savants et des ignorants ». Trois mille étudiants se rendront dans le calme déposer à la Chambre une pétition en faveur de la liberté d'enseignement et protester contre la suppression du cours de Michelet.

Enfin, on apprend que le chef rebelle Abd el-Kader s'est rendu et que, selon la coutume, il a remis au duc d'Aumale, le fils cadet de Louis-Philippe, un cheval en signe de soumission. C'est en soi une bonne nouvelle, un succès à porter au crédit du gouvernement. Mais...

La conquête de l'Algérie est intimement liée à l'histoire du régime de Juillet — Alger a été occupée en juillet 1830, trois ans après le coup de chasse-mouches du dey à l'ambassadeur de France, un mois avant la chute de Charles X. Au bout de dix ans d'« occupation restreinte » — présence française dans quelques villes côtières et traité d'amitié avec Abd el-Kader, chef fameux pour sa bravoure et sa piété — un conflit mineur a dégénéré et l'émir s'est emparé de la riche plainte de la Mitidja, où des colons s'étaient déjà installés. Louis-Philippe a alors décidé de réduire Abd el-Kader et de conquérir l'ensemble du territoire algérien. Mission confiée au général Bugeaud.

Après sept ans d'affrontements impitoyables, au cours desquels le duc d'Aumale a enlevé la smala d'Abd el-Kader, c'est-à-dire son camp, avec sa famille, ses serviteurs et ses troupeaux, l'émir, traqué par les cent mille hommes de Bugeaud, pressé, surpris par les méthodes du général, en est donc réduit à se rendre. Quel triomphe pour Louis-Philippe !

Abd el-Kader, apprend-on, a demandé, en échange de sa

soumission, à être conduit à Alexandrie ou à Saint-Jean d'Acre, et le général Lamoricière lui a donné sa parole, engagement confirmé par le duc d'Aumale. Mais, embarqué sur le *Solon*, il est débarqué à Toulon et enfermé au fort Lamalgue. La France n'a pas tenu l'engagement de ceux qui parlaient en son nom. « Si la parole d'honneur de la France est violée, juge Victor Hugo le 14 janvier, ceci est grave. »

Se laissant porter par les vagues de mécontentement, l'opposition parlementaire annonce qu'un banquet se tiendra à Paris, dans le XIIe arrondissement. Le préfet de police l'interdit aussitôt. La Commission du banquet — où siègent notamment Marie, Crémieux, Pagnerre, Garnier-Pagès — estimant qu'il est interdit d'interdire ce genre de réunion privée, proclame à l'unanimité qu'« elle regarde la sommation de Monsieur le Préfet de police comme un acte de pur arbitraire et de nul effet ».

Le gouvernement, par la voix du ministre de l'Intérieur Duchâtel, soutient le préfet de police, ajoutant que « si l'on avait la folie de braver une interdiction parfaitement légale », il ferait disperser la manifestation par la force. En réponse, la Commission du banquet fait alors savoir que le principe en est maintenu, mais que le lieu et l'heure n'en seront annoncés que plus tard. Duchâtel prend cette prudence pour un recul et triomphe : la fermeté paie.

Le débat sur l'adresse royale vient à la Chambre à la fin de janvier. Le gouvernement n'est pas épargné. Mise en garde solennelle de Tocqueville ; violent réquisitoire de Thiers sur l'état des finances : gros déficit budgétaire et endettement de plus en plus lourd, inadmissible en temps de paix ; mise en pièces par Lamartine de la politique étrangère de Louis-Philippe, qu'il accuse de se lier aux régimes les plus absolus ; « La France, entre vos mains, lance-t-il à Guizot, devient gibeline à Rome et à Milan, sacerdotale à Berne, autrichienne en Piémont et russe à Cracovie, française nulle part et contre-révolutionnaire partout ! »

Guizot fait face, mais ne peut éviter que les observateurs

s'inquiètent. Le préfet de police estime, dans un rapport « soucieux », que « la tendance vers les idées de révolution sociale [...] paraît de nature à éveiller la haute sollicitude du gouvernement. » L'ambassadeur belge signale à son gouvernement que « tous les esprits sont préoccupés comme si l'on s'attendait aux événements les plus graves ». D'autant que l'affaire du banquet rebondit.

Le 6 février, une délégation de conciliation se rend auprès de Guizot, qui la congédie avec un refus catégorique. Le lendemain, Guizot se voit rappeler l'engagement qu'il a pris en 1840 : « Jamais je n'essaierai d'atténuer les sentiments généreux qui poussent les citoyens à se réunir, à se communiquer leurs sympathiques opinions. » Mais Duchâtel confirme que le gouvernement ne cédera pas « dans cette question où non seulement la loi mais tous les précédents administratifs lui donnent raison ».

A la Chambre, l'affrontement parlementaire fait rage — on n'a rien vu d'aussi violent depuis les grandes heures de la Convention. Il est vrai que le dernier argument du gouvernement — tout ce qui n'est pas expressément autorisé par la Charte doit être tenu pour interdit — provoque malaise et indignation. Le tumulte est tel que le président de l'Assemblée s'esbigne et qu'il faut le ramener dans son fauteuil pour qu'il lève la séance dans les formes.

Malgré plusieurs tentatives de rapprochement et de conciliation sur des amendements modérés, Guizot reste inflexible. Il justifie avec hauteur chaque mot de l'adresse royale et réaffirme son hostilité à toute réforme électorale. Si on le désavouait, ajoute-t-il, « il laisserait à d'autres le soin de présider à la désorganisation du parti conservateur et à la ruine de sa politique ». Le 12 février, le texte intégral de l'adresse est approuvé par 241 voix contre 3, l'opposition ayant décidé de s'abstenir.

L'affrontement ailleurs qu'à la Chambre paraît maintenant inévitable. Les députés de l'opposition pourraient par exemple démissionner en bloc et provoquer une centaine d'élections partielles qui leur permettraient de se faire entendre de l'opinion. Mais l'idée n'est pas retenue, trop d'entre eux sans doute n'étant pas assurés d'être réélus. Seul Émile de Girardin, le directeur de *La Presse*, présente le 14 février sa démission au président de la Chambre :

> Monsieur le président,
> Entre la majorité intolérante et la minorité inconséquente, il n'y a pas de place pour qui ne comprend pas : le pouvoir sans l'initiative et le progrès, l'opposition sans la vigueur et la logique. Je donne donc ma démission.
> J'attendrai les élections générales.

L'opposition parlementaire paraît battue et résignée. Mais les espérances qu'ont fait naître ses discours et ses appels restent vivaces. Et le banquet du XIIe prend maintenant valeur de symbole. Se tiendra-t-il ? L'opposition osera-t-elle affronter le gouvernement ? Tout le monde s'accorde pour considérer qu'il s'agit d'un test majeur pour l'avenir politique de la France. Au nom des principes, sans doute, mais aussi, et peut-être surtout, parce que c'est à Paris qu'a lieu ce rendez-vous avec l'Histoire.

Paris-capitale, alors, c'est un million de personnes, soit relativement peu pour une France de trente millions d'habitants. Mais c'est à la fois le cœur et la tête du pays, le haut-lieu où se font et se défont les modes, les carrières et les réputations, ce qui ne manque pas de renforcer les Parisiens dans leur conviction méprisante qu'il n'est toujours bon bec — et belle plume — que de Paris. « Paris, écrit alors l'Allemand Henri Heine, se soucie autant de la province que Paris se soucie de mes jambes. »

Physiquement, ce qui frappe le plus, dans ce Paris de 1848, c'est la double ceinture qui corsète la ville depuis deux ans. En effet, le mur d'octroi vient d'être doublé, au large, d'une nouvelle enceinte fortifiée, « bastionnée et terrassée avec dix mètres d'escarpe, revêtue de pierre, avec saillants, rentrants, demi-lunes, escarpes, contre-escarpes, fossés, flancs, glacis, caponnières, tenailles, courtines, poternes, cavaliers ». En bref, un formidable ouvrage défensif de 39 kilomètres de tour et de 400 mètres de large, avec 94 bastions et 52 portes.

Il a fallu cinq ans pour l'édifier, au grand bonheur des maçons creusois pour qui le chantier de Paris est un filon jamais épuisé. Martin Nadaud, par exemple, né à Guéret en 1815, est venu pour la première fois en 1830 avec son père et son oncle, paysans pauvres qui allaient s'embaucher comme maçons pour quelques saisons, entrecoupées de retours en Creuse aux saisons mortes du bâtiment.

Martin Nadaud, en dix-huit ans, a non seulement appris le métier, mais il a suivi des cours du soir pour s'instruire, s'est découvert républicain et a adhéré aux thèses « communistes » de Cabet. Existence rythmée de retours au pays, où il s'est marié en 1839, y laissant d'abord sa femme, avant de la faire venir à Paris en 1847. Le travail ne manque pas pour les maçons qualifiés comme lui : la monarchie de Juillet construit beaucoup — le nouveau Palais du Luxembourg, le nouveau ministère des Affaires étrangères, sur le quai d'Orsay, l'École des beaux-arts, le Collège de France, l'École normale, les nouveaux bâtiments de l'Hôtel de Ville... Des quartiers naissent autour des gares dites de l'Est, de Lyon, du Maine... Mais les spéculateurs vont parfois trop vite, destinant ainsi leurs lotissements, à Beaujon ou au sud des Champs-Élysées, à une clientèle aisée qui n'a aucune envie de s'exiler dans ces régions excentrées et mal desservies...

L'espace enclos dans la nouvelle enceinte est beaucoup plus vaste que celui que délimite la barrière de l'octroi : un certain nombre de communes se trouvent donc prises entre les deux, à la fois protégées des invasions et exemptées des taxes — d'où le rapide développement dont bénéficient Auteuil, Passy, les Batignolles, Montmartre, La Chapelle, La Villette, Belleville, Charonne, Bercy, Vaugirard, Grenelle : une partie de la population laborieuse s'y déplace, à la fois pour se rapprocher de ses lieux de travail, comme les ateliers métallurgiques de

La Chapelle ou de Pantin, et pour économiser les taxes d'octroi, notamment sur le vin.

Les agglomérations intra muros sont souvent entourées de vignes, comme Belleville, de champs ou de prés, de cultures de fleurs, comme Grenelle, ou, comme à la Glacière, de « vacheries » qui alimentent Paris en lait. Partout, dans des enclos, des lapins, des volailles. Vers l'Ouest, la campagne commence au Trocadéro, les maraîchers occupent Passy et les abords du village d'Auteuil, bout du monde à l'extrême pointe du rempart. La plaine Monceau, vaste et déserte, sert encore occasionnellement de terrain de manœuvre à la garnison de Paris.

Les grands boulevards intérieurs (des Italiens, des Capucines...), qui constituaient au siècle précédent la « promenade des remparts », sont devenus la grande artère intérieure, très en retrait du mur d'octroi des fermiers généraux de 1782. La troisième ligne de circulation est maintenant le chemin militaire des bastions de la nouvelle enceinte.

On circule donc aisément autour de la ville, mais la difficulté est de la traverser. L'ancienne « croisée », au débouché sur la Seine des rues Saint-Denis et Saint-Martin, est restée pratiquement inchangée depuis Philippe Auguste : un dédale de ruelles, de venelles contournant des cloaques, de cours profondes comme des tranchées, d'impasses, d'escaliers. Il n'y a de liaisons faciles ni d'est en ouest ni du nord au sud. La rive gauche est sous-développée, isolée par des ponts pour la plupart à péage.

Dans tout le centre, la circulation est généralement impraticable. Carrosses, cabriolets, voitures de place, voitures de remise allant jusqu'aux faubourgs, omnibus — *dames blanches*, *favorites* et autres *citadines*, toutes à 30 centimes la course — transportent les passagers. Les transports de marchandises — charrettes, tombereaux, baquets — leur disputent le passage. On porte aussi beaucoup à dos d'homme — viandes, denrées diverses, vins, bois, charbon, eau — dans l'inextricable fouillis des ruelles, parmi le grouillement des petits métiers : rémouleurs, décrotteurs (c'est dire l'état de la voirie !), vitriers, ramoneurs, marchands d'allumettes, de fleurs, écrivains publics, tondeurs de chiens, chanteurs des rues, montreurs d'animaux... Leurs appels, les bruits des métiers, le roulement des voitures forment la rumeur de la ville.

La grande voie de circulation de Paris, en 1848, c'est la Seine. C'est par la Seine, surtout utilisée d'amont en aval, que sont flottés chaque année 4 500 trains de bois venant du Morvan et tirés de l'eau à Bercy ou à la Rapée ; par la Seine que les voyageurs arrivent, en coche d'eau, de Montereau, Montargis, Briare, Sens ou Auxerre ; par la Seine que sont approvisionnées les Halles.

Le célèbre « ventre de Paris », que traversent, comme un passage obligé, tous les héros romanesques des feuilletons, déborde jusqu'aux maisons pittoresques des rues à piliers qui l'enserrent. On a bien pensé le déplacer vers la halle aux vins, mais devant le refus des parties intéressées, le préfet Rambuteau a décidé de l'agrandir et d'en aménager les accès — le gouvernement vient d'accepter l'audacieux projet pavillonnaire Callet-Baltard.

En attendant, les quartiers du centre restent particulièrement insalubres — c'est là que loge, avec ses amis creusois, Martin Nadaud : les maçons, en effet, préfèrent ne pas s'éloigner de l'important lieu d'embauche qu'est la place de Grève, où se rencontrent chaque matin ceux qui cherchent un emploi et ceux qui en offrent.

Insalubre le quartier surpeuplé des Arcis, ignoble et mal famé, avec ses rues de la Tuerie, de la Limace, des Mauvaises-Paroles, bordées d'immeubles de cinq à sept étages donnant sur des cours qui servent de vide-ordures et où chaque habitant dispose en moyenne de 3 m² pour vivre ; insalubres la Cité et son entrelacs de venelles obscures, Saint-Marcel, enclos sordide où grouille le peuple des chiffonniers de Paris ; insalubres les rives de la petite rivière de Bièvre, cloaque infect qui reçoit les égouts de tout le quartier et les résidus d'une foule de mégissiers, tanneurs, laveurs de laine... Sans parler de Montfaucon, entre La Villette et les Buttes-Chaumont, où se dressaient naguère les piliers de grès du gibet de François Villon. On vient chaque jour y déverser 250 m^3 de « produits de fosses d'aisance » et décharger en tas, en plein air, les cadavres de chevaux et de petits animaux ; le nettoyage de ce charnier pestilentiel, dont se plaignent les communes sous le vent, est assuré par les rats, les chiens errants et les plus pauvres, ces *ravageurs*, comme on dit, qui grattent jusqu'à l'os le sol de la capitale et fouillent en été les boues du fleuve dans l'espoir d'y trouver quelque innommable trésor.

On peut comprendre que, dans ces conditions, le choléra n'ait jamais vraiment disparu de Paris. Les quartiers les plus atteints sont naturellement les plus misérables, ceux où l'absence d'hygiène s'ajoute à la promiscuité : aux Arcis, on compte, en 1847, 45 morts par choléra pour mille habitants, et 47 chez les chiffonniers de Saint-Marcel. « Pour vaincre le choléra, peut-on lire dans *Le Globe*, le journal saint-simonien, toujours préoccupé de progrès, il faut modifier la loi d'expropriation, percer une rue du Louvre à la Bastille, amener dans Paris des eaux pures. » Seulement 4 288 foyers parisiens disposent alors de l'eau courante...

Le gouvernement n'ignore pas l'accablante réalité et s'efforce à quelques améliorations : entre 1830 et 1848, on a ajouté 240 kilomètres de trottoirs aux 20 kilomètres existants ; le préfet Rambuteau a amélioré l'éclairage — on compte plus de 8 000 becs de gaz en 1848 — mais il reste beaucoup d'incommodes réverbères fonctionnant à l'huile et de rues sans éclairages ; il a aussi augmenté le nombre des fontaines publiques, d'où ce couplet reconnaissant :

Vive le comte de Rambuteau
Pour les bornes et les fontaines
Vive le comte de Rambuteau
Grâce à lui on aura de l'eau !

Paris... La ville aux mille séductions qui alors fascine l'Europe et la province c'est, en vérité, ce qu'on appelle « les boulevards », un des terrains d'observation de Balzac : « Quel attrait, quelle atmosphère capiteuse pétillent entre la rue Taitbout et la rue Richelieu ! C'est un rêve d'or et d'une distraction invincible [...] Les gravures des marchands d'estampes, les spectacles du jour, les friandises des cafés, les brillants des bijoutiers, tout vous grise et vous surexcite. Toute la haute et fine marchandise de Paris est là : bijoux, étoffes, gravures, librairie. Le préfet de Police devrait interdire aux pauvres de passer par là. [...]

« On sort du champ de bataille de la Bourse pour aller aux restaurants, en passant d'une digestion à une autre. Tortoni n'est-il pas à la fois la préface et le dénouement de la Bourse ? Les clubs de Paris sont là presque tous, les artistes fameux, les illustres richards ; l'Opéra et ses mille pieds y passent à tout moment ; les cafés y sont d'une splendeur fabuleuse. Dix théâtres rayonnent aux environs. Ce point de Paris a tué le Palais-Royal. On s'y croit riche, enfin on peut s'y croire spirituel en frôlant sans cesse les gens d'esprit... »

On se doit naturellement d'y être à la mode, dans sa tenue, dans ses goûts, dans sa conversation.

Cette année, les femmes portent des robes très montantes, qu'on appelle *pensionnaires*, des corsages fermant très haut et de petits chapeaux garnis de rubans ou de plumes sur le côté gauche ; l'éventail de chez Duvelleroy est bien vu et les plus audacieuses fument le petit cigare.

Les hommes s'habillent moins étriqué que les années précédentes et le bon ton, qui interdit les pardessus de couleur claire, commande de ne pas croiser l'habit ou la redingote — surtout pour aller danser la polka, tout juste importée de Bohême, à la salle Valentino, rue Saint-Honoré.

Les journaux de mode aussi sont à la mode, et il s'en crée chaque saison de nouveaux : on y vante le parfumeur Guerlain, l'orfèvre Froment-Meurice — « le Michel-Ange du bijou » —, et le tailleur Human y fait dessiner ses réclames par Gavarni.

Quant aux conversations, il faut savoir aussi bien parler de l'amputation réussie sous anesthésie à l'éther par le Dr Velpeau, de la mort de la comédienne Mlle Mars, de cette planète Neptune dont Le Verrier a établi l'existence par calcul, des dernières idylles nouées à l'Opéra, de *La Damnation de Faust* d'Hector Berlioz, des effets expérimentaux du haschisch, du « Chant des Girondins » dans *le Chevalier de Maison-Rouge* d'Alexandre Dumas, des progrès de la daguerréotypie, du « dernier Daumier » ou des sommes à faire rêver engagées à la loterie royale, seul jeu officiel autorisé, qu'on tire trois fois par mois...

Le souci de paraître riche dans la rue est tel que « l'employé à 18 francs doit avoir les mêmes habits que l'homme qui possède 60 000 mille livres de rente, et fumer les mêmes cigares à 5 sous ». Ce qu'il devra sacrifier ? Eh bien le superflu, c'est-à-dire ce qui ne se voit pas : le logement et la nourriture ; ainsi le dandy, souvent, quittant sa mansarde au cinquième étage, donne ses rendez-vous dans les jardins du Palais-Royal ou dans les galeries de l'Opéra.

A partir de la rue Montmartre, et jusqu'à la rue Saint-Denis, le paysage social n'est plus le même. Boulevard toujours, mais à en croire Balzac, on ne trouve plus là que « les masses inélégantes et provinciales, commerciales et mal chaussées [...], une variété de blouses, d'habits déchirés, de paysans, d'ouvriers, de charrettes, de peuple enfin... ».

En continuant de tourner dans le sens des aiguilles d'une montre, de la porte Saint-Martin jusqu'au Café Turc, on s'enfonce de plus en plus dans la « nation des faubourgs » : c'est là, pour Balzac, parmi les étals en plein vent des marchandes de comestibles, qu'on peut rencontrer « le peuple grouillant et ces guenilles à étonner un peintre et ces regards à effrayer un propriétaire ».

Le peuple de Paris, résume-t-il, a « la tête à la Madeleine, les pieds aux Filles-du-Calvaire », d'un bout à l'autre des boulevards — où, « depuis l'échafaud de Louis XVI, couvert par un caillou d'Égypte, jusqu'au premier coup de feu de la Révolution, [...] sont écrites les dernières pages de l'Histoire de France ».

C'est à Paris, en ce début d'année 1848, que nous retrouvons nos témoins, à l'exception de Joseph Bergier, mais il va y venir, et de Pauline Roland, qui vient d'en partir.

Notre « prêtresse saint-simonienne » a continué d'assumer sa « fonction sacerdotale » de réconfort auprès des âmes — et des corps — en peine. Elle a eu quatre enfants, de pères volontairement « mystérieux », qu'elle a élevés grâce à son seul travail. Elle a vécu un moment à Toulon avec un ami de Pierre Leroux, espérant partir pour l'Égypte rejoindre Enfantin le Père, et peut-être rêvant de pouvoir à son côté devenir la Mère. Manquant d'argent — mais souscrivant néanmoins pour l'édition de *L'Union ouvrière* de Flora Tristan — elle écrit avec George Sand dans *La Revue indépendante* et se met en rapport avec Pierre Leroux, qui la fait venir à Boussac avec ses enfants en cette fin d'année 1847.

« Défrayée de tout », elle y est chargée de l'école de la petite « association » expérimentale, cellule initiale de la transformation du monde — une communauté agricole et une imprimerie — et participe à la « triade » de direction, chargée du « sentiment », du journal *L'Éclaireur* — en tout « six à huit heures de travail que je dois à l'œuvre commune ».

A Lyon, Joseph Bergier, notre autre « provincial », suit avec un décalage les événements parisiens — le 19 janvier, il note une forte baisse à la Bourse dans le grand registre de commerce où il tient son journal.

Mais ce qui, alors, l'occupe et le préoccupe, c'est la succession du Dr Terme, le maire de Lyon décédé au début de décembre. Il fait partie du comité électoral du Rhône qui s'est alors constitué, et qui regroupe des socialistes, des réformistes et des modérés — comité qui suscite autant de méfiance chez les ouvriers que chez les bourgeois.

Bergier accepte même l'une des vice-présidences de ce

comité, qui soutient, pour le scrutin du 6 février, la candidature de Démophile Laforêt, maire provisoire et président de la Chambre des notaires. Dans sa circulaire de candidature, Laforêt s'engage à promouvoir l'élargissement progressif du système électoral et représentatif ; le perfectionnement des institutions sociales ; la dignité et la grandeur de la France ; la probité partout, et surtout dans les fonctions publiques.

Malgré un programme qui résume sans trop de risques l'état de l'opinion, les membres du Comité, rassemblés la veille du scrutin au café Grand, place des Terreaux, font des pointages pessimistes et décident de lancer un dernier appel : « A la vue des hontes et des scandales qui éclatent tous les jours dans les hautes régions du pouvoir [...] ce n'est pas l'ordre qui est en péril, mais les mœurs publiques, travaillées par une infâme corruption, mais la dignité d'un pays qui avait toujours été l'honneur de l'humanité et de la civilisation. »

Le dimanche 6, Démophile Laforêt est élu maire de Lyon avec deux voix d'avance sur un conservateur. Le 8, il renonce à se présenter, comme c'était son intention, à l'élection du conseil général du 4e canton. Le comité, unanime, décide que Joseph Bergier sera son candidat.

Dans ces mêmes jours, à Paris, Agricol Perdiguier est toujours dans son « petit taudis » au cœur du faubourg Saint-Antoine. Avignonnais-la-Vertu, s'il donne parfois des leçons de trait, ne pratique plus la menuiserie. Sa santé est mauvaise — il ne l'a jamais ménagée — et il sort peu. Il écrit, des lettres, de nombreuses lettres, des articles dans les journaux ouvriers, rencontre parfois George Sand, Eugène Sue ou des personnalités parisiennes chez son éditeur, le républicain Pagnerre.

Initié en 1845 à la franc-maçonnerie de rite écossais, il s'intéresse de près à la chose politique, mais ne pense certainement pas à s'y engager — la réforme du compagnonnage suffit à l'occuper. De plus, sa faible voix lui interdit de prendre la parole en public, comme ces tribuns de forte gueule qui, juchés sur un tonneau comme sur un pavois, apostrophent les horizons.

Jean Terson, le curé défroqué converti au saint-simonisme, nous l'avons laissé à Lyon, s'intéressant à la médecine et tenant pour vivre des registres de commerce. Toujours à l'affût d'une bonne œuvre à faire, il a aidé à s'enfuir vers l'Égypte, où elle a rejoint le Père Enfantin, une des sœurs de Caussidière, poursuivie pour avoir distribué des cartouches aux canuts révoltés — lequel Caussidière, un moment mêlé aux saint-simoniens, travaille à *La Réforme* et milite activement contre le gouvernement au sein des sociétés secrètes. Un peu plus tard, Terson a eu le bonheur de sauver « par le travail » une certaine Mélanie, sans lui condamnée à la prostitution. Mélanie deviendra fleuriste.

Revenu à Paris dans les années quarante, il tient pour 85 francs par mois le Journal et le Grand Livre d'un magasin de bronzes du boulevard de Bonne-Nouvelle. Il poursuit son apostolat en publiant articles et opuscules, cherche à établir un rapport chiffré sur l'état des classes laborieuses, à « déposer pour ainsi dire une sorte de bilan de l'infortune des masses ». Grand pourvoyeur d'Eugène Sue en choses vues, à Lyon et ailleurs, en détails qu'un romancier n'inventerait pas, il rencontre lui aussi George Sand, va parler de Dieu avec Lamennais qui, « c'était son tic », tout en parlant se coupe les ongles jusqu'au sang avec un canif, est invité à manger, à la campagne de Béranger, à Passy, des œufs fraîchement pondus...

Devenu directeur de la revue *Les Droits du Peuple*, il est poursuivi pour délit de presse — il a notamment laissé un de ses auteurs traiter Bugeaud de « pacha périgourdin » — et condamné à quatre mois de prison. En ce début d'année 1848, il vient de quitter Sainte-Pélagie, où Michelet lui a adressé son dernier livre, *Le Peuple*, et où il a écrit une tragédie, *La Vierge de Lutèce*. Il est retourné rue Neuve-des-Petits-Champs, où il partage l'appartement d'une « amie fidèle ».

Norbert Truquin, le marquis de Haute Misère, a quinze

ans en 1848. Après que son père eut perdu au jeu le petit magot que Norbert avait gagné en grappillant pour les revendre des déchets d'abattoir, il est arrivé à Paris et a trouvé à loger, près du Père-Lachaise, dans une chambrée baptisée l'Académie, qu'il partage avec un capitaine dégradé, ancien de la guerre d'Espagne, un notaire lui aussi déchu, un dessinateur qui vend ses esquisses dans les cabarets, un vieil ivrogne, peintre en décors, qu'on surnomme Raphaël, un ancien soldat de l'Empire qui tourne la roue chez un ciseleur et deux ou trois ci-devant nobles ruinés.

Un vendredi, Truquin avale son dernier sou de pain. Il ne mangera rien d'autre avant le lundi, jour où il trouve du travail : il embauchera le lendemain à cinq heures du matin dans une fabrique pour 1,20 franc la journée de quatorze heures. Avec sa première paie, une « fortune » de 5,50 francs, il s'offre une livre de pain, deux sous de morue et un sou de pommes, allant même s'acheter, rue de Ménilmontant, dix sous de restes de viande qu'il serre soigneusement dans son mouchoir et qu'un des anciens nobles de l'Académie lui volera avec, pour toute excuse : « Il faut bien que tout le monde vive ! »

A la fabrique, il rencontre un disciple de Cabet le « communiste ». C'est un certain Constant, qui veut lire aux ouvriers *Le Voyage en Icarie.* Mais on se moque de lui, le « partageux » :

— Coupons-le ! Partageons-le ! crient les plus jeunes.

— Tas d'ignorants, répond Constant, la plupart d'entre vous finiront leurs jours dans des dépôts de mendicité !

Le samedi suivant, Constant est licencié. Les patrons se donnent le mot et il ne peut trouver de travail ailleurs, alors que sa femme est en couches de leur troisième enfant. Il mourra trois mois plus tard, bientôt suivi de sa femme.

Le communisme de Constant n'intéresse pas Truquin. Ce qu'il veut, lui, c'est courir le monde, être libre, mais il découvre avec amertume que « la liberté n'existe pas pour celui qui n'a pas d'argent ».

Au début de février, le maçon creusois Martin Nadaud a été embauché, lui, sur le chantier de la nouvelle mairie du Panthéon, par un patron « passablement réactionnaire », qui fait travailler ses ouvriers de l'aube à la nuit, et surtout « quand il faut dérober à la vue des inspecteurs quelques pierres de nature inférieure, ou qui ont déjà été refusées. ».

L'endroit, en plein Quartier latin, est un haut lieu de l'agitation parisienne : « A une certaine heure du jour, les étudiants de l'école de Droit, les professeurs de nos lycées péroraient à haute voix et faisaient des gestes animés, qui étaient loin d'annoncer le calme de leur esprit. La police cherchait bien à disperser ces groupes, mais si elle les pourchassait à un endroit, ils se formaient sur un autre. Plus souvent, elle devenait honteuse du rôle qu'on lui faisait jouer ; elle abandonnait la place à cette vaillante et patriotique jeunesse qui poussait ardemment à la chute du ministère et de la dynastie. »

Martin et ses compagnons négligeant un peu leur ouvrage pour « suivre des yeux les bousculades de la police », le patron les rappelle à l'ordre, s'en prenant aux étudiants :

— On ne va donc pas taper dans le tas, et nous débarrasser à coups de fusil de tous ces flâneurs !

N'empêche. Martin Nadaud constate avec une certaine jubilation que « l'agitation augmente tous les jours ».

Le journaliste Philippe Faure est lui aussi aux aguets. « Les événements se pressent, les peuples se lèvent, les questions s'accumulent, a-t-il déjà impatiemment écrit à la fin de décembre. Il faut répondre à l'Humanité qui demande à la France le mot d'ordre ou le signal. »

Le mardi 15, Philippe assiste aux obsèques du père de Caussidière. Le convoi funèbre est surveillé par des troupes en armes. Comme des policiers en civil se glissent dans les rangs, on se distribue une petite fleur en signe de reconnaissance « pour ne pas risquer de donner la main à un mouchard ».

Philippe a eu l'idée d'emprunter un uniforme de Garde

national pour pouvoir suivre le convoi jusqu'au cimetière en cas de dispersement prématuré par la police. Autour de lui, on parle du banquet. Étudiants, ouvriers et Gardes nationaux se disent prêts à faire escorte aux députés pour les protéger contre une intervention éventuelle des forces de l'ordre. Philippe profite de son déguisement pour aller transmettre l'information à Louis Blanc, qui lui dit sa satisfaction.

Ce même soir, il va à un rendez-vous clandestin, dans une maison abandonnée, promise à la démolition. La réunion — entre « socialistes religieux » — se tient dans une pièce nue, délabrée, seulement éclairée par la flamme tremblante d'une chandelle posée sur un établi. « On ne se voyait pas, mais on échangeait de vives interpellations, et la discussion s'animait. »

Certains, estimant que la lutte est inégale, et qu'il n'y aurait rien de positif à attendre d'un affrontement, sont « pour la non-résistance absolue ».

— Nous sommes une élite, argumente quelqu'un, nous portons en nous la foi de l'avenir... Devons-nous nous exposer, compromettre tout cela ?

Philippe Faure intervient :

— Parlez pour vous, moi je ne me crois pas si précieux !

Une voix calme et grave lui répond, celle d'un homme qui appuie l'idée de l'abstention pour ne pas mettre les socialistes au service de l'opposition :

— Si leur émeute devait donner naissance à une révolution, ils seraient les premiers à se repentir, à tout faire pour restaurer la monarchie avec le premier monarque venu !

Dans l'obscurité, la voix argumente, rappelle que pour le gouvernement toute occasion serait bonne de s'en prendre aux socialistes, dont les mauvaises doctrines, dit Guizot, minent la société. Duchâtel n'a-t-il pas préconisé d'agir vite pour ne pas avoir bientôt douze millions de communistes ? Une Saint-Barthélemy du peuple se prépare, et si par miracle l'insurrection était victorieuse, ce n'est pas lui qui profiterait de la victoire. L'action révolutionnaire entraîne la réaction.

— Laissez les bourgeois régler entre eux leurs différends !

conclut l'homme. Ne compromettez pas l'avenir pour vouloir le rendre présent !

Philippe Faure ne se résigne pas. A force d'attendre et de se taire, plaide-t-il, on risque de se priver même du droit de se plaindre. Pour lui, aucun doute : il faut soutenir les bourgeois quand ils s'opposent au gouvernement :

— Combattons avec eux aujourd'hui, propose-t-il, pour avoir demain le droit de les diriger, de les reprendre s'ils font mal, de les soutenir s'ils avancent, de les remplacer s'ils reculent...

Il finit par emporter l'adhésion de la petite assemblée, mais, dans l'homme calme à la voix grave qui a défendu le point de vue opposé au sien, il reconnaît alors Pierre Leroux, « le philosophe de Boussac » lui-même — puissant, massif, forte crinière, œil vif. Philippe, qui envoie des articles à son journal, s'excuse, mais continue de penser qu'il a raison.

Mercredi 16. Les étudiants qui, soutenus par *La Réforme*, ont demandé à la Commission du banquet des cartes d'invitation, pour eux et pour les ouvriers, n'en reçoivent que vingt pour eux et douze pour les ouvriers.

Les députés de l'opposition sont incertains, divisés. Beaucoup cherchent le moyen d'abandonner le projet sans perdre la face. Odilon Barrot, méfiant à l'égard des « radicaux », dit qu'il n'ira au banquet que si Ledru-Rollin n'y va pas. Celui-ci accepte, mais lui conseille de ne pas se dédire :

— Vous marcherez, sinon je vous lâche par les jambes trois mille individus qui vous feront courir plus vite que vous ne le voudrez !

Philippe Faure, qui n'a guère dormi, va chez Lamennais pour lui demander conseil. Le prêtre révolté est « une débile personne perdue dans une vieille redingote noire, aux petits pieds frissonnants dans ses pantoufles appuyées sur les chenets ».

— Je ne puis vous donner de conseil, répond-il, car je ne puis marcher le premier.

— Alors, répond Philippe Faure, j'interprète votre silence, je penserai que vous marchez en avant et je vous suivrai comme mon chef.

Jeudi 17. Le National fait savoir que le banquet se tiendra le dimanche 20 février dans un local privé près des Champs-Élysées, et non, comme initialement prévu dans le trop populaire XIIe arrondissement.

Philippe Faure se rend chez Jean Reynaud, auteur de l'un des nouveaux évangiles, *Terre et Ciel*, à une soirée donnée en l'honneur du passage de Pierre Leroux à Paris, où il est venu essayer de trouver de l'argent pour ses multiples projets, dont une machine à composer automatique qui révolutionnerait l'imprimerie. Sont là des savants, des artistes, des hommes politiques. On commente les journaux du jour.

La Réforme : « Nous avons dit que les casernes et les forts recevaient un approvisionnement extraordinaire. Outre les munitions et les vivres, on distribue aux régiments des haches ainsi que des pioches et des pelles, soit pour élever des retranchements, soit pour démolir les barricades. »

Le Courrier Français rapporte que s'est tenue deux jours plus tôt une « grande réunion des commissaires de police de Paris ».

La Gazette de France précise que l'artillerie de Vincennes sera attelée dimanche dès dix heures du matin et qu'on vient de distribuer 50 cartouches par homme dans les casernes de la garde municipale et des troupes.

Le Constitutionnel annonce qu'on fait marcher des troupes sur Paris. Il évalue à 60 000 hommes au moins, 80 000 au plus, l'effectif qu'on peut y concentrer rapidement grâce au chemin de fer.

Chez Jean Reynaud, il ne fait de doute pour personne que le gouvernement est disposé à faire usage de la force. D'autant que la rumeur parisienne dit qu'on travaille jour et nuit à Vincennes à fabriquer des munitions, et qu'on va envoyer à l'École Militaire deux batteries d'artillerie de campagne, vingt caissons d'infanterie, des boîtes à mitraille, des pétards et des flambeaux.

A la fin de la réunion, Pierre Leroux distribue « le plan d'une colonie agricole fondée sur un nouveau moyen de subsistance ». A votre bon cœur...

Vendredi 18. Odilon Barrot et ses amis, qui cherchent à tout prix à éviter un affrontement, tentent de se mettre d'accord avec des représentants de la majorité sur un scénario acceptable par tous : la justice n'ayant pas tranché si le banquet est ou non légal, on s'y rendra dans le calme ; à la porte, on trouvera un commissaire qui avertira les convives qu'ils commettent un délit ; les convives maintiendront leur point de vue et le commissaire pourra verbaliser ; aucun discours ne sera prononcé ; on se retirera et on attendra la décision du tribunal...

La princesse de Ligne, épouse de l'ambassadeur de Belgique, qui court les théâtres, les concerts et les réceptions, résume dans une lettre la situation du moment : « La faiblesse des uns se joint à l'inconséquence des autres. [...] L'anxiété augmente à mesure que la lutte devient de plus en plus intense entre le gouvernement et l'opposition. Le Cabinet est apeuré par les conséquences de cette lutte, tandis que les députés de la gauche, promoteurs de la campagne des banquets, sont apeurés eux aussi, mais de la queue qu'ils entraînent à leur suite. »

Pendant ce temps une centaine d'hommes politiques rendent publique leur acceptation de l'invitation de la Commission du banquet du XIIe :

> Messieurs,
>
> [...] « Le droit de réunion politique sans autorisation préalable ayant été nié par le ministère dans la discussion de l'adresse, nous voyons dans ce banquet le moyen de maintenir un droit constitutionnel contre les prétentions de l'arbitraire. [...]
>
> « Nous regardons, dès lors, comme un devoir impérieux de

nous joindre à la manifestation légale et pacifique que vous préparez, et d'accepter votre invitation. »

Parmi les signataires, Arago, Odilon Barrot, Crémieux, Carnot, Dupont de l'Eure, Garnier-Pagès, Lamartine, Marie...

A Lyon, loin de l'agitation parisienne, Joseph Bergier pose comme convenu sa candidature au Conseil général dans le 4e canton. Son comité de soutien le présente : ancien négociant, conseiller municipal depuis plus de dix ans, indépendant et modéré.

S'il est élu, il parlera avec compétence sur le commerce, les faillites, les patentes, la Bourse. Il se prononcera « pour une sage réforme électorale et parlementaire, réclamée aujourd'hui par tous les amis de l'ordre et du progrès, convaincus que les réformes faites à propos sont le plus sûr moyen d'éviter les révolutions. »

Samedi 19. Thiers ayant fait valoir qu'il vaudrait mieux, pour éviter de se faire déborder par un trop grand nombre d'ouvriers, tenir le banquet un jour ouvré qu'un dimanche, *Le National* annonce ce matin que le banquet est reporté au mardi 22 à midi, et que le lieu en sera précisé.

Louis-Philippe reçoit aux Tuileries Jérôme Bonaparte, qui lui fait part de son inquiétude.

— Mon prince, répond le roi, je ne crains rien... (*Un silence*) Je suis nécessaire...

Un des problèmes auxquels il tente alors de trouver une solution a trait au commandant de la Garde nationale, le lieutenant-général Jacqueminot, notoirement incompétent et qui, de plus, s'entend très mal avec Sébastiani, le commandant de la division de Paris. Il aimerait que le ministre de l'Intérieur Duchâtel lui demande sa démission — mais Duchâtel est le propre gendre de Jacqueminot, et il devrait alors lui aussi démissionner. Or le roi ne veut pas garder Guizot sans Duchâtel, ni se séparer de Guizot... L'incapable Jacqueminot restera donc en place.

Réunion, le soir, chez Victor Hugo. La plupart des présents pensent que tout se résoudra en « une émeute insignifiante ». Pourtant, une rumeur fait état de la venue à Paris de vingt mille ouvriers d'Amiens, de Beauvais et de Rouen, payés, enrégimentés et prêts à une bataille rangée.

Dimanche 20. Le préfet de police Delessert, profitant des atermoiements de l'opposition, publie un arrêté d'interdiction du banquet :

> Vu la déclaration qui nous a été faite, relativement à un banquet [...],
> Art. 1. La réunion et le banquet précités sont interdits.
> Art. 2. Le présent arrêté sera notifié à qui de droit
> Art. 3. Toutes les mesures seront prises pour assurer l'exécution du présent arrêté.

L'opposition s'est réunie à la Chambre. Thiers annonce clairement qu'il n'assistera pas à une réunion interdite. Lâche soulagement dans les rangs. Odilon Barrot cherche à justifier la retraite : « Il n'y a pas, formule-t-il, de système administratif qui vaille une goutte de sang versé. » Puis il prend ses distances avec le manifeste du Comité d'organisation du banquet : « J'en approuve hautement l'intention, mais j'en désavoue les expressions. »

Seul parmi les modérés Lamartine affiche une détermination inverse : « Nous nous sommes placés, dit-il, entre la honte et le péril. [...] Sachons bien ce que nous voulons faire accomplir mardi à la France. Est-ce une révolution ? Non. Que Dieu en écarte le plus longtemps possible la nécessité pour notre pays ! [...] C'est un acte de citoyens, un acte de résistance légale ! [...] « Je ne sais si les armes confiées à nos braves soldats seront toutes maniées par des mains prudentes ; je le crois, je l'espère. Mais si les baïonnettes viennent à déchirer la loi, si les fusils ont des balles, ce que je sais, messieurs, c'est que nous défendrons, de nos voix d'abord, de nos poitrines ensuite, les institutions et l'avenir du peuple ! »

Et il ne manque, le poète, ni de courage ni de panache quand il lance un dernier défi : « La place de la Concorde dût-elle être déserte, tous les députés dussent-ils se retirer de leur devoir, j'irai seul au banquet avec mon ombre derrière moi ! »

Ce dimanche soir, chez la comtesse de Boigne, le colonel de La Rue suggère la nomination de Bugeaud, homme à poigne entre tous, au commandement de Paris. Salvandy, le ministre de l'Instruction publique, le contredit sèchement : avec Jacqueminot et Sébastiani, dit-il, « la ville de Paris ne peut rien avoir à craindre ni à désirer ».

A la même heure, chez la princesse de Liéven, le préfet de la Seine Rambuteau et le préfet de police Delessert font un tableau plutôt sombre de la situation tandis que Guizot et l'ambassadeur d'Angleterre devisent à l'écart sur un sofa. La princesse interpelle Guizot :

— Venez donc, monsieur, écouter ce que disent ces messieurs.

Guizot vient écouter ces messieurs, et tranche :

— Et c'est pour cela, princesse, que vous avez interrompu ma conversation avec Lord Normanby ? Que ces messieurs se calment, et qu'ainsi que vous ils dorment tranquilles !

Puis il s'en va, « leur laissant à tous trois pour adieu, écrira la comtesse de Boigne, un de ces sourires supérieurs et satisfaits qu'il distribue à tout venant ».

Philippe Faure, de son côté, se rappelle et note une très bretonne formule de Lamennais, l'avant-veille : « Ils se préparent, lorsque les flots s'agitent, montent et grondent, à barricader l'océan, à ruser avec la tempête... » Barricader l'océan !

Lundi 21, matin. Un communiqué de la Commission du banquet donne des consignes pour que la manifestation se déroule sans désordre :

— Les pairs et les députés ont rendez-vous le lendemain mardi 22 février à onze heures au n° 2 de la place de la Madeleine, « lieu ordinaire des réunions de l'opposition parlementaire » ;

— Les souscripteurs du banquet qui font partie de la Garde nationale formeront deux haies parallèles entre lesquelles se placeront les invités ;

— le départ est fixé à onze heures, en direction des Champs-Élysées ;

— on est prié de ne pousser aucun cri, de ne porter ni drapeau ni signe extérieur ;

— les gardes nationaux doivent venir sans armes.

Le préfet de police Delessert réagit à ce communiqué par une *Proclamation aux habitants de Paris*, aussitôt affichée. Il y explique que, dans l'attente d'une solution judiciaire au problème du banquet interdit, le gouvernement n'a jamais eu l'intention de s'opposer de force à la manifestation, mais seulement de constater la contravention, espérant que chacun aurait la sagesse de se retirer à la première sommation pour « ne pas convertir une simple contravention en acte de rébellion ». Mais puisque les organisateurs convoquent maintenant les gardes nationaux, acte gravement illégal, il invite « tous les bons citoyens » à s'abstenir « de crainte de donner lieu à des troubles regrettables ».

Il rappelle en outre que, selon le texte de l'ordonnance de 1831 sur les attroupements — qui sera affichée partout dans Paris —, la force pourra être employée après trois sommations, « chacune précédée d'un roulement de tambour ou d'un son de trompe ».

Dans *Le National* de ce lundi, les députés de l'opposition déclarent renoncer au banquet « pour ne pas exposer les citoyens aux conséquences d'une lutte aussi funeste à l'ordre qu'à la liberté ». En ne se rendant pas au banquet, ils ont conscience d'accomplir « un grand acte de modération et d'humanité ».

Ordre du jour au ministère de la Guerre : « Il est ordonné

à messieurs les employés d'être tous présents dans leurs bureaux demain à dix heures précises. Personne ne pourra s'absenter sans un ordre formel. Il sera fait des contre-appels dans la journée. »

Le lieutenant-général Jacqueminot, commandant supérieur des Gardes nationales de la Seine rappelle qu'il est interdit de se rendre à la manifestation sous peine de poursuites.

Midi. Philippe Faure écrit à un ami : « Tu ne peux pas te figurer l'aspect de Paris, l'agitation de tous les esprits et l'inquiétude qui monte de l'atelier au salon. [...] Louis-Philippe est déterminé à nous écraser. [...] Si la force armée nous attaque, la Garde nationale relèvera les postes de la Ligne, les ouvriers et les étudiants écraseront la Garde municipale et Louis-Philippe tombera. »

Au « Château », les visiteurs se succèdent chez le roi, plus inquiets les uns que les autres, mais Louis-Philippe leur oppose sourires et sarcasmes. Rambuteau, le préfet de la Seine, qui vient présenter des rapports alarmants, se voit « ajourné à une semaine », pour qu'il ait le temps de reconnaître qu'« il s'est abandonné à des terreurs d'enfant ».

Et quand on apprend aux Tuileries qu'Odilon Barrot et ses amis renoncent au banquet, le vieux monarque triomphe sans retenue et félicite Duchâtel : la fermeté et l'habileté ont payé, tout est fini. Tandis que les courtisans en rajoutent dans la louange et l'allégresse, Delessert, Sébastiani et Jacqueminot, estimant désormais inutile le déploiement de forces armées, préparent un contre-ordre.

Pourtant, dans les faubourgs, les ouvriers lisent les affiches du jour dans un silence inquiétant, sous les yeux des sergents de ville sur le qui-vive. Dans les beaux quartiers en proie aux rumeurs contradictoires, on se félicite que tout rassemblement soit interdit : « Cela était d'autant plus nécessaire, écrit la comtesse de Boigne, qu'ils étaient évidemment sous la direction des sociétés secrètes. Chaque groupe était accompagné d'un homme en redingote, proprement mis, portant une casquette presque uniforme le signalant à son monde. On voyait sortir de tous les égouts ces affreuses figures que la fange de Paris fait éclore à l'approche des mouvements révolutionnaires. »

A Lyon, où l'on ignore encore la tension extrême qui règne à Paris, Joseph Bergier et ses amis se sont réunis dans les bureaux du *Censeur*, qui vient de publier le texte de l'adresse royale définitivement voté. Après discussion, décision est prise qu'« il n'y a pas lieu, pour le moment, de constater le droit de réunion par un banquet ».

Le premier tour de l'élection au conseil général du 4e canton doit se dérouler dans deux jours, mercredi 23.

Soir. Réunis chez Odilon Barrot, rue de la Ferme, près de la Madeleine, les organisateurs du banquet, les journalistes d'opposition et les députés réformistes écoutent Armand Marrast qui les exhorte à revenir sur leur décision de s'abstenir :

— Qui donc a convoqué le peuple pour demain sur la place publique, si ce n'est vous et nous ? Vous redoutez la guerre civile ? Eh bien, votre présence seule peut l'empêcher ! [...] Et plus vous fuirez la responsabilité, plus elle retombera lourdement sur vous !

Odilon Barrot, fataliste, glisse à son voisin :

— Le char est lancé et, quoi que nous fassions, le peuple sera demain dans la rue.

Sur cent parlementaires initialement inscrits pour le banquet, ils ne sont plus que sept à ne pas se dérober. Ceux-là, en sortant de chez Barrot, se rendent dans les bureaux du *Siècle*. Ils discutent pour savoir ce qu'ils devront faire s'ils entendent le lendemain battre le rappel de la Garde nationale. Après une discussion animée, ils décident qu'ils sortiront en armes.

Philippe Faure, chez lui, écrit fiévreusement : « Je viens de voir Flocon. Bugeaud est nommé gouverneur de Paris. La loi sur les attroupements est proclamée.

« Demain le combat.

« C.S. vient nous prévenir : n'allez pas au banquet, avertissez vos amis ! [...] Le concierge d'une maison neuve, en ce moment inhabitée, est venu chercher sa femme, n'osant l'exposer à rentrer seule dans son quartier envahi par les soldats que l'on embusque dans toutes les maisons qui dominent le terrain choisi pour le banquet. Des caves aux greniers, les soldats cachés, entassés à tous les étages, par toutes les fenêtres, s'apprêtent à canarder les factieux. »

Grand bal chez le prince et la princesse de Ligne. Soirée « très singulière », se rappellera la princesse. Des dames n'ont pas mis leurs bijoux. Des invités qui arrivent du faubourg Saint-Germain s'inquiètent de savoir s'ils pourront repasser les ponts. Guizot n'est pas venu, mais Thiers et Molé sont là, « assez préoccupés ». Dans la salle construite exprès dans le jardin, toute ornée de glaces, de jardinières garnies de camélias et de lilas, « le monde le plus élégant » y dansera jusqu'à six heures du matin, malgré un certain malaise.

On parle politique dans les coins. Le général Sébastiani explique un plan stratégique qui doit amener 40 000 hommes à Paris en une heure de temps... Le comte Duchâtel s'est fait excuser, expliquant dans son billet qu'il est "très fatigué", ayant eu beaucoup à faire, mais que toutes les difficultés sont aplanies : "Nous aurons peut-être un léger nuage, mais point d'orage." Les gens ont l'air plutôt rassuré, excepté le comte de Rambuteau, qui confie à la princesse : "Je viens des Tuileries, je suis navré, personne n'y voit la vérité. Le général Jacqueminot leur dit qu'il n'y a rien à craindre, et ils n'y voient que du feu..."

On évite d'ouvrir les fenêtres parce qu'on annonce des rassemblements aux Champs-Élysées.

Nuit. Réunion dans les locaux de *La Réforme*. Caussidière, Albert et Delahodde sont là, tous trois membres de la Société Dissidente, société secrète formée de « vrais républicains ».

Ils retrouvent Chenu, un de leurs compagnons, qui vient de débarquer de Hollande « pour être là ».

Discussion. Albert est partisan de laisser les bourgeois s'expliquer entre eux. Caussidière propose de « prendre quelques petites mesures » : « Ça ne peut pas nuire. S'il n'y a rien, nous irons nous coucher ; s'il y a quelque chose, le peuple verra que nous nous sommes occupés de l'affaire ; ça ne nous fera pas de tort, dans aucun cas. »

De fait, après la réunion, ils s'en vont faire le tour des faubourgs, apprenant notamment que, dans de nombreux ateliers, les ouvriers ont décidé de ne pas travailler le lendemain.

Norbert Truquin, ci-devant marquis de Haute Misère, s'en revient de sa fabrique de la rue Saint-Maur pour dormir à l'Académie, abruti par quinze heures de machine à peigner.

Aux Champs-Élysées, des ouvriers finissent de dresser des tables et des estrades à la lueur de flambeaux. Il est une heure du matin. On a oublié de les prévenir que le banquet est annulé.

Cinq heures du matin. Philippe Faure, chez lui, prend la plume :

> Ceci est mon testament :
> Je lègue à ma mère tout ce que je possède.
> Philippe Faure.

Puis il ajoute :

> « Je vais combattre pour la liberté, non pour un parti. [...] Mes espérances sont dans une transformation religieuse pour régénérer la société.
>
> Brûle ou mets en sûreté mes papiers. [...] Quant au reste, tout est à toi, ma mère, et mon cœur aussi, tu le sais bien.
>
> Au revoir dans un monde meilleur.
>
> A Dieu encore.

A cette heure-là, le mardi 22 février 1848, on danse encore chez le prince et la princesse de Ligne. Sur un volcan.

V

Mourir pour un banquet

Aux premières loges. — Le sort le plus beau. — A bas Guizot ! — On bat le rappel. — Crachin de saison. — Une commotion électrique. — Vous voulez des armes ? — Charmante émeute ! — Mercredi 23. — Titis. — Vive la Réforme ! — Dans le dos. — C'était terrible. — Une partie de billard. — Monsieur le comte Molé. — Un grand apaisement. — Illuminez ! — Le feu au ventre. — Psychodrame. — Mme Duchâtel change de robe. — Un drapeau rouge. — Tocsin.

« Le plus excellent symbole du peuple
c'est le pavé.
On marche dessus
jusqu'à ce qu'il vous tombe sur la tête. »
Victor Hugo, *Choses vues.*

22 février, 7 heures du matin. Juste arrivé de Rouen, et attendant que son ami Flaubert le rejoigne pour observer les événements « du point de vue de l'art », l'homme de lettres Maxime Du Camp regarde à sa fenêtre. Le vent chasse des rafales de pluie noire et serrée.

Maxime Du Camp habite au 30, place de la Madeleine, tout près de l'hôtel Bullion, où se trouvent les sympathisants de *La Réforme*, tout près aussi, on l'a vu, du domicile d'Odilon Barrot. Mais surtout, c'est là que les réformistes s'étaient donné rendez-vous pour aujourd'hui à midi, avant que le banquet soit annulé. De son balcon, il voit le Marché-aux-fleurs, la rue Royale, la place de la Concorde et une partie de la façade du Corps législatif ; en se penchant vers la gauche, il aperçoit la rue de Sèze, le boulevard des Capucines et une partie du ministère des Affaires étrangères, où loge Guizot. Il se trouve donc, constate-t-il avec la satisfaction du curieux professionnel, « aux premières loges ».

C'est effectivement vers la Madeleine et la Concorde que convergent, dès sept heures du matin, de petits groupes de curieux : des ouvriers décidés à ne pas se rendre au travail, des gosses, des femmes, et tous ceux qui, ayant prévu d'accompagner aux Champs-Élysées les souscripteurs du banquet, n'ont pu être prévenus. Dans les cafés, on s'arrache les journaux, où l'on apprend que le banquet n'aura pas lieu. Ce qui sans doute explique qu'il n'y a pas de troupes en vue.

8 heures. Il pleut à verse. Pour sortir, Philippe Faure s'équipe en « montagnard des Pyrénées », prend son revolver et la canne-épée que lui a léguée en mourant, un an et demi plus tôt, son ami Rabeau. Rabeau était tombé malade alors qu'il bouclait un tour de France de propagande républicaine, armé de sa seule canne-épée et, pour gagner sa vie, d'un de ces nouveaux appareils, un daguerréotype, qu'il utilisait sur les places publiques pour tirer le portrait des amateurs. Philippe l'avait soigné pendant longtemps mais n'avait pu le sauver.

Il monte place du Panthéon où, depuis quelques jours se retrouvent — sous les yeux du maçon Martin Nadaud, occupé à la construction de la mairie — les étudiants et les réformistes de la rive gauche. Il y trouve un groupe déjà important, mais sans armes, sans drapeaux et sans chefs. Les élèves de Polytechnique, si actifs en 1830, ont été consignés ; on leur a enlevé leur uniforme et leur épée.

Soudain, quelqu'un entonne *La Marseillaise*, pourtant interdite, et tout le monde reprend en chœur. Derrière quelques meneurs, le groupe se forme en colonne et se dirige rue des Grès, où se trouve une caserne de gardes municipaux. Philippe Faure suit le mouvement.

La caserne est ouverte, et même désertée. La garde municipale, création de la monarchie de Juillet, c'est une redoutable phalange de 3 200 hommes, dont 600 à cheval, éprouvés, aguerris, bien payés, obéissant sans états d'âme aux ordres du Préfet de police : il leur est déjà arrivé de tirer dans la foule. Les municipaux — les « Cipaux », comme on dit —

sont détestés du peuple de Paris, qui voit en eux les héritiers des gendarmes honnis de la Restauration.

Ce matin, devant la caserne vide, on pense que la Garde est déjà sortie pour prendre position en ville. « Louis-Philippe joue gros jeu, note Philippe Faure, il espère se consolider en exterminant une émeute... » Pour lui, il ne fait pas de doute que « c'est une révolution qui commence ».

La petite troupe abandonne la caserne, passe devant l'école de Médecine, où la quittent quelques-uns de ses meneurs — des agents provocateurs, estime Philippe Faure — gagne la rue Dauphine, le Pont-Neuf, la rue de la Monnaie, la rue Saint-Honoré. Philippe remonte la colonne, dont l'effectif a maintenant doublé. Combien sont-ils ? Cinq cents ? Mille ? Cinq mille ? Ils vont rejoindre, à la Madeleine, les députés de l'opposition.

9 h 30. Quatre commissaires de police se présentent chemin de Versailles, aux Champs-Élysées. Les ouvriers occupés à dresser les tentes pour le banquet — dont l'annulation ne leur a toujours pas été signifiée — reçoivent l'ordre de les abattre, de démonter les tables, de charger le tout sur des voitures.

10 h 30. Maxime Du Camp, de ses fenêtres, voit une bande de « deux à trois cents individus », derrière un homme en caban bleu, traverser la place de la Madeleine vers la rue de la Ferme, où habite Odilon Barrot, puis revenir presque aussitôt et se diriger par la rue Royale vers la Concorde.

S'agit-il de la colonne où se trouve Philippe Faure en « montagnard des Pyrénées » ? Très vraisemblablement, malgré la différence des évaluations des uns et des autres. En tout cas, la troupe dont il fait partie reprend *La Marseillaise* et le refrain du « Chœur des Girondins », extrait du *Chevalier de Maison-Rouge*, drame en cinq actes et douze tableaux d'Alexandre Dumas et Auguste Maquet, qu'on donne tous les soirs au Théâtre historique, boulevard du Temple :

Mourir pour la patrie
C'est le sort le plus beau
Le plus digne d'envie...

Rue Royale, on crie : « A bas les corrompus ! A bas Guizot ! Vive la Réforme ! » Place de la Concorde, on se mêle à une foule d'ouvriers et de curieux qui piétinent sous le crachin. Le vent d'ouest pousse des nuages dans le ciel bas.

11 heures. Le pont de la Concorde n'est défendu que par un maigre barrage d'une trentaine de gardes municipaux, derrière lesquels se tiennent un sergent, un officier de police et le tambour nécessaires aux sommations. A l'approche des manifestants, ils croisent la baïonnette.

Philippe Faure se trouve maintenant en première ligne avec trois autres jeunes gens, son ami Jourdain, un typographe belge, Debock, et un professeur de mathématiques, Fonvielle. De l'autre côté du pont : la Chambre des députés.

La foule pousse terriblement. Soudain, un jeune homme sort des rangs et s'avance. Il déchire brutalement son vêtement et offre sa poitrine nue aux fusils chargés :

— Tirez ! provoque-t-il.

Le sergent hésite sur l'ordre à donner. La foule alors bouscule les Cipaux qui se replient en catastrophe, se rue sur le pont, escalade les grilles de la Chambre, les marches du grand escalier, pousse les portes et fait irruption, stupéfaite, dans la salle des Pas-perdus.

Les députés sont en séance. Un certain nombre d'entre eux, dont Crémieux et Marie, un avocat long et blême, viennent tenter de persuader les émeutiers de se retirer. On ne sait trop quelle conduite tenir, d'autant que les dragons de la caserne du quai d'Orsay ont été appelés en secours. L'un des trublions apostrophe un appariteur en gilet rouge :

— Nous voulons bien nous en tenir à cette démonstration, mais soyez tranquille, nous reviendrons ! Et vous aurez alors un gouvernement de la couleur de votre gilet !

Les émeutiers quittent peu à peu l'Assemblée, juste à temps pour voir surgir, au grand trot et sabre au clair, la formation de dragons annoncée.

— Vive les dragons ! crient les manifestants.

Surpris par l'accueil, les militaires remettent les sabres au fourreau et repoussent la foule « avec douceur » vers la place de la Concorde.

Depuis une fenêtre du Château, le vieux roi, « un binocle sur les yeux », suit les mouvements aux abords de la Chambre. Il se retourne, attrape une feuille de papier sur laquelle se trouve de la poudre à sécher l'encre :

— Quand je voudrai, dit-il au peintre Horace Vernet...

Il souffle sur la poudre :

— ... Cela se dispersera ainsi !

C'est vrai que le roi, si le besoin s'en fait sentir, peut faire appel aux miliciens de la Garde nationale et, surtout, appliquer le plan de défense de la capitale, mis au point en 1840 par le maréchal Gérard, et qu'on appelle « l'ordre du jour du 25 décembre ».

Il s'agit d'un « réseau de baïonnettes qui, au premier signal, se resserrera et étouffera l'émeute avant qu'elle ait eu le temps de se reconnaître ». Le plan prévoit de faire converger rapidement vers les quartiers populeux les forces cantonnées à Paris même ou à proximité : « Trente sept mille hommes, pourvus de vivres et de munitions, armés de pelles, de haches, de pioches, de marteaux d'armes pour enfoncer les barricades, de pétards pour incendier les maisons. » Au total 43 bataillons de ligne, 38 escadrons de cavalerie, 2 régiments d'artillerie, 3 compagnies du génie, 3 du train... « Les garnisons de Vincennes et du Mont-Valérien sont prêtes à marcher au premier signal. Canons, caissons, gargousses, sabres et baïonnettes, tout est là en profusion. » Il est prévu que deux fils du roi, dont le duc de Nemours, commandant supérieur de la force armée, animeront la troupe. Sans compter que le général Sébastiani, commandant la division, pourra se concerter avec le général Jacqueminot, qui commande la Garde nationale.

11 h 30. D'une autre fenêtre, place de la Madeleine, Maxime Du Camp voit quelques escouades de gardes municipaux prendre position près de l'église, tandis que l'effectif du poste du Marché-aux-fleurs est doublé.

Deux détachements de municipaux viennent de remonter au trot les Champs-Élysées, avec pelles et pioches, pour qu'il ne soit plus question du banquet.

Un détachement du 21ᵉ de ligne se range en bataille à gauche de la Madeleine.

A la Chambre, Odilon Barrot dépose théâtralement sur le bureau une demande de mise en accusation du cabinet signée par une cinquantaine de députés de l'opposition. Guizot la parcourt avec un sourire méprisant. Son gouvernement est accusé de trahir l'honneur et les intérêts de la France à l'étranger ; à l'intérieur, de violer les garanties de la liberté et attenter aux droits des citoyens, de trafiquer des fonctions publiques, d'utiliser systématiquement la corruption, de ruiner les finances de l'État...

Le président de l'Assemblée décide que la proposition sera examinée par les bureaux le jeudi suivant et revient à l'ordre du jour : le privilège de la banque de Bordeaux. Pas un mot sur ce qui se passe au même moment dans Paris.

14 heures. Le bruit court que le maréchal Bugeaud pourrait être nommé commandant de l'armée de Paris. La brutalité, les méthodes non conformistes du *père Bugeaud* n'annoncent rien de bon pour les émeutiers. C'est lui qui s'est déjà fait fort, avec de la troupe et des canons, d'écarter à jamais « la folle et scélérate république ».

Un bataillon de ligne a pris position place du Palais-Bourbon et deux pièces de campagne ont été mises en batterie rue de Bourgogne. Partout surgissent des escadrons de chasseurs, de dragons et de gardes municipaux.

La foule encore massée place de la Concorde hésite — une foule a besoin qu'un meneur la fasse vibrer et l'entraîne, ou qu'un événement suscite en elle une attitude contagieuse, fuite ou révolte. Il n'y a pas de meneur. Quant à l'événement, le pouvoir le suscite maladroitement en donnant l'ordre aux municipaux de la disperser.

Les Cipaux, sous des jets de pierres, s'ouvrent un passage à coups de sabre, culbutent, frappent ceux qui ne fuient pas assez vite. La Concorde est bientôt évacuée, mais un ouvrier a été grièvement blessé d'un coup de sabre et une vieille femme est morte, renversée et piétinée par un cheval. La foule maintenant gronde, s'abrite dans les fossés, derrière les arbres, ou à l'abri de légères barricades de bancs et de chaises amoncelés, nargue et injurie les Cipaux ses ennemis.

Depuis la place de la Madeleine, Maxime Du Camp voit les manifestants, fuyant la charge, refluer rue Royale pour aller se reformer en criant : « A bas Guizot ! » devant le ministère des Affaires étrangères, boulevard des Capucines. Sous ses yeux, un cheval de garde municipal glisse sur l'asphalte mouillée et s'abat ; les fuyards s'arrêtent, aident le soldat à se relever et à se remettre en selle, puis reprennent leur fuite.

Chenu, le républicain juste arrivé d'Amsterdam, a fait le matin la tournée des ateliers pour rassembler « quelques hommes déprimés » puis a gagné les Champs-Élysées, où la foule balançait des chaises, jetait des cailloux sur les sergents de ville et les municipaux. Jugeant les lieux « peu favorables » aux manifestants, ses hommes et lui se sont efforcés de « traîner à [leur] suite l'émeute dans l'intérieur de Paris », où il est plus facile d'élever des barricades et où les charges de cavalerie sont moins redoutables.

Rue Neuve-des-Petits-Champs, là où habite Jean Terson, Chenu retrouve ceux avec qui il a fait la veille au soir la tournée des faubourgs, notamment Albert, Caussidière, Delahodde, ceux qui se tiennent prêts à souffler sur l'émeute pour en faire une révolution. Ils échangent leurs informations, leurs impressions, ont du mal à déchiffrer le sens de l'événement :

— Tout cela n'est pas clair, résume Caussidière. Il y a du monde, mais ça n'ira pas jusqu'aux coups de fusil.

Un personnage, ce Caussidière. Forte gueule et grande

carcasse, fin connaisseur d'estaminets, pas trop regardant sur les amis, âme de plus d'une société secrète, à la fois marginal et franc-tireur, ancien diffuseur à poigne de *La Réforme*, il est de ceux qu'on suit parce qu'ils s'imposent.

Tout cela n'étant « pas clair », on décide qu'Albert, qui est chef de groupe dans la société secrète des Saisons, va aller prendre les ordres du Comité. De son vrai nom Alexandre Martin, trente-trois ans, mécanicien dans une fabrique de boutons de céramique, Albert aurait, regrette Chenu, « toutes les qualités d'un conspirateur » s'il ne se laissait si facilement convaincre par ceux qui parlent bien.

Il y en a un autre, de la petite bande, qui a « toutes les qualités d'un conspirateur », mais de l'autre bord, celui-là : c'est Delahodde, exemplaire produit de cette monarchie de Juillet qui, par ses interdictions et ses restrictions, a suscité autant de surveillants — espions, mouchards, délateurs, indicateurs, provocateurs, agents doubles — que de surveillés. Tout démocrate a appris à soupçonner ses meilleurs amis : « Il est des moments, dit Raspail un jour, où je me méfie de moi-même... » Delahodde est depuis longtemps dans le sillage de Caussidière et d'Albert, qui ne se doutent de rien. Cet après-midi du mardi 23, il les quitte pour aller rencontrer « des amis ». Rendez-vous est pris pour le soir, à 9 heures, au Palais-Royal.

15 heures. Incidents ici et là. Avenue Marigny, un groupe de Blouses surgit près d'un corps de garde dont les soldats n'ont pas le temps de fermer les grilles et qu'ils préfèrent évacuer. Les ouvriers chantent *La Marseillaise.* L'un d'eux arrache le drapeau de la construction de planches, à laquelle des enfants mettent le feu. La troupe, restée l'arme au bras, revient alors et disperse les émeutiers.

Des républicains de la Société Dissidente, malgré les consignes, dressent une barricade rue de Matignon, une autre rue Saint-Florentin avec les matériaux d'un chantier de la rue du Faubourg-Saint-Honoré, renversant un omnibus et des voitures après en avoir fait descendre les passagers et rendu les chevaux aux cochers. Devant le ministère des Affaires étrangères, à la Bourse, au Palais-Royal, les affrontements deviennent plus sérieux. Les émeutiers répandent sur la chaussée des tessons de bouteille et de la vaisselle brisée pour entraver les charges des Cipaux à cheval, arrachent les grilles de l'église Saint-Roch, de l'Assomption, du ministère de la Marine, et les mettent en morceaux pour en faire des armes ou desceller les pavés.

Ailleurs, on attaque des armureries, en vain généralement : les armuriers ont reçu l'ordre de démonter les armes à feu. Chez Lepage, rue de Richelieu, dont ils défoncent la devanture avec, en guise de bélier, le timon d'un omnibus, ils trouvent bien quelques armes, mais pas de poudre. Ils pillent aussi un magasin d'accessoires du théâtre de l'Ambigu, y font provision de pertuisanes, de yatagans, de tromblons, de casques d'opérette...

Victor Hugo arrive à la Chambre des pairs, où la séance vient d'être levée, se rend alors à la Chambre des députés, voit déboucher rue de Lille « une colonne épaisse et interminable d'hommes en vestes, en blouses et en casquettes, marchand bras dessus, bras dessous, trois par trois ». L'autre bout de la rue est barré par une rangée profonde d'infanterie de ligne, l'arme au bras. Son cabriolet dépasse « les gens en blouse », qui crient « Vive la ligne ! A bas Guizot ! » et s'arrêtent à une portée de fusil de l'infanterie. Les soldats ouvrent leurs rangs pour laisser passer l'auteur célèbre d'*Hernani* et de *Notre-Dame de Paris*.

A la Chambre, il trouve salle des Pas-Perdus des groupes affairés et inquiets. Le cabinet lui « fait l'effet d'envoyer des huissiers et du papier timbré à un lion ». Pour lui, « le sang va couler ». Il sort, traverse le pont de la Concorde, gardé à chaque extrémité par un régiment d'infanterie. Sur la place, d'où il voit une fumée à hauteur du Rond-Point des Champs-Élysées, la cavalerie charge « des groupes immobiles et sombres » qui s'enfuient « comme des essaims ».

Revenant à l'Assemblée, il croise Duchâtel, le ministre de l'Intérieur, très détendu. Un pair lui rapporte un propos de Bugeaud : « Eussé-je devant moi cinquante mille femmes et enfants, je mitraillerais. »

Il pleut toujours. Il fait froid. Le soir vient. Un peu partout maintenant, aux carrefours, on allume des brasiers et des feux de bivouac, auxquels se réchauffent alternativement soldats et émeutiers au gré des mouvements de foule. Du côté de la Concorde et des espaces dégagés — « la rase campagne », dit Victor Hugo en parlant des Champs-Élysées —, une partie des manifestants, lassés de devoir se disperser à chaque charge de cavalerie, se replie sur les ruelles du faubourg, labyrinthe où le peuple est chez lui. Il chasse des postes isolés les pelotons trop faibles de soldats qui se replient sur les casernes ou bien qui, surpris, livrent leurs armes à la foule.

Emmanuel Arago, fils du célèbre savant et député d'opposition, arrive à la Chambre, annonce qu'à sa connaissance, il y a déjà « sept blessés et deux tués », et des barricades rue Saint-Avoye. Victor Hugo sort dans l'intention d'aller voir ce qui se passe rue Saint-Avoye. On dépave le marché Saint-Honoré. Une multitude monte par les quais, faisant « le bruit d'une fourmilière irritée ». Les boutiques sont fermées, les fenêtres ouvertes. Aux guichets du Carrousel, la foule regarde par les arcades la cavalerie rangée en bataille devant le palais de Louis-Philippe. Plus loin, l'Hôtel de Ville est tranquille, et Victor Hugo ne trouve pas de barricades rue Saint-Avoye. Arrivé rue Rambuteau, il entend qu'on bat le rappel de la Garde nationale dans le quartier du Temple.

17 heures. La Garde nationale, on s'est demandé toute la journée pourquoi elle n'a pas été convoquée. Essentiellement constituée de bourgeois, de rentiers, de petits commerçants, c'est le terreau dans lequel la monarchie de Juillet a planté ses racines.

Créée en 1789, concernant depuis 1816 tous les Français de vingt à soixante ans « imposés ou fils d'imposés », elle a été réorganisée par les lois de 1831 et 1832, qui précisent qu'elle a été instituée notamment « pour défendre la monarchie constitutionnelle, la Charte et les droits qu'elle a consacrés, pour maintenir l'obéissance aux lois, conserver ou rétablir l'ordre ou la paix publique... ». En font partie tous les contribuables en mesure de payer leur équipement. L'uniforme de base est constitué d'une tunique de drap bleu à épaulettes blanches, d'un pantalon de drap bleu à bande rouge et d'un shako de feutre. La Garde nationale, organisée par *légions* — à Paris, une légion par arrondissement — élit ses officiers et relève de l'autorité du ministre de l'Intérieur et des préfets.

En 1830, l'avènement de Louis-Philippe, leur roi, a consacré l'importance et flatté la vanité des Gardes nationaux en même temps que le nouveau régime leur permettait d'espérer la fin des incessantes émeutes qui portaient préjudice au commerce dans la capitale. Et c'est sans faiblir qu'ils ont réprimé les insurrections populaires de juin 1832 et d'avril 1834.

Mais ce Garde national, qui conserve chez lui son arme et son uniforme, qui rejoint la mairie de son arrondissement dès qu'il entend le tambour « battre le rappel », qui n'hésite pas à monter aux barricades pour défendre au péril de sa vie un régime constitutionnel qu'il considère comme son œuvre, est aussi une forte tête, volontiers donneur de leçons, et qui ne manque pas en toute occasion de manifester son indépendance, même à l'égard de son gouvernement. D'autant que, boutiquier, artisan ou rentier, il éprouve à son tour les effets de la crise, et qu'il a l'impression que le pouvoir le trompe avec la grande bourgeoisie d'affaires, les « ventrus », comme les a surnommés Daumier...

En 1837, on a élargi l'effectif de la milice, le portant de 40 000 à 80 000, et peut-être la Garde nationale y a-t-elle perdu cette volonté unanime de courir comme un seul homme au secours de son roi. Offre-t-elle toujours les mêmes garanties pour le maintien de l'ordre public ? Personne ne peut alors le dire. Il faut attendre pour voir. Guizot se méfie.

Dans la journée, des députés sont intervenus auprès du

préfet de la Seine pour qu'il convoque la Garde. Mais Rambuteau, peu soucieux de s'attirer de nouveaux sarcasmes de Louis-Philippe, a noyé la question, tergiversé, différé sa réponse. C'est la raison pour laquelle certains maires, alors que la nuit tombe, prennent sur eux la décision de faire battre le rappel, comme Berger dans le 2e arrondissement, bientôt suivi d'autres, alors que l'ordre officiel n'est donné qu'à 5 heures du soir.

Résultat médiocre : dans certains cas, moins de dix pour cent de l'effectif théorique. Seules la 1re et la 10e légion — celles des quartiers les plus riches — font preuve de quelque zèle. Au Panthéon, quartier d'ouvriers et d'étudiants, une partie de la 12e légion se rassemble sous les sifflets de la foule devant les fantassins du 5e de ligne, qui bivouaquent sur la place. Alors les Gardes nationaux crient « Vive la Réforme » et la foule les acclame, tandis que les officiers du 5e de ligne viennent leur serrer la main sous les vivats.

Ailleurs, des Gardes nationaux, sortis en entendant battre le rappel, se heurtent à des émeutiers qui les prient de livrer leur arme, ce qu'ils font la plupart du temps de bon cœur. D'autres, laissés sans ordres, rentrent chez eux après avoir en vain piétiné sous la pluie devant leur mairie. Ceux-là, Maxime du Camp les trouve d'« assez mauvaise humeur ».

La Garde nationale diffère fondamentalement d'une troupe régulière. On n'hésite pas à parler aux officiers qu'on a élus, à discuter le bien-fondé des ordres et des mouvements. On y est mal préparé à l'usage de son arme, on a même vu de bons bourgeois apprendre à charger leur fusil quelques instants avant d'aller au feu. Il n'est pas rare d'échapper aux corvées en se faisant remplacer, moyennant rémunération, par un moins riche. On y est légaliste avec conviction, mais on se donne le droit d'interpréter l'appel du tambour pour décider s'il convient de se précipiter ou d'attendre au café le retour des plus ardents...

Aujourd'hui, il ne fait pas de doute que le cœur des miliciens balance entre la mission stricte de défense de l'ordre public et le souci de pousser le gouvernement à mettre en œuvre quelques-unes des réformes souhaitées par une grande partie de l'opinion, notamment en matière électorale et en politique extérieure, jugée trop complaisante, éprouvante pour l'amour-propre national. La comtesse de Boigne ne se trompait pas beaucoup quand, la veille, elle écrivait : « La bourgeoisie de Paris, avec la stupide badauderie qui la distingue, se réjouit dans l'idée de donner une leçon au pouvoir, selon son expression favorite, et ne s'apprête pas à défendre un gouvernement qui lui appartient pourtant, et qu'elle chérit au fond. »

Mais ce soir, le flottement de la Garde nationale redonne des forces à l'émeute. Les barrières de l'Étoile, de Courcelles, du Roule sont brûlées, coupés des fils du télégraphe électrique qui, depuis le ministère de l'Intérieur, courent par le mur d'octroi aux chemins de fer de Rouen, du Nord et de l'Est.

Des rumeurs zigzaguent au gré des attroupements. Philippe Faure entend dire que les municipaux du poste du Cirque Olympique, « ont été fusillés par les insurgés ». Il apprend sans pouvoir le vérifier que des barricades s'élèvent à l'Hôtel de Ville, rue Saint-Denis, rue Saint-Martin, rue Montmartre... Il raconte qu'un des gamins qui, aux Champs-Élysées, entassent et brûlent des chaises, a eu la main tranchée d'un coup de sabre : « Il entoure le moignon d'un mouchoir, s'éloigne un moment et revient derrière la barricade jusqu'à ce que ses forces l'abandonnent. »

Le vrai ? Le faux ? Drôle de journée, au bout du compte, où le plus sûr est ce crachin de saison qui bouche aussi, dirait-on, l'horizon de l'Histoire. Que se passe-t-il donc ? Une soupape de sécurité qui saute ? Les premiers signes d'une révolution ? Qui a raison de Louis-Philippe qui n'y croit pas, ou de Philippe Faure qui y croit ? Guizot, en tout cas, a fait prudemment quitter, dès la veille au soir, le ministère des Affaires étrangères à sa mère et à ses enfants.

18 heures. Par précaution, Sébastiani ordonne le déclenchement du fameux « ordre du jour du 25 décembre ». La circulation des voitures est interdite. Des forces considérables convergent vers les points stratégiques de Paris : Tuileries, Concorde, Hôtel de Ville, Bastille, portes Saint-Denis et Saint-Martin, place des Victoires, pointe Saint-Eustache, École Militaire, préfecture de police, Panthéon.

19 heures. Norbert Truquin, le marquis de Haute Misère, est à la fabrique depuis le matin. Tout est calme. Soudain circule la rumeur que le peuple se bat sur les barricades. Les ouvriers sont « saisis comme d'une commotion électrique ». Un contremaître vient donner l'ordre de quitter le travail. Les ouvriers se répandent dans les rues. Truquin voit, du côté des boulevards, des gamins — de son âge — jeter des pierres dans les lanternes à gaz en criant : « Vive la Réforme ! » Il regagne sa chambrée, l'Académie. Il n'y trouve que Raphaël et l'ancien soldat, qui lui conseille de rester tranquille. Il se sent « tout ému ». Il passera la nuit à fuir d'horribles cauchemars dans lesquels la police le traque.

20 heures. Aux Tuileries, Louis-Philippe passe les troupes en revue — accueil bien tiède. Une immense clameur parvient soudain jusqu'au palais tandis qu'une grande lueur monte dans le ciel des Champs-Élysées : des gamins ont finalement mis le feu à une montagne de chaises d'osier. Tandis que les pompiers éteignent les flammes, des Gardes nationaux dispersent les émeutiers.

Sorti place de la Concorde, où tout est calme, Maxime Du Camp voit lui aussi, vers l'ouest, la lueur de l'incendie. Quand il rentre chez lui, son portier lui demande des nouvelles :

— On a brûlé des chaises, répond-il.

— Ah ! dit le portier, c'est comme ça que la révolution de Juillet a commencé.

Mais Maxime Du Camp ne croit pas à quoi que ce soit de sérieux : « Malgré les chaises brûlées, malgré les charges de cavalerie, malgré les attroupements et les barricades ébauchées, il m'[est] impossible de voir dans tout ce qui se [passe] autre chose qu'une œuvre sans vitalité, dirigée tant bien que mal par des niais ambitieux qui, n'étant ni révolutionnaires ni conservateurs, [doivent] fatalement avorter. »

21 heures. Caussidière, Chenu, Albert, Jean Terson et quelques autres, dont l'espion Delahodde, sont au rendez-vous du Palais-Royal. Tout est fermé, éteint. Albert est allé au Comité, mais le Comité n'a rien prévu pour une situation de ce genre, et l'on n'a pas d'armes. En cas de succès, on convient de se retrouver à *La Réforme*. De là, on ira à l'Hôtel de Ville constituer un gouvernement provisoire. Pour le moment, le mieux est d'attendre demain. On se sépare.

Delahodde file rue Montorgueil, au café des Postes, retrouver Sobrier, Philhes et quelques autres républicains. Sobrier — un homme de trente-sept ans, rentier, qui consacre sa fortune personnelle à secourir les opposants emprisonnés — s'exalte, prêche barricades, bataille, république. Mais les armes ? lui demande-t-on.

— Vous voulez des armes ? Suivez-moi, j'en ai !

On le suit jusque chez lui, rue Mazagran, où il sort un arsenal de fusils, carabines, pistolets, tromblons, sabres, le tout en piteux état. Chacun se sert.

Au milieu du quartier Saint-Martin, ils entendent une brève fusillade vers la rue du Bourg-l'Abbé, mais n'y vont pas.

Au ministère de l'Intérieur, le comte Duchâtel offre à dîner à quelques amis. L'ambassadeur d'Autriche demande son sentiment au ministre, qui lui répond, mi-rassuré mi-inquiet :

— Cela va trop bien...

Quant à Mme Duchâtel, elle fait la conversation à l'officier supérieur assis à sa droite :

— Commandant, lui dit-elle, j'arrive de la province. Je me suis promenée toute la journée dans les rues. J'ai vu l'émeute et n'en ai point eu peur. Mais c'est charmant, une émeute !

On dîne aussi au ministère des Finances, rue de Rivoli. L'ambassadeur d'Angleterre, non loin du ministère, doit attendre pour passer qu'on replace les pavés enlevés l'après-midi pour ébaucher une barricade. A ce dîner, prévu pour trente-six convives, ils se comptent dix-huit. En fin de soirée, le directeur des Postes vient annoncer à son ministre que toutes les malles sont parties sans difficulté.

Le préfet de police Delessert, dans son salon, ne montre pas la moindre inquiétude :

— Ce n'est qu'une échauffourée, tranche-t-il.

Philippe Faure met hâtivement son journal à jour : « Les boutiquiers, note-t-il, ne vont pas se battre pour Louis-Philippe. La ligne ne tirera que si la Garde nationale la conduit. On a enfoncé les boutiques de Lepage et Devisme : les fusils sont démontés. Nous manquons d'armes. »

1 heure du matin. L'ordre de congédier la Garde nationale arrive des Tuileries.

3 heures du matin. Ordre est donné à la troupe de réintégrer les casernes.

Parmi nos témoins, Agricol Perdiguier, le compagnon du Tour de France, a passé la journée couché, malade, dans son « petit taudis » du faubourg Saint-Antoine ; Pauline Roland, à Boussac, dans la Creuse, s'est donnée à son travail sans soupçonner qu'il pouvait se passer à Paris quelque chose qu'elle appelle de tous ses vœux ; pas plus que Bergier, le bourgeois lyonnais, qui s'est surtout préoccupé de son élection comme représentant du 4e canton au Conseil général : c'est demain qu'a lieu le premier tour du scrutin.

Mercredi 23 février. Aube grise d'hiver, au bout d'une nuit sans un remous, comme une eau noire et immobile. Sous l'infatigable pluie battante, la ville est presque déserte, un silence tragique baignant, ici et là, des brouillons de barricades.

Les soldats des quelques détachements restés en faction, trempés, les pieds depuis des heures dans la boue glacée, ont l'air de spectres quand on vient les relever. A vrai dire, les troupes qui arrivent ne sont guère plus fraîches : ce sont celles qui, ayant regagné leurs casernements à 3 heures du matin, ont à peine eu le temps de se sécher, de fermer l'œil et d'avaler un morceau.

Malgré les lacunes et les contre-ordres du commandement, les unités montantes — dont certaines doivent porter dix fois trop de cartouches alors que d'autres ont à peine de quoi charger leurs fusils — gagnent tant bien que mal les positions qui leur sont assignées : il s'agit d'investir le centre de Paris avec assez de troupes et de canons pour réduire l'émeute si elle venait à renaître. Les points stratégiques sont pourvus d'artillerie : deux pièces pour l'Hôtel-de-Ville, deux à la pointe Saint-Eustache, deux à la porte Saint-Denis, deux à la Bastille, quatre au Carrousel, tout près du « Château ».

La rue est sans voix depuis hier au soir — n'a-t-elle donc plus rien à dire ?

7 heures. Paris s'ébroue. Les Blouses affluent par les rues Saint-Martin, Rambuteau, Saint-Merri, du Temple, Saint-Denis. Les boutiques sont fermées, volets et rideaux tirés. Ouvriers et soldats s'observent un moment, puis les ouvriers engagent les hostilités. Des feux de ligne leur répondent. Ils décrochent aussitôt pour reparaître sur les flancs ou les arrières des formations de l'armée, puis disparaissent à nouveau dans les culs-de-sac et les venelles de leur impénétrable royaume. Dans le silence qui suit les brèves fusillades, on n'entend que les chocs sourds des pavés qui font monter les barricades.

Provocations, escarmouches, harcèlements. Pas d'affrontements importants : c'est une guerre de rues, où sont visés d'abord les détachements de la garde municipale les plus faibles ou laissés imprudemment isolés par le commandement. Les postes des rues Geoffroy-Langevin et Sainte-Croix-de-la-Bretonnerie sont ainsi surpris et désarmés.

Objectif de choix pour les émeutiers : le dépôt d'armes des frères Lepage, 22, rue du Bourg-l'Abbé, en plein cœur de la redoute populaire, et qui n'est tenu que par vingt-cinq municipaux aux ordres du lieutenant Bouvier. Attaqués à 8 h 30, ceux-ci se forment en carré et ouvrent le feu sur les émeutiers qui débouchent de la rue Saint-Denis : deux ouvriers sont tués, plusieurs blessés, les assaillants refluent.

Les Cipaux sont également menacés dans leur caserne du faubourg Saint-Martin, au marché Saint-Martin : là, ils tirent pour se dégager et se réfugier dans le corps de garde, où les émeutiers les poursuivent, brisant une porte à coups de hache avant d'être pris à bout portant dans les feux plongeants tirés des meurtrières.

Place du Châtelet et rue Aubry-le-Boucher, la troupe de ligne elle-même doit faire usage de ses armes ; un commandant est tué d'une balle dans la tête. Aux Halles, des femmes apportent à boire et à manger aux soldats en les suppliant de ne pas tirer sur leurs maris ou leurs fils. A vingt pas, on consolide une barricade, et des gamins les interpellent :

— Tirez pas sans prévenir !

— Ne craignez rien, répondent les militaires. Nous n'avons pas d'ordres.

Ces jeunes frères de Gavroche, les *titis* comme on dit, avec leur courage et leurs reparties dans la grande tradition du pavé parisien, désarment aussi sûrement les militaires que s'ils leur prenaient leurs fusils.

Il pleut toujours et le vent aigre fouette les visages de paquets d'eau glacée quand on entend battre le rappel de la Garde nationale.

Dans les bureaux de *La Réforme*, Ferdinand Flocon — quarante-huit ans, ancien de la Charbonnerie devenu rédacteur en chef de *La Réforme*, ne sortant jamais sans sa pipe — donne ses instructions à la douzaine d'hommes décidés rassemblés là :

— Allez vous habiller en Gardes nationaux. Que ceux qui n'ont pas d'uniformes s'en procurent chez des amis, chez des fripiers, n'importe où. Dites à tous les patriotes d'en faire autant. Une fois habillés, allez aux mairies en criant « Vive la Réforme ! » Là, vous prendrez la tête des détachements, vous

vous interposerez partout entre le peuple et la troupe. Allez et dépêchez-vous ! La République est peut-être à ce prix !

D'après l'agent double Delahodde, scandalisé, la tactique a été mise au point par les « roués du parti radical » pour éviter l'affrontement entre la troupe et le peuple. Apprentis-sorciers, juge-t-il, et qui ignorent ce qu'est le peuple : « La lie des faubourgs, aspirant le désordre et hurlant la passion, [...] bande fauve des conspirateurs de barrières, rôdant comme des loups dans la tourmente et n'attendant qu'un signal pour se ruer dans le sang et la dévastation, sans chefs, sans instructions, n'ayant pour guide que leurs instincts de haine et de rapine... »

10 heures. Les légions s'assemblent devant les mairies, plus ou moins déterminées, selon leur composition ou le caractère de leur arrondissement, à défendre le régime ou à soutenir les réformistes.

Ainsi la 1re légion, essentiellement composée de bourgeois aisés, propriétaires, fonctionnaires, fournisseurs de la Cour, tous « clients » du système en place, est farouchement conservatrice. Faute d'émeutiers à réduire, elle se contente d'injurier au passage les députés réformistes qui se rendent à la Chambre.

La 2e légion elle aussi défend un quartier riche, celui de la haute banque et du commerce de luxe, mais sa composition est plus mélangée : elle est commandée par Talabot, gendre d'un ministre, son 2e bataillon est aux ordres d'un important agent de change, mais on y trouve aussi des opposants et même des républicains avoués, comme Victor Schoelcher. Croisant, près de la rue Drouot, deux régiments de ligne, la légion les salue, imprévisiblement, aux cris de « Vive la Réforme ! » Les soldats leur répondent : « Vive la Réforme ! », et même « Vive la Garde nationale ! » L'échange fait une telle impression sur ceux qui en sont témoins qu'on part aussitôt le rapporter à la préfecture et au commandement militaire de Paris.

Un bataillon de la 3e légion, composée en majorité de réformistes modérés, vient prendre position place des Victoires — pour protéger les abords de la Banque de France — au moment où un détachement de municipaux charge un groupe de jeunes ouvriers qui crient « Vive la Réforme ! ». Un Garde national, un certain Dugousée, se précipite et veut s'interposer, mais les Cipaux le traitent, malgré son uniforme, ni plus ni moins qu'un émeutier. On voit alors une compagnie de Gardes nationaux qui, pour dégager Dugousée, charge les gardes municipaux et les contraint à rentrer dans leur caserne proche. Impensable !

Presque partout le comportement de la Garde est clair : elle veut bien servir l'ordre public, mais pas ce gouvernement. Médiatrice, elle empêchera qu'on tire sur le peuple et demandera au roi le renvoi de Guizot, un nouveau gouvernement présidé par Thiers ou Molé, les réformes. Ces concessions obtenues, elle se fait fort d'engager le peuple mutiné à rentrer dans ses foyers.

Cet état d'esprit, cette détermination, le colonel Lemercier, commandant la 10e légion, va en faire les frais : alors qu'il exhorte, rue de Taranne, le 4e bataillon à marcher contre les émeutiers, un homme sort du rang et l'apostrophe :

— Il ne s'agit pas seulement de rétablir l'ordre, crie-t-il, mais de chasser un ministère infâme !

— A bas Guizot ! reprennent d'autres voix.

Furieux, le colonel saute de son cheval, s'approche de gardes qu'il sait sûrs :

— Criez « Vive le roi ! » leur ordonne-t-il.

— Vive la Réforme ! lui répond une voix.

C'est celle d'un ouvrier qui s'est glissé dans les rangs. Le colonel, hors de lui, l'attrape au col de sa blouse. Un murmure de désapprobation court les rangs du bataillon — on ne va pas arrêter quelqu'un seulement parce qu'il a crié « Vive la Réforme ! ». Le colonel comprend qu'il doit céder : il abandonne son commandement et se retire.

Norbert Truquin n'a pas ce matin rejoint sa fabrique. Il

s'efforce d'oublier ses cauchemars de la nuit, où la police le pourchassait, et malgré les conseils de prudence de ses camarades de chambrée, quitte l'Académie pour aller aux nouvelles. Il est aux environs de 10 heures.

Il se rend d'abord à la Bastille, où la foule provoque les Cipaux. Il a l'impression que les émeutiers les plus actifs — « le teint basané, la voix rauque » — ne sont pas des ouvriers ; pour lui, ils sortiraient plutôt « des jésuitières ou des prisons ». Par le boulevard Beaumarchais, il se dirige vers le faubourg du Temple.

Un escadron de dragons, sabre au clair, interdit l'accès de la rue de Ménilmontant. Au carrefour, où se tiennent les petites voitures des marchands des quatre-saisons, la foule est dense, mais, lui semble-t-il, plus curieuse qu'agitée. Soudain, les dragons chargent sans crier gare. Sauve qui peut. Dans la bousculade, fruits et légumes roulent au sol. Norbert ramasse une douzaine de pommes, s'abrite derrière un arbre et commence à canarder les dragons. Il en touche un à la tête. Mais les cavaliers, sans avoir frappé, reprennent leurs positions initiales. Norbert file vers les Tuileries.

Les boulevards sont « bondés de soldats ». Il gagne la Seine, qu'il traverse. Rue de l'Échaudé, il trouve une vingtaine de jeunes gens occupés à élever une barricade. Il se met au travail avec eux.

11 heures. Maxime Du Camp à son tour quitte son appartement de la place de la Madeleine « pour parcourir la ville et la passer en revue ». Il commence par rencontrer un avocat de ses amis, « fort animé », qui lui confie :

— Si nous ne profitons pas de la circonstance pour jeter bas ce gouvernement de vendus et de satisfaits, nous sommes bâtés pour plus de cinquante ans...

Du Camp, qui ne se sent pas bâté le moins du monde, lui rit au nez et poursuit son chemin. Beaucoup de monde. Troupes échelonnées de la Madeleine à la rue Le Pelletier. Boulevard Bonne-Nouvelle, on arrête devant lui des hommes qui criaient « A bas Guizot ! » et on les enferme dans un poste tenu par quelques soldats. La foule se resserre et gronde. Les soldats discutent avec les manifestants, se plaignent de ne pas avoir eu ce matin leur ration de vivres. On leur apporte aussitôt du pain, du vin, de la charcuterie, qu'ils acceptent malgré les injonctions de leur sergent qui « jure comme un templier ». Pendant ce temps, des hommes pénètrent dans le poste et libèrent les prisonniers en criant « Vive la Réforme ! ». On laisse faire.

Du Camp, allant « au hasard des rues », arrive rue Saint-Denis, occupée par des troupes à hauteur de la rue des Petits-Carreaux. On entend des coups de feu dans le lointain. Il veut parler aux soldats, mais un capitaine s'y oppose : les ordres interdisent de communiquer avec qui que ce soit.

— Est-ce que l'émeute est sérieuse ? lui demande Du Camp.

— Ce ne sont pas les émeutiers que je redoute, répond l'officier.

— Et que redoutez-vous donc ?

— La Garde nationale !... Si cela continue, elle va s'amuser à nous tirer dans le dos...

Par la rue des Fossés-Montmartre, aujourd'hui rue d'Aboukir, il arrive place des Victoires, où nous avons vu un bataillon de la 3e légion de la Garde repousser les municipaux jusque dans leur caserne. S'approchant, il comprend que le bataillon, agité de conversations animées, « oscille dans une sorte d'indécision ». Alors, brusquement, le chef de bataillon lève son shako au bout de son sabre et crie « Vive la réforme ! A bas Guizot ! »

Sa troupe l'acclame, l'entraîne :

— Aux boulevards ! Aux boulevards !

Du Camp connaît ce chef de bataillon — un riche agent de change — et court à lui :

— Où allez-vous ? lui demande-t-il.

— Je n'en sais rien, répond l'officier, je viens de protéger la population contre les cuirassiers qui voulaient la sabrer...

Ce gouvernement nous rend la risée de l'Europe... Je vais promener mes hommes à travers la ville afin de donner l'exemple à la bourgeoisie... Je suis tout prêt, si l'on veut, à aller arrêter Guizot pour le conduire à Vincennes !

Midi. Rive gauche, Philippe Faure voit les étudiants et les ouvriers du faubourg Saint-Marcel descendre en ville, s'affairer aux barricades, qu'ils désertent dès qu'apparaissent les forces de l'ordre et réoccupent quand elles sont passées. La 12e légion — quartier du Panthéon —, tout acquise à l'opposition, est prête à prendre la tête du mouvement, mais les officiers hésitent. Entre les averses, il fait plutôt doux.

Rue de l'Échaudé, quelques jeunes gens armés de vieux fusils sont assis sur la barricade où Norbert Truquin a posé ses pavés. Soudain, un bataillon de ligne s'immobilise à vingt-cinq pas. « Vive la Réforme ! crient les jeunes comme un mot de passe. Vive la Ligne ! » Mais la troupe épaule et tire... en l'air. Les insurgés épaulent à leur tour et tirent... eux aussi en l'air. On recharge les armes et on recommence, on se défie pendant un bon quart d'heure. Norbert Truquin, pour son baptême du feu, est impressionné par le bruit de la fusillade dans la rue étroite : « C'était terrible ! » La troupe, finalement, se retire sous les vivats.

Les hommes des sociétés secrètes, qui se sont comme convenu la veille retrouvés boulevard Saint-Martin, s'éloignent de la large artère fortement gardée. Il leur semble que les quartiers du Temple et de Saint-Martin sont au bord de l'émeute. Ils s'égaillent dans les rues avoisinantes — notamment rue Neuve-Saint-Laurent et rue Notre-Dame-de-Nazareth — et commencent aussitôt à y dresser des barricades.

Un groupe de membres de la société des Saisons se réunit devant le 131, rue Vieille-du-Temple. C'est là qu'habite Albert, qui a promis de distribuer, le moment venu, des armes et des munitions. Ils estiment le moment venu, mais Albert n'est pas là. Histoire sans doute de ne pas rester désœuvrés, ils entreprennent de dresser une barricade là, sur place, en attendant Albert.

13 heures. La barricade de chez Albert atteint le premier étage de l'immeuble, mais l'armée alors met en position deux pièces d'artillerie pour la détruire. Terrible déflagration : deux boulets viennent se perdre dans l'amas de pavés. Les artilleurs rechargent les canons. Les insurgés disparaissent.

Norbert Truquin, tout excité, quitte sa barricade de la rue de l'Échaudé pour gagner, rive droite, les boulevards et le quartier Saint-Martin : c'est là, pense-t-il, que se décide l'événement, là qu'il sera le mieux à même de comprendre ce qui se passe.

Sur les boulevards, tous les postes des municipaux ont été incendiés. « A bas les bonnets à poil ! » crie-t-on. Au jeune Norbert, la foule apparaît « plutôt en fête qu'en révolution ». Gardes nationaux et ouvriers semblent « mêlés comme des frères », mais il croit deviner, aux airs des bourgeois, « une répugnance mal dissimulée pour leurs compagnons d'armes ».

Malgré les consignes des représentants de *La Réforme* et des sociétés secrètes, qui ne veulent effaroucher personne, on commence à entendre, ici et là, le cri de « Vive la République ! »

Philippe Faure a lui aussi traversé la Seine. Il voit la 3e légion de la Garde nationale croiser la baïonnette pour empêcher la troupe de charger le peuple. Place des Petits-Pères, elle a formé le carré devant les charges des cuirassiers et des chasseurs. Des piquets de Nationaux, qu'escorte une foule joyeuse, se dirigent vers le quartier Montmartre ; la ligne les salue et se retire devant eux : « L'armée est passive presque partout. » Pourtant, porte Saint-Denis, la troupe tient le carrefour dans un ordre et un silence qui contrastent avec le tohu-bohu bon enfant des Gardes nationaux et de leur cortège. Les artilleurs sont à leurs pièces, mèches allumées, mais rien ne se passe.

Tout près de là, au contraire, les affrontements se sont

durcis. Rue Rambuteau, la troupe a reçu l'ordre d'enlever une forte barricade, amoncellement de voitures renversées, de pavés, de ferrailles. Cinquante hommes s'élancent, baïonnette au canon. Ils sont à deux pas de la barricade quand une terrible décharge les arrête net. Il leur faudra trois assauts pour venir à bout des défenseurs, dont les plus acharnés meurent sur place.

Place du Caire, une salve de la troupe abat trois personnes, dont une femme. Rue Saint-Martin, trois ouvriers sont tués. Rue Saint-Denis, la foule porte un cadavre en demandant vengeance. Des Cipaux chargent et récupèrent le corps qu'ils vont déposer au poste voisin. Mais la foule les encercle, menaçante, renverse la guérite de la sentinelle, y jette de la paille et du pétrole, y met le feu. Un détachement de la Garde nationale accouru s'interpose, sauve les municipaux des flammes, mais les insurgés promènent à nouveau au-dessus de leurs têtes la dépouille de leur camarade, comme une offrande aux dieux de la Justice : « Vengeance ! répètent-ils. Vengeance ! Aux armes citoyens ! »

Des morts de part et d'autre des barricades. Blessés, corps pantelants sous la pluie. L'odeur de la poudre, le vacarme des fusillades. Et sur les pavés ce sang qui toujours appelle le sang. Contagion. Sombre exaltation qui noue les gorges et fait serrer les poings — qu'on me donne un fusil ! N'est-ce pas en ces instants que la foule, la bonne foule des boulevards, frondeuse et jobarde, devient, pour quelques morts de trop, ce qu'on appelle le peuple ?

13 h 30. Le général Friant demande audience au roi. Louis-Philippe s'est moqué toute la matinée : « Vous appelez émeute un cabriolet de place renversé par deux polissons ! » Comme la veille, il a reçu le peintre Horace Vernet, à qui il a demandé de se rendre à Blois pour faire le portrait d'Abd el-Kader, qui vient d'y être transféré. Le roi a chargé l'artiste d'exprimer à l'émir son regret de n'avoir pu respecter la parole donnée par le duc d'Aumale ; qu'il l'assure que ce sera bientôt fait. Vernet a tenté de parler de la situation dans Paris, mais Louis-Philippe l'a interrompu :

— Soyez tranquille, mon cher Horace, c'est un feu de paille. Il s'éteindra de lui-même...

Le vieux monarque ressemble de plus en plus aux terribles caricatures qu'en a faites Daumier — cet homme épais, pesant, le geste court, la bouche méprisante entre deux plis lourds, n'est plus qu'un règne-petit écrasant de suffisance. Pourtant, quand Friant lui apprend que les nationaux de la 3e légion ont croisé la baïonnette contre la troupe et contre les municipaux, on le voit blêmir.

Le général ajoute qu'une délégation de la 4e légion est en chemin pour aller demander à l'Assemblée le renvoi du ministère. Dupin, qui se trouve là, avance le mot de révolution :

— Vous croyez qu'ils peuvent songer à me renverser ? lui rétorque le roi. Mais ils n'ont personne à mettre à ma place !

— Non, sire, personne, en effet. Mais quelque chose peut-être, la république !

Un officier supérieur vient déranger Jacqueminot, le commandant pour rire de la Garde nationale. Il lui apprend le comportement injustifiable de la milice placée sous ses ordres. Jacqueminot ne s'émeut pas pour autant :

— Que feriez-vous à ma place ? lance-t-il au messager.

Et sans attendre la réponse, il reprend la partie de billard qu'il a entamée avec Tiburce Sébastiani, le gouverneur militaire de Paris.

La délégation de la 4e légion — quatre à cinq cents hommes sans armes qu'accompagne une foule énorme — se présente à l'Assemblée pour exiger la réforme électorale et le renvoi de Guizot.

La séance s'ouvre en présence du seul ministre de la Justice, Hébert. Guizot était là, mais Duchâtel est venu le chercher pour le conduire aux Tuileries, où le roi veut le voir. Dans la confusion la plus totale, Crémieux, Marie et Beaumont sont envoyés à la rencontre des délégués de la 4e légion. Ils lisent la pétition qu'on leur remet et assurent les pétitionnaires que la Garde nationale a « prononcé l'arrêt de mort » du ministère, que « le vœu du peuple va être exaucé ».

Tandis que Thiers, Odilon Barrot, Garnier-Pagès quittent l'assemblée et viennent à l'entrée du pont de la Concorde voir ce qui se passe, la députation, satisfaite, se retire pour aller porter la bonne nouvelle : l'émeute est maintenant sans objet, il est temps de revenir à l'ordre et à la légalité.

14 h 30. A la Chambre, où l'on attend toujours Guizot, l'opposition perd patience. Le député Vavin monte à la tribune pour interpeller le ministère, toujours représenté par le seul Hébert, sur les événements en cours. Hébert ne peut que répéter que Guizot et Duchâtel ne devraient pas tarder... Brouhaha, chahut... Puis silence soudain, comme en classe quand revient le professeur.

C'est bien Guizot. Il est plus pâle encore que d'habitude, il a les traits tirés et, au coin des lèvres, comme un pli d'amertume. Il va s'asseoir, seul à son banc. A la tribune, Vavin peut enfin interpeller, exiger des explications sur la politique du gouvernement concernant l'émeute, notamment le rappel tardif de la Garde nationale.

Le silence est absolu quand Guizot se lève et monte lentement à la tribune. Il paraît faire effort sur lui-même :

— Je crois, dit-il, qu'il ne serait ni conforme à l'intérêt public ni à propos pour la Chambre d'entrer en ce moment dans aucun débat sur ces interpellations...

Exclamations dans toutes les travées. Reprenant mot pour mot son entrée en matière, Guizot élève la voix pour regagner le silence :

— Le roi, ajoute-t-il, vient de faire appeler en ce moment Monsieur le comte Molé pour le charger...

On a compris. Les conservateurs restent muets de stupeur tandis que, aux deux bouts de l'hémicycle, éclatent des applaudissements vengeurs. Cependant, profitant d'une accalmie, Guizot reprend :

— ... le comte Molé pour le charger de former un nouveau cabinet. Tant que le cabinet actuel sera chargé des affaires, il maintiendra ou rétablira l'ordre et fera respecter les lois selon sa conscience comme il l'a fait jusqu'à présent.

Nouvelles interruptions, bousculades. A ses amis politiques, atterrés, Guizot adresse des signes d'impuissance, pour leur faire comprendre qu'il n'a pas démissionné, que le roi l'a lâché.

Le calme enfin revenu, Guizot reprend la parole :

— Rien ne peut être interrompu, termine-t-il, dans les travaux et dans les délibérations des grands pouvoirs publics.

Avant de lever la séance, la Chambre maintient en conséquence son ordre du jour pour le lendemain : on poursuivra la discussion sur le privilège de la banque de Bordeaux ! A noter qu'à la Chambre des pairs, on vient aussi de lever la séance, après discussion d'un projet de loi relatif au « régime hypothécaire et à l'expropriation forcée dans les colonies d'Amérique » — et encore, le ministre de la Marine étant indisposé, la délibération a-t-elle été renvoyée au lendemain...

16 heures. Molé arrive aux Tuileries. Non sans mal : alors qu'il sortait de chez lui, il a dû abandonner sa voiture aux mains de la foule qui l'a intégrée dans une barricade en construction rue du Faubourg-Saint-Honoré. Le comte Molé, à soixante-sept ans, a été directeur des Ponts et Chaussées de Napoléon, ministre de la Marine de Louis XVIII avant de devenir ministre des Affaires étrangères de Louis-Philippe : c'est un modéré tout terrain dont l'avantage en ce jour est de n'effrayer personne.

Le roi joue l'abandonné, se plaint des défections de Guizot et de Duchâtel. Mais, pour avoir été aussi son Premier ministre de 1836 à 1839, Molé connaît son Louis-Philippe, et il évite de s'engager trop avant, insistant seulement sur la nécessité d'aller, dans la composition du ministère, au moins jusqu'à Thiers et de nommer Bugeaud ministre de la Guerre.

Le nom du maréchal fait tiquer le roi, non pour son impopularité mais pour son indépendance d'esprit :

— Ni mes fils ni moi, objecte-t-il, ne pourrions [plus] nommer dans l'armée le moindre sous-lieutenant...

Molé quitte le roi sans que rien soit arrêté. Il doit revenir à 19 heures.

Maxime Du Camp, qui marche depuis le matin, décide de rentrer chez lui. Son opinion est faite : tout cela « est une niaiserie » où il ne voit que « quelques pauvres nigauds abusés par une rhétorique imbécile, qui ne méritent que le fouet ou que l'on aura la sottise d'envoyer [à la prison du] mont Saint-Michel ».

Chez lui, il trouve ses amis Flaubert et Bouilhet, juste arrivés de Rouen pour voir l'émeute et qui l'attendent au coin du feu.

17 h 30. Le 14e de ligne, stationné à Courbevoie et fort de trois bataillons, reçoit l'ordre d'aller occuper dans Paris des positions désignées : le premier bataillon sur le quai aux Fleurs, près du Palais de Justice, le deuxième sur la place du Palais-Royal, le troisième devant le ministère des Affaires étrangères, boulevard des Capucines. Le 14e de ligne est sous le commandement du lieutenant-colonel Courant, un officier très apprécié de ses hommes, dont certains lui manifestent une véritable dévotion, ainsi le sergent de grenadiers corse Antoine Padoue Giacomoni, excellent soldat, discipliné, efficace.

A l'heure où le 14e de ligne quitte Courbevoie, Maxime Du Camp sort avec Flaubert et Bouilhet. Il constate « un grand apaisement » : dans la nuit venue, la foule s'est dispersée, des dragons se promènent sur le boulevard, des groupes parlent à voix basse sur les trottoirs.

Cependant, des affrontements violents se déroulent un peu plus loin, notamment rue du Bourg-l'Abbé, devant le magasin d'armes des frères Lepage, là où ce matin la garde municipale a tué deux Blouses. Les Cipaux, toujours en formation devant l'armurerie, sont pressés, harcelés, au point de devoir se réfugier dans l'immeuble. Le lieutenant Bouvier parlemente. Accepte de libérer ses quelques prisonniers, mais refuse de livrer aux émeutiers la poudre et les armes. Il ordonne une sortie baïonnette en avant.

A ce moment survient une formation de Gardes nationaux qui s'interposent et parviennent à convaincre les municipaux de réintégrer la maison Lepage pour calmer les émeutiers. Étienne Arago, frère du savant et lieutenant dans la Garde nationale, entreprend alors de faire sortir les Cipaux un par un, chacun étant encadré par deux Gardes nationaux.

Le premier à sortir, au bras d'Étienne Arago, est un vieux soldat, le brigadier Verdier. A peine ont-ils fait quelques pas qu'un enfant s'approche de Verdier et l'abat d'un coup de pistolet à bout portant. Stupeur, flottement réprobateur chez les émeutiers. Étienne Arago en profite aussitôt : il fait cette fois sortir le lieutenant Bouvier, puis les autres à la queue-leu-leu, sous la protection d'une double haie de Gardes nationaux.

18 heures. Maxime Du Camp et ses amis, arrivés à l'angle de la rue Vivienne, rencontrent « deux ou trois compagnies de la Garde nationale qui crient "Vive le roi !" à tue-tête ». Des gens apparaissent aux fenêtres, applaudissent, agitent des mouchoirs, allument des lanternes et des lampions. Ils comprennent que le roi a renoncé à « lutter contre l'opinion publique ».

La nouvelle du renvoi de Guizot a vite fait le tour de Paris. Des bandes joyeuses parcourent maintenant les rues, lanternes de papier à la main, criant : « Illuminez ! Illuminez ! » Et la ville, plongée dans l'obscurité depuis que les enfants ont fracassé les becs de gaz, s'éclaire peu à peu : torches, lampions de papier, lampes, chandeliers, bougies...

Place du Panthéon, où est revenu Philippe Faure, on accueille l'information avec méfiance jusqu'à ce qu'arrivent les premiers journaux rapportant l'intervention de Guizot devant les députés. Les Gardes nationaux de la 12e légion, qui ont chassé leur colonel, restent quand même sceptiques : « Ils craignent d'être joués. »

Philippe Faure descend vers la Seine avec une bande d'étudiants pour aller aux nouvelles. A Maubert, les Cipaux les accueillent par quelques décharges. Philippe entend dire que la ligne appuie les Municipaux et tire en l'air pour obliger les gens à fermer les fenêtres, qu'il y a de plus en plus de Gardes nationaux du côté des émeutiers, que tout le centre de Paris est coupé « de quinze pas en quinze pas » de barricades imprenables, que les insurgés ont maintenant des armes, des vivres et des secours.

Molé-Guizot, Guizot-Molé, au fond, si c'est là toute la victoire de la campagne des banquets, peut-être, en effet, ne justifie-t-elle pas la démobilisation totale des réformistes. Et le fait que subsistent des foyers d'agitation n'est pas pour surprendre l'agent double Delahodde, qui y voit la preuve « que la vase agitée a vomi ses reptiles [...], égorgeurs de municipaux, bandes en guenilles aspirant le sang et le pillage, lançant des éclairs sinistres à l'idée d'abattre la société et de plonger leurs dents jaunes jusqu'au fond de ses entrailles ». Mais on peut espérer que c'est seulement pour se défouler qu'il s'en prend ainsi à cette « vermine de Paris émoustillée qui s'est collée au flanc du corps social » et qu'on ne détruira que par « l'emploi du feu ».

Philippe Faure, comprenant que la révolution lui laisse un peu de temps, décide de passer chez sa mère, qu'il n'a pas vue depuis plusieurs jours et qui doit s'inquiéter.

Maxime Du Camp, Flaubert et Bouilhet choisissent de dîner aux *Trois frères provençaux*, au Palais-Royal. En chemin, ils croisent des colonnes joyeuses qui lancent à tous les échos la dernière consigne : « Illuminez ! Illuminez ! » — comme si la fête toujours était jumelle de l'émeute. Au restaurant, ils tentent de rassurer le serveur terrifié en lui affirmant que tout est fini :

— Non, répond le garçon, rien n'est fini tant que ce peuple sera dans la rue !

19 heures. Le 3e bataillon du 14e de ligne, parti tout à l'heure de Courbevoie, avec le lieutenant-colonel Courant et le sergent grenadier Giacomoni, arrive boulevard des Capucines et prend position : sa mission est de protéger le ministère des Affaires étrangères, où habite Guizot, et par conséquent d'interdire à ce niveau la circulation sur le boulevard.

20 heures. C'est l'heure des dîners en ville. Le maréchal Bugeaud est aux Tuileries, venu offrir ses services. Les princes dînent à l'État-Major à la table du général Jacqueminot, où l'on craint fort de ne pas en avoir fini avec l'émeute. Chez lui, le préfet de police Delessert rassure ceux qui s'inquiètent :

— C'est une émeute qu'il faut laisser mourir d'elle-même.

Quant à Guizot, il dîne chez Duchâtel, au ministère de l'Intérieur, où l'on a dressé les tables de whist comme pour une soirée ordinaire. Le ministre déchu affecte l'indifférence, laissant à ceux qu'on lui a préférés le soin de montrer de quoi ils sont capables.

A Lyon, Joseph Bergier a la satisfaction d'être arrivé en tête — 200 voix d'avance sur le candidat conservateur — au premier tour de l'élection du représentant du 4e arrondissement au Conseil général. Il ne craindrait pas le second tour s'il ne jugeait « fort graves » les nouvelles arrivées de Paris par la poste : on se battrait dans les rues de la capitale ! Cela pourrait naturellement entraîner une réaction de peur chez ses électeurs. Et, de toute manière, il ne connaît rien de plus mauvais pour la Bourse et les affaires.

20 h 30. Un bataillon de la 2e légion de la Garde nationale vient se placer en tampon devant le détachement du 14e de ligne, qu'il couvre complètement, face aux quartiers de l'est, d'où peuvent arriver les insurgés.

Car l'émeute palpite toujours dans la nuit. Certains d'ailleurs se préoccupent activement de « remettre le feu au ventre de la population ». Tandis que Flocon, Marrast, Étienne Arago, Louis Blanc courent « d'un conciliabule à l'autre », Sobrier, « frémissant de fièvre », rejoint le café des Postes, rue Montorgueil, avec une dizaine de fidèles, dont l'espion Delahodde. On pose sur les tables chapeaux, poignards et pistolets pour rédiger des appels qu'on ira proclamer sur les barricades à la lueur tragique des torches : « La satisfaction donnée au peuple n'est qu'une dérision !... Le peuple de Paris a été massacré... Citoyens, vous êtes tous convoqués demain à la Chambre des députés pour demander justice ! »

A ce moment où rien n'est joué, les membres influents des sociétés secrètes, les chefs d'ateliers, les journalistes républicains combattent l'opinion de ceux qui se satisfont avec soulagement du renvoi de Guizot : voici que l'Histoire, imprévisiblement, s'ouvre à deux battants, et ils ne tenteraient pas d'en profiter ! D'autant que la Garde nationale — peut-être grisée par l'importance du rôle qu'elle s'attribue — constitue un allié à utiliser d'urgence.

D'ailleurs, à la Bastille, des officiers et sous-officiers de la Garde nationale ont fraternisé avec la troupe et avec les ouvriers, et, comme pour prendre Paris à témoin de cette effusion lyrique, ils se sont mis en marche sur les boulevards, derrière un lieutenant de la garde, Shumacker. Se constitue alors autour d'eux une improbable colonne où bourgeois et prolétaires, reprenant ensemble des couplets patriotiques, se donnent le bras parmi des nuées d'enfants brandissant des lanternes.

Cela une révolution ? On se croirait au théâtre. Dans la ville illuminée se croisent, s'évitent, s'affrontent comme sur une scène les uniformes chamarrés des municipaux, des Nationaux, des soldats de ligne, bonnets à poils, shakos, casques éclatants, les députés à écharpe et les agents doubles couleur de muraille. C'est une représentation que se donne Paris, un psychodrame où tout se caricature, ce roi consternant de médiocrité satisfaite, ces possibles ministres qui jouent à cache-cache, ces libéraux qui n'en reviennent pas de ce qui leur arrive, ces prolétaires en guenilles qui surgissent des faubourgs pour tomber dans les bras des bourgeois déguisés en soldats multicolores...

Pourtant... Pourtant, c'est vrai qu'il y a sur les pavés du sang que la pluie n'a pas lavé, vrai qu'il reste des haines à assouvir, et des armes chargées... Vrai aussi que dans cette impuissance des organisations, cette faillite des volontés, le sort de l'émeute est remis au hasard.

21 heures. Le comte Molé n'est pas allé, comme prévu, chez le roi à 19 heures. Le comte Molé cherche des ministres. Ce n'est plus la Chambre qui est introuvable, c'est le ministère. Ses émissaires sont retardés par les barricades, les troupes en position, les mouvements de foule, mal reçus chez ceux qui sont chez eux : tout, disent-ils, passe par Thiers. Molé n'a pas encore vu Thiers.

Thiers dîne chez ses beaux-parents. Au cours du repas, quelques centaines de personnes se présentent aux grilles, criant « A bas Guizot ! Vive Thiers ! » et demandant qu'on illumine. Thiers, son épouse et sa belle-sœur Félicie sortent saluer les émeutiers, qui s'en repartent ravis d'avoir serré la main du grand homme.

A la même heure, chez Odilon Barrot, on envisage une association Thiers-Barrot.

Chez sa mère, Philippe Faure a raconté sa journée et dit sa conviction « qu'il fallait s'attendre à de nouveaux combats ». Il veut repartir. Sa mère s'assure qu'il porte sur lui la croix fétiche qui lui vient d'un républicain de Saint-Merry, un nommé Jeanne, emprisonné à Sainte-Pélagie en 1830 et amputé du bras droit. Philippe, encore enfant, allait souvent le voir en prison, lui tenait compagnie — il lui avait même appris à lire. Et il était là, à guetter, quand on avait emmené le malheureux à la prison du Mont-Saint-Michel. Cette « croix de Juillet », ce sont les parents de Jeanne qui la lui ont alors donnée, et si elle le protège, il sait aussi qu'il doit s'en montrer digne, afin que ne s'éteigne pas le combat pour la justice et pour la liberté.

Philippe Faure veut ressortir, malgré les réticences de sa mère. Mme Faure se rappellera longtemps « cette nuit terrible où le bourdon de Notre-Dame, les fusillades et le tumulte lointain [lui] arrivaient avec le tumulte de l'ouragan qui courbait les peupliers jusqu'à faire entrer les branches par les fenêtres, le roulement des canons, le rappel, la marche des soldats, les fourgons pour l'artillerie et pour les vivres, tous ces bruits sinistres... ». Philippe plonge dans la nuit : c'est le moment où tout peut basculer.

La colonne venue de la Bastille et du faubourg Saint-Antoine s'avance lentement, à chaque instant grossie de curieux éblouis par la ferveur qui s'en dégage. Elle ressemble si peu à une formation d'émeutiers qu'on lui ouvre partout le chemin : ainsi boulevard du Temple, ainsi devant l'Ambigu, ainsi devant le Château-d'eau où les artilleurs déplacent eux-mêmes les canons qui barrent le passage, ainsi entre les portes Saint-Denis et Saint-Martin, où s'ouvrent pour elle les troupes massées là et commandées par un général député conservateur ; mieux : deux soldats quittent les rangs et rejoignent les Gardes nationaux qui défilent !

A hauteur de la rue Le Pelletier, la colonne se rassemble devant les bureaux du *National*. Armand Marrast, bel homme, beau parleur, paraît à une fenêtre et se fait applaudir en trouvant les mots qu'on attend, ni trop ni trop peu :

— Le peuple, dit-il, a droit de demander des garanties et une réparation. Il faut donc qu'il exige la dissolution de l'Assemblée, la mise en accusation des ministres, le licenciement de la garde municipale, les deux réformes, parlementaire et électorale, et le droit de réunion...

Vivats, congratulations. La colonne se reforme dans le plus grand ordre et s'éloigne vers la Madeleine.

Place Vendôme, un groupe en goguette — avec un chanteur à guitare et un âne coiffé d'un bonnet — vient donner une aubade grotesque à Hébert, ministre déchu, devant le ministère de la Justice. Incident sans gravité, mais le bataillon de la 2e légion de la Garde nationale, qui a pris position une heure plus tôt boulevard des Capucines, est appelé en renfort — ce qui a comme conséquence de laisser à nu, face aux quartiers populaires, le flanc du 14e de ligne placé devant le ministère des Affaires étrangères.

21 h 30. On apporte au ministère de l'Intérieur des nouvelles inquiétantes : les municipaux ont en plusieurs points rendu leurs armes et le peuple aurait décidé de marcher sur le ministère des Affaires étrangères et celui de l'Intérieur — là même où Guizot et Duchâtel sont encore à table. Mme Duchâtel, qui avait offert à l'ancien président du Conseil ce dîner de consolation, quitte à la hâte ses bijoux et change sa robe de fête pour une tenue plus adaptée à une fuite éventuelle.

Le lieutenant-colonel Courant dispose sa troupe en carré devant le ministère des Affaires étrangères, coupant le boulevard des Capucines à hauteur de la rue Neuve-des-Capucines du côté de la Madeleine, et de la rue Neuve-Saint-Augustin vers l'est. Ces deux fronts sont perpendiculaires aux bâtiments du ministère, le quatrième côté du carré longeant la rue Basse-des-Remparts, parallèle au boulevard mais deux mètres en contrebas, par-delà un garde-corps. Le lieutenant-colonel Courant et ses officiers se tiennent à l'intérieur du carré ainsi délimité. Le sergent brigadier Giacomoni se trouve en serre-file dans les rangs qui font face à l'est, d'où vient la colonne partie de la Bastille.

A la Madeleine, un petit groupe vient manifester sous les fenêtres d'Odilon Barrot, chez qui se trouve Garnier-Pagès. Barrot envoie son secrétaire Chambarron aux nouvelles sur le boulevard.

Maxime Du Camp, Flaubert et Bouilhet, quittant le restaurant où ils viennent de dîner, se dirigent vers le boulevard des Capucines pour retourner place de la Madeleine. Ils se hâtent pour ne pas être pris par une colonne qui arrive sur leurs talons. Devant marchent quelques jeunes ouvriers avec un drapeau rouge — le premier de la journée — suivis de Gardes nationaux, puis d'un épais cortège d'artisans, de bourgeois, de femmes, d'enfants.

Maxime Du Camp remarque, à l'avant de la colonne, « un grand garçon d'une quarantaine d'années, coiffé d'un chapeau mou d'où s'échappe une belle chevelure bouclée qui tombe jusque sur le collet d'une vareuse bleuâtre ; sa longue barbe brune flotte sur sa poitrine ». Il le regarde avec d'autant plus d'attention qu'il croit reconnaître en lui un modèle qui pose pour « les Christ » dans les ateliers ; il lui paraît très exalté, « agitant une torche avec une sorte d'énergie sauvage » et trouve à sa voix « des intonations éraillées par la fatigue et peut-être aussi par l'eau-de-vie ».

Quittant le boulevard des Capucines, barré par les soldats massés sur six rangs, Du Camp gagne la Madeleine non sans avoir noté, derrière les shakos des soldats, les « lueurs mouvantes » animant les casques des dragons. Le ministère est fermé, obscur — contrairement aux maisons voisines, illuminées — mais on aperçoit, par une porte de service entrebâillée, des feux de bivouac dans la cour.

Il quitte le boulevard à temps pour ne pas être pris entre l'armée et la colonne, qui est maintenant toute proche.

Maxime Du Camp, devant chez lui, saisit le marteau pour frapper. Ses amis et lui entendent alors une violente déflagration.

— Un feu de peloton, dit Flaubert. Allons voir.

Du Camp le rassure :

— Un feu de peloton ? Tu es fou. Ce sont des enfants qui font partir des pétards ! Montons chez moi.

Chambarron, le secrétaire d'Odilon Barrot sorti aux nouvelles, revient très ému : il a vu « une bande considérable » se diriger vers le ministère des Affaires étrangères où la troupe de ligne semble déterminée à lui interdire le passage. Il en est là de son récit quand le bruit d'une fusillade couvre sa voix.

Jean Terson, lui, se trouve à hauteur du passage de l'Ancien-

Opéra quand il entend, dans la direction du boulevard des Capucines, « le tonnerre d'une décharge de mousqueterie ».

La comtesse de Boigne, qui traverse en voiture la place Malesherbes, devine une foule éperdue qui s'éparpille dans l'obscurité. Arrivée chez elle, elle trouve ses gens terrifiés, sortis sur l'escalier : ils viennent d'entendre une « vive fusillade ».

Philippe Faure, qui revient en hâte vers le centre, entend sonner le tocsin.

VI

Aux marches du palais

Un coup de fusil. — Grosse caisse. — On égorge le peuple. — Où est Molé ? — Le père Bugeaud. — Quatre colonnes. — Faites taire ces polissons. — 1 512 barricades. — Repliez-vous. — Rue du Père-du-Peuple. — La chose. — Va pour la revue. — Respect aux arts. — J'abdique. — Nous dînerons ensemble. — Une espèce de fort. — Partez donc. — Légitime colère. — Dans les coussins du trône. — Fusillé. — Un petit tas de cendres.

« Allons ! Debout ! Debout ! fils des faubourgs
Paris en feu rouvre enfin ses arènes ;
Sur ses pavés, à la voix du tambour
Vont déborder les laves souterraines,
Des bagnes de la faim, fermons les ateliers !
Que pour vaincre ou mourir la pâle populace
Descende sur la place ! »

Auguste Alain, *La Faubourienne.*

« Comme le blé sous la faux. » C'est l'image que répètent ceux qui étaient là, et qui ont vu. Tirée à hauteur d'homme et à bout portant, la mitraille a couché d'un coup des dizaines de corps sur le pavé du boulevard. « Comme le blé sous la faux. » Stupeur, panique, courses folles dans la nuit. Les soldats hébétés reculent vers le mur du ministère. Des gens que les ruades brutales de la foule ont jetés au sol s'arrachent avec horreur au tapis sanglant de morts et de mourants et s'enfuient en trébuchant sur les drapeaux abandonnés, les parapluies, les armes, les chapeaux, les chaussures, les torches encore fumantes... L'âcre odeur de la poudre se dissipe lentement, le silence retombe. De part et d'autre du boulevard, portes et fenêtres s'entrebâillent.

Ce qui s'est passé ? Rien, presque rien, un malentendu, une

dérisoire manigance de l'Histoire, un moment de rien du tout qui va suffire à tout changer.

Venue de la Bastille, la colonne de bonne volonté conduite par trois officiers de la Garde nationale dont le lieutenant Shumacker, est donc venue buter sur le bataillon du 14e de ligne formé en carré. Le lieutenant-colonel Courant, à cheval, s'est avancé pour parlementer avec le lieutenant Shumacker.

— Ouvrez-nous les rangs, lui demande Shumacker. Vous voyez bien qu'on ne peut pas reculer... La foule nous presse...

Et c'est vrai que la foule à ce moment est comme une irrépressible vague de fond venant battre le pied du ministère, sombre rocher dans la nuit. « Illuminez ! entend-on. A bas Guizot ! Vive la ligne ! »

— J'ai la consigne de ne laisser passer personne, répond calmement le colonel. Si vous voulez aller plus loin, prenez la rue Basse-du-Rempart.

A ce moment, le barbu exalté qu'a cru reconnaître Maxime Du Camp s'approche de l'officier en brandissant sa torche :

— Vous n'êtes que de la canaille ! Je vous dis que nous passerons, c'est notre droit !

Un grondement indigné court les rangs des soldats. Le colonel reste ferme, à l'abri de son ordre de mission :

— J'ignore quel est votre droit, dit-il, mais je sais quel est notre devoir, et je n'y faillirai pas.

Le barbu porte brusquement sa torche vers le visage de l'officier :

— Toi, tu n'es qu'un blanc-bec, je vais te griller la moustache !

Le colonel Courant rejette vivement la tête en arrière. Le sergent de grenadiers Giacomoni, le fidèle des fidèles, que le hasard a justement placé là, bondit et met en joue celui qui manque ainsi à son colonel. Un autre officier, le capitaine de Ventiny, s'interpose et relève le fusil du sergent corse. La tension est extrême.

Aveugle, sourde, prise dans l'euphorie contagieuse qui la porte à l'assaut du ministère, la foule presse toujours, crie à tue-tête et de bon cœur. Sa pression est telle que les soldats, pratiquement au contact des premiers rangs, croisent la baïonnette, le doigt sur la détente.

Le barbu se laisse emporter par son rôle, s'obstine :

— Une dernière fois, répète-t-il, veux-tu nous laisser passer ?

— Non.

L'homme à nouveau lance le bras vers le visage du colonel, qui fait un écart. Antoine Padoue Giacomoni, homme d'honneur et militaire de devoir, ne supportera pas plus longtemps qu'on s'en prenne à son officier. Il pointe son arme et fait feu.

Un coup de fusil, un seul. Mais c'est comme un signal. Dans la seconde, tirent aussi tous ceux, des dizaines, qui avaient le doigt sur la détente, et peut-être bien la peur au ventre. La mitraille couche les premiers rangs de la colonne. « Comme le blé sous la faux. »

La panique de la foule qui reflue en désordre gagne la troupe atterrée, qui se débande et s'enfuit vers les petites rues voisines.

Le colonel Courant, debout sur ses étriers, essaie d'en endiguer le flot, hurle en vain :

— 14e de ligne, vous vous déshonorez !

Son cheval s'abat. Dans l'affolement général, des soldats tirent sur un détachement du 10e dragons qui arrivait inopinément côté Madeleine, et qui se replie au galop vers la Concorde.

Au ministère, l'entrée principale reste close. Seule est ouverte la petite porte par laquelle Du Camp a vu tout à l'heure des feux de bivouac. C'est par là que les fusiliers se bousculent pour se réfugier dans la cour, à commencer par la musique du 14e de ligne.

Mais décidément l'Histoire en rajoute. Le préposé à la grosse caisse reste coincé dans l'étroite porte. Il crie « comme un brûlé », on le tire, on le pousse mais en vain. Le bouchon est en place, on ne passe plus. L'homme à la grosse caisse entrave à lui seul la fuite du bataillon. On entend des rires nerveux, mais les soldats se calment peu à peu, reprennent leur formation sur le boulevard, d'où les blessés ont été transportés dans les maisons voisines et dans les pharmacies ouvrant pour l'occasion. Les soldats n'ont plus devant eux qu'une chaussée déserte, jonchée, entre les corps et les flaques de sang, d'un bric-à-brac hétéroclite qu'ils réunissent en trois tas et font brûler.

Au bruit de la fusillade, on s'est précipité aux nouvelles depuis l'appartement d'Odilon Barrot et les bureaux du *National* tout proches. On découvre le « sanglant abattis », on accable de reproches le lieutenant-colonel Courant ; il ne peut que répéter, le malheureux, que personne n'a donné l'ordre de tirer, qu'il s'agit d'une horrible fatalité. Mais comment expliquer à la foule que personne ne l'a voulu ? Un jeune lieutenant, Baillet, se porte volontaire. Le républicain Beslay l'accompagne pour le protéger. Mais le dialogue n'est plus possible. A hauteur des Bains chinois, Baillet est soudain entouré, assailli. On arrache ses épaulettes, on lacère son uniforme, une main l'attrape au cou, cherche à l'étrangler. Un bataillon de la 2e légion de la Garde nationale survient providentiellement et le dégage. Ce qu'on veut croire, ça oui, c'est que le massacre a été voulu et délibérément organisé.

L'autorité le sait bien. Le colonel Rébillot, de la 1re légion de gendarmerie, est chargé de faire disparaître les corps des victimes, dont la seule vue relancerait l'émeute à coup sûr. Pour exécuter discrètement la délicate mission, il envoie sur les lieux un tombereau et des gendarmes « en bourgeois », mais il est trop tard : l'émeute a déjà récupéré les siens, et des hommes comme Sobrier et ses amis, qui souhaitent la chute du roi, savent bien quel parti ils peuvent en tirer. Au moins deux voitures, semble-t-il, sont chargées de corps sanglants, dont un chariot des messageries Laffite et Gaillard, réquisitionné alors qu'il conduisait trois émigrants et leur bagage vers la gare de l'Ouest, au chemin de fer de Rouen.

Avec le sombre goût des très vieilles sociétés pour les

représentations tragiques, le peuple aussitôt improvise un spectacle qui déjà sacralise l'événement, une mise en scène à l'impudeur et à la simplicité grandioses où la mort, toujours au cœur de ces rituels, tiendra le premier rôle : « Dans un chariot attelé d'un cheval blanc, raconte Marie d'Agoult, que mène par la bride un ouvrier aux bras nus, cinq cadavres sont rangés avec une horrible symétrie. Debout sur le brancard, un enfant du peuple au teint blême, l'œil ardent et fixe, le bras tendu, presque immobile, comme on pourrait représenter le génie de la vengeance, éclaire des reflets rougeâtres de sa torche le corps d'une jeune femme dont le cou et la poitrine livides sont maculés d'une longue traînée de sang. De temps en temps, un autre ouvrier, placé à l'arrière du chariot, enlace de son bras musculeux ce corps inanimé, le soulève en secouant sa torche, d'où s'échappent des flammèches et des étincelles, et s'écrie en promenant sur la foule des regards farouches : « Vengeance ! Vengeance ! On égorge le peuple ! — Aux armes ! » répond la foule.

C'est vraisemblablement un autre chariot — peut-être le tombereau pris aux gendarmes en bourgeois — qui se dirige vers la Bastille, cortège mortuaire suivi d'une foule immense et silencieuse. Rue Le Pelletier, le chariot s'immobilise sous les fenêtres du *National*, où se trouvent Vavin, Garnier-Pagès, Pagnerre. En l'absence de Marrast, c'est Garnier-Pagès qui paraît à la fenêtre. Il a sous les yeux les corps enchevêtrés, membres brisés, crânes fracassés, vêtements couverts de sang apparaissant à la lumière blafarde des torches que lèvent les ouvriers.

— Le sang du peuple a coulé, il sera vengé ! promet Garnier-Pagès.

— Vengeance ! Vengeance ! répond la foule d'un grondement unanime.

— Pour moi, reprend Garnier-Pagès, je prends l'engagement solennel de poursuivre sans relâche ces ministres sur lesquels pèse la responsabilité du sang versé...

Les ministres ? Quels ministres ? Garnier-Pagès est en

retard d'un discours. La foule ne l'écoute déjà plus. C'est de l'action qu'il lui faut, pas du verbiage. « Aux armes ! crie-t-elle, aux barricades ! Le tocsin ! » Voilà les mots qu'elle veut entendre.

Tandis que s'avancent les lents charrois de la Mort et de la Vengeance vers les lointains faubourgs, nouvelles et rumeurs, sautant d'une barricade à l'autre, les précèdent. C'est ainsi que Philippe Faure apprend qu'il y a « près de soixante morts », et sur ce point il n'est pas loin de la vérité ; il entend dire aussi que plusieurs dizaines d'étudiants qui sonnaient le tocsin à Saint-Sulpice ont été assassinés « sans bruit » par les Cipaux. Faut-il le croire ? Mais qui croire, que croire, quand des coups de feu anonymes retentissent ici et là dans la nuit ?

Jean Terson le saint-simonien a retrouvé les hommes de *La Réforme*, dont Flocon et Caussidière. Ils ont des fusils mais pas de munitions. Pour Terson, à qui on dit que la fusillade a fait « plus de deux cents morts du côté du peuple » et un seul du côté de la troupe, il ne fait pas de doute que la colonne venue de la Bastille est tombée dans un guet-apens.

Dans les légions de la Garde nationale, où on déplore morts et blessés, on pense que le pouvoir les a volontairement laissé prendre dans le piège. Si le lieutenant Shumacker est sauf — il a pu détourner au moment du tir le canon du fusil appuyé à sa poitrine —, un des deux officiers qui l'accompagnaient est mort d'une balle dans la tête, et l'autre n'en a réchappé que parce qu'à l'instant du feu de ligne il ramassait son shako, qu'un soldat venait de faire tomber de la pointe de sa baïonnette. A la mairie du 2e arrondissement, les gardes réclament des cartouches. On leur répond qu'il n'y en a pas, ce qui ne fait que donner crédit à leur soupçon, et nourrit leur méfiance.

L'un des chariots arrive place de la Bastille, haut lieu du culte populaire. Les corps des victimes sont déposés au pied de la colonne de Juillet, sacrifiés offerts sur l'autel de la Vengeance.

Il est temps maintenant de courir aux églises sonner le

tocsin, frapper aux portes des maisons pour exiger des armes, relever les barricades, fabriquer des cartouches, couler du plomb.

22 h 30. Louis-Philippe connaît maintenant l'affaire des Capucines, sur laquelle Delessert vient donner des détails. Très affecté, le roi admet que la situation s'est terriblement aggravée. Il faut prendre des mesures. Et vite. Molé, où est Molé ? Le chef du gouvernement pressenti devait venir à 19 heures, mais on ne l'a pas vu. On le fait chercher.

Molé, à cette heure, se trouve encore chez Thiers, place Saint-Georges, où il apprend la fusillade de la bouche d'un de ses proches, qui arrive tout commotionné de s'être trouvé lui-même sur place. Molé demande à Thiers d'entrer dans son gouvernement, et s'entend répondre par celui-ci qu'il ne pourrait envisager d'en faire partie qu'à condition de le présider. Molé rentre chez lui. Le vieux légitimiste n'a pas envie de revoir Louis-Philippe. Il envoie un émissaire dire au roi qu'il renonce.

A l'État-Major, où se succèdent les mauvaises nouvelles et les donneurs de conseils, des généraux penchés sur des cartes marquent avec les épingles de couleur les points stratégiques de la ville. Les troupes, laissées sans ordres, ont tendance à se replier sur le Carrousel.

Chez Odilon Barrot, les députés qui sont sortis aux nouvelles reviennent les mains rouges du sang des blessés qu'ils ont secourus. Certains envisagent d'aller chez Louis-Philippe « pour demander sa déchéance ».

23 heures. Bien des gens jusqu'alors restés neutres s'engagent dans l'action. On entend sonner le tocsin à toutes les églises, battre la générale et le rappel ; tout ce qui reste d'armes chez les armuriers est enlevé, on somme les mairies d'ouvrir leurs dépôts. Le magasin d'armes de la rue Saint-Honoré est pris d'assaut malgré la résistance opiniâtre des gardes municipaux débordés par le nombre.

On renforce les barricades existantes, on en érige de nouvelles. L'une d'elles, rue du Temple, est attaquée par la troupe : un soldat est tué, deux sont blessés. Le poste du marché Saint-Martin est attaqué : tuant trois émeutiers et en blessant cinq, les Cipaux parviennent à s'enfuir. Peu avant minuit, la garde municipale doit évacuer sa caserne du faubourg Saint-Martin.

L'émeute à cette heure soulève Paris. Choix tragique, c'est à un bataillon du 14e de ligne — le régiment dans la fusillade des Capucines — que l'on confie la garde du point sensible que constitue la place du Palais-Royal, où se trouve, à quelques pas des écuries royales, le Château-d'Eau, véritable redoute tenue par les municipaux.

Un homme est tué rue de Valois. Un autre rue Croix-des-Petits-Champs. Il ne s'agit plus d'accidents.

Minuit. Du balcon qu'il occupe place Royale, aujourd'hui place des Vosges, Victor Hugo écoute le tocsin. Il vient de faire un tour dans le quartier. Il a vu dix canons place de Grève, des réverbères brisés, un Marais lugubre : « La place Royale, note-t-il, est gardée comme une place d'armes. Des troupes sont embusquées sous les arcades. Rue Saint-Louis, un bataillon est adossé silencieusement le long des murailles dans les ténèbres. »

Jeudi 24 février, 0 heure. Le roi, qui s'entretient avec Guizot, manifeste de l'humeur en apprenant la défection de Molé. Un gouvernement Thiers-Barrot est maintenant inévitable, avec Bugeaud pour en contrebalancer les imprudences ou la démagogie — le maréchal, d'ailleurs, est volontaire, et se fait fort de ramener rapidement les faubourgs dans le droit chemin. On l'envoie chercher, ainsi que Thiers.

On trouve Thiers chez lui. Il décide d'accepter la mission du roi de former le nouveau cabinet, mais à trois conditions : la participation d'Odilon Barrot, la réforme parlementaire et la dissolution de la Chambre. Tout à l'heure, il a partagé son repas avec des insurgés venus frapper à son hôtel sans le reconnaître ; il les a entendus clamer qu'ils ne voulaient plus du roi et a compris que la dynastie ne se sauvera qu'au prix de très larges concessions. Il quitte la place Saint-Georges pour les Tuileries.

1 heure du matin. Le maréchal Bugeaud, suivi d'une nuée de généraux, dont Lamoricière, arrive à l'État-Major des Tuileries pour y prendre le commandement qui vient de lui être confié. A soixante-quatre ans, *le père Bugeaud* est populaire chez les soldats, qui voient en lui le vainqueur d'Abd el-Kader, mais détesté des Parisiens : ceux-ci, en effet, lui imputent toujours la responsabilité du massacre de la rue Transnonain en 1834. C'est peu dire que sa nomination n'apaisera pas la rue.

A sa façon, il rappelle aux officiers présents, qu'il trouve abattus, résignés, que lui Bugeaud, n'a jamais été vaincu. Ni par l'ennemi, ni par l'émeute. Il promet une victoire rapide et évacue d'une phrase le problème que pose la fidélité de la Garde nationale. Et si elle ne collabore pas ?

— Eh bien, nous nous passerons d'elle.

Survient alors Thiers, qui sort de chez le roi. Le petit homme — visage carré, lunette ovales — est atterré. S'il a donné son accord sur le nom d'Odilon Barrot, Louis-Philippe ne veut pas entendre parler de la dissolution de la Chambre, ni de la moindre réforme électorale. Thiers se demande même s'il pourra dans ces conditions former un cabinet.

Bugeaud, lui, sait déjà qu'il ne pourra compter que sur les dix mille hommes massés au Carrousel — des hommes exténués, qui manquent de pain et disposent en moyenne de six cartouches chacun. Le reste de la troupe est dispersé dans Paris. Bugeaud ordonne qu'on fasse dormir les hommes de deux heures en deux heures pendant qu'il prépare son plan.

Son intention est de faire reprendre le centre et l'est de la capitale par quatre colonnes qui se mettront en marche au point du jour. La première, avec Sébastiani, ira rejoindre les troupes stationnées aux abords de l'Hôtel de Ville ; la deuxième, confiée au général Bedeau, doit reprendre les rues Montmartre et Poissonnière, puis les boulevards jusqu'à la Bastille, où stationne le général Duphot ; la troisième, que Bugeaud commandera lui-même, empêchera la reconstruction de barricades derrière les deux premières ; quant à la quatrième, aux ordres du colonel Brunet, elle se chargera de la rive gauche jusqu'au Panthéon. Les réserves et la cavalerie resteront au Carrousel et à la Concorde, c'est-à-dire à proximité immédiate des Tuileries.

La décision du militaire de passer à l'attaque affole les politiques. Chez Odilon Barrot l'indécis — d'après Falloux, l'homme « est rarement dans le secret de ce qu'il fait » — le ministère en voie de constitution s'oppose à la reprise des hostilités, et donc au plan Bugeaud. Plusieurs des ministres pressentis souhaitent que le commandement de la Garde nationale soit confié au général Lamoricière, chef prestigieux, ancien saint-simonien respecté, dont le nom contrebalancerait dans le peuple celui de Bugeaud. Il n'y a guère que Thiers qui défende la nomination de Bugeaud, indispensable selon lui en cas d'extrême menace — c'est-à-dire si les émeutiers tentaient de renverser la monarchie.

Dans les différentes salles de rédaction, on finit d'écrire les articles à paraître dans les éditions du matin, éditions d'autant plus délicates à boucler que les événements de la nuit sont encore mal connus : les journalistes ignorent par exemple l'intervention d'Antoine Padoue Giacomoni. Ce qui n'empêchera pas quatre nouveaux journaux — *La République, L'Harmonie universelle, La Voix du Peuple, Le Moniteur républicain* — de dater leur n° 1 du jeudi 24 février. Quoi qu'il en soit, les reportages et les éditoriaux sont composés et préparés pour l'impression.

Le Moniteur donne une version aussi plate que possible de la fusillade des Capucines : « ... Dans ce mouvement, un coup de fusil partit, et cette détonation produisit une panique, au milieu de laquelle les corps tirèrent les uns sur les autres. Ce déplorable accident, grossi par la malveillance, a occasionné de part et d'autre la mort de quelques hommes. Il est rare que, dans des mouvements si tumultueux et prolongés pendant la nuit, on n'ait pas à déplorer de si tristes accidents. »

Le *National* demande le licenciement de la garde municipale, l'éloignement des tirailleurs à Vincennes et la mise en accusation du ministère.

La *Réforme* n'enchérit pas, au contraire. Elle demande aussi la dissolution de la garde municipale, la libération des prisonniers et une amnistie générale, un banquet symbole du rétablissement du droit de réunion et, toujours, la réforme électorale : « Avec ces mesures, conclut le journal d'opposition, on rétablira l'ordre promptement. »

Vers 3 heures. Louis-Philippe, agacé, s'adresse à un aide de camp :

— Il faut faire taire ces polissons qui sonnent le tocsin !

Le roi, qui ne veut toujours pas entendre parler de dissoudre la Chambre — celle-ci lui va trop bien — propose à Thiers une formule pour gagner du temps :

— Je vais annoncer au *Moniteur* que je vous ai appelé. C'est un fait qui m'est acquis, et que je puis publier.

Les deux hommes, toujours en désaccord sur l'essentiel, s'entendent néanmoins pour publier dans la partie non officielle du *Moniteur* que le roi a demandé à Thiers et Barrot de composer un nouveau cabinet. La nomination de Bugeaud, en revanche, sera publiée dans la partie officielle du quotidien. Le texte est aussitôt porté à l'atelier de composition.

Il est près de 4 heures du matin quand Louis-Philippe va se coucher.

5 heures. Jean Terson aussi va se coucher, épuisé d'avoir passé la nuit avec ses amis républicains à consolider telle ou telle barricade.

Les compagnies du 14e de ligne impliquées dans la fusillade du boulevard des Capucines sont envoyées aux Tuileries.

Le maréchal Bugeaud, ses ordres donnés, profite du dernier

moment de calme avant l'action. Il fait des projets pour les jours à venir, quand il aura réduit l'émeute, écrit une lettre révélatrice : « Il y avait longtemps que j'avais prévu, mon cher Thiers, que nous serions tous les deux appelés à sauver la monarchie. Mon parti est pris, je brûle mes vaisseaux. [...] Quand j'aurai vaincu l'émeute, et nous la vaincrons, car l'inertie et le défaut de concours de la Garde nationale ne m'arrêteront pas, j'entrerai volontiers, comme ministre de la guerre, avec vous dans la formation d'un nouveau cabinet, à moins que l'impopularité prétendue qu'on me reproche ne soit un obstacle insurmontable... »

Chez Odilon Barrot, où l'on discute toujours, on regrette de n'avoir pu éviter la nomination de Bugeaud. Une liste de ministres, dont Lamoricière, est établie, et on convient d'aller voir le roi entre 7 et 8 heures.

5 h 30. Le maréchal Bugeaud assiste au départ des troupes. La première colonne, menée par Tiburce Sébastiani, s'engage dans la rue du Faubourg-Saint-Honoré en direction de l'Hôtel-de-Ville, tandis que la deuxième, aux ordres du général Bedeau, s'apprête à gagner les boulevards par les rues Richelieu, Vivienne, Feydeau et Montmartre.

Bugeaud recommande d'annoncer partout la création d'un ministère Thiers-Barrot, répète la façon de s'attaquer aux barricades. Au général Bedeau :

— Bedeau, vous m'enlèverez ça vigoureusement !

— Vous pouvez y compter !

6 heures. La troisième colonne passe sur la rive gauche. Par les quais, elle va gagner la rue des Saints-Pères.

Philippe Faure note dans son journal les nouvelles qui courent la ville : « Nous avions bien deviné la trahison de Louis-Philippe. Bugeaud commande la Garde nationale ! Molé n'est pas ministre, mais pour nous tromper encore, on parle de Thiers et de Barrot... »

Le peuple n'a pas perdu son temps pendant la nuit. Un

colonel du Génie a établi qu'en ce matin du 24 février, les rues de la capitale sont hérissées de 1 512 barricades, ayant nécessité l'arrachage de plus d'un million de pavés et l'abattage de plus de 4 000 arbres ! On a fondu des milliers de balles, confectionné des milliers de cartouches, fabriqué, pour remplacer la poudre, du fulmicoton avec un mélange d'acides nitrique et sulfurique. Tous les lieux propices aux charges de cavalerie ont été jonchés de tessons de bouteilles, de débris de verre et de vaisselle...

Tocqueville observe que les barricades sont construites « avec art » par un petit nombre de spécialistes, qui opèrent « comme de bons ouvriers qui veulent expédier vite et bien leur besogne », tandis que le public les regarde « placidement, sans désapprouver et sans aider ». Nul « bouillonnement », comme en 1830 : « Cette fois, on ne renversait pas le gouvernement, on le laissait tomber. »

7 heures. Louis-Philippe se lève. On lui apprend que les trois colonnes ont fait mouvement aux heures prévues.

C'est l'heure où la première d'entre elles, celle que conduit Sébastiani, arrive à l'Hôtel de Ville. Elle a participé, à l'angle Beaubourg-Rambuteau, à un bref engagement devant une barricade et essuyé, çà et là, des coups de feu blessant quelques hommes.

La colonne de Bedeau a investi sans coup férir plusieurs barricades et les a détruites. Elle a eu trois tués à l'embouchure du faubourg Montmartre. Elle poursuit sa marche.

Guizot entre dans le bureau où Bugeaud attend les rapports des estafettes. Le maréchal, qui ne se lève pas pour le saluer, l'accueille fraîchement :

— Vous voyez bien, monsieur, que je n'ai pas le temps de vous parler !

François Guizot l'historien est bien placé à ce moment pour mesurer l'ingratitude de l'Histoire envers ses serviteurs passés de mode.

A peine éveillé, Victor Hugo sort sur son balcon. Il voit

arriver en désordre, place des Vosges, « une colonne de peuple mêlé de Garde nationale », qui réclame leurs armes à une trentaine de Cipaux en faction devant la mairie du VIIIe. Ceux-ci refusent énergiquement jusqu'à ce que deux officiers de la Garde nationale les convainquent qu'il est fou de faire couler le sang, que toute résistance serait inutile. Ils cèdent, déposent fusils et munitions et disparaissent sans être inquiétés.

De la mairie, on vient chercher Victor Hugo, illustre voisin et pair de France. Le maire veut lui apprendre la « terrifiante nouvelle » de la fusillade des Capucines. Les informateurs se succèdent : on rapporte qu'à la mairie du IXe, rue Geoffroy-Lasnier, à côté, soldats et Gardes nationaux fraternisent et font patrouille ensemble, preuve de plus que la Garde nationale, décidément, prend parti contre le gouvernement. Deux messagers en blouse viennent successivement annoncer la prise de la caserne de Reuilly et la reddition de la caserne des Minimes. Tandis que le maire part aux renseignements, Hugo parcourt les rues voisines : « Partout on travaille activement aux barricades déjà formidables. » Il voit un soldat bavarder amicalement avec la « vedette » d'une barricade. Il comprend qu'il ne s'agit plus seulement d'une émeute. On ne sait même pas s'il y a encore un gouvernement.

7 h 30. Boulevard Montmartre, la colonne de Bedeau est arrêtée, à hauteur du Gymnase, par une énorme barricade « construite selon les règles de l'art et fortement gardée ». La foule s'amasse. Là va se livrer une épreuve lourde de conséquences. Négociations ? Bataille ? On en saura bientôt plus sur la suite des événements, et sur leur sens.

Des gens viennent demander à Bedeau de ne pas ordonner l'attaque. Le général, espérant désarmer toute hostilité, en profite pour annoncer le nouveau ministère. Mais on se méfie. Un fabricant du quartier, un certain Fauvelle-Delebarre, s'approche du général :

— Qui donc est ministre à cette heure ? demande-t-il.

— Messieurs Thiers et Odilon Barrot sont chargés de former un ministère.

— S'il n'existe pas de ministère, qui donc alors vous envoie ici ?

— Le maréchal Bugeaud.

Le nom détesté soulève une huée. Fauvelle-Delebarre fait une proposition au général :

— Accordez-moi une heure ! Faites-moi accompagner par un officier qui m'introduira auprès du maréchal Bugeaud... Je lui exposerai la situation dans laquelle vous vous trouvez... Je suis certain de vous rapporter l'ordre de ne pas tirer...

Bedeau hésite. Sorti à vingt ans de Saint-Cyr, il a accompli presque toute sa carrière en Algérie, dont il fut même gouverneur et qu'il vient juste de quitter. Cet homme de quarante-quatre ans, qui porte moustache et favoris, admire profondément Bugeaud mais ne partage pas sa haine du peuple. Placé, dans ce petit matin de février devant une barricade au cœur de Paris, le général hésite, d'autant qu'il sait ne pas pouvoir compter sur la Garde nationale et ignore si la situation générale a évolué. Incertain, mal à l'aise, craignant que ses soldats ne fassent preuve de trop, ou de trop peu de zèle, il accepte la proposition du fabricant.

Fauvelle-Delebarre et un officier partent pour les Tuileries, où ils arrivent hors d'haleine. Bugeaud les reçoit presque aussitôt. L'homme du boulevard, encouragé du regard par Thiers et par le duc de Nemours, insiste pour que la troupe n'attaque pas les barricades :

— Rien n'est encore perdu, plaide-t-il. Mais si le sang est versé, le peuple ne mettra plus de bornes à sa vengeance...

Bugeaud répond d'un ton sec qu'il va en délibérer. Le doute le gagne. C'est bien la première fois. Engagé volontaire à dix-neuf ans dans les grenadiers de la garde, fait caporal sur le champ de bataille d'Austerlitz en 1805, maréchal de France en 1843, glorieux vainqueur de l'Isly, Thomas-Robert Bugeaud est troublé. Il se concerte un moment avec le duc de Nemours, puis dicte un nouvel ordre à l'intention du général Bedeau :

« Mon cher général, mes dispositions sont modifiées. Annoncez partout que le feu cesse et que la Garde nationale prend le service de la police. Faites entendre des paroles de conciliation.

PS. Repliez-vous sur le Carrousel. »

Il remet aussi à Fauvelle-Delebarre un *Avis au public* où il annonce la formation du ministère Thiers-Barrot et sa propre nomination, demandant que le document soit lu devant toutes les barricades et affiché sur tous les murs de Paris dans les deux heures. Le communiqué est daté de 8 heures du matin.

Bugeaud l'invaincu vient de subir sa première défaite — mais le sait-il ? Son vainqueur : le nommé Fauvelle-Delebarre, honorable fabricant du quartier Montmartre...

8 heures. Le peuple profite de ces atermoiements. Il est, à cette heure, maître de presque toutes les mairies et de cinq casernes. Il occupe la porte Saint-Denis, la place des Victoires, la pointe Saint-Eustache. Le général Duphot, qui commandait à la Bastille, a, lui, abandonné la place pour se replier à Vincennes. Certaines barricades, s'élevant jusqu'au deuxième étage des immeubles, sont devenues de véritables ouvrages d'art militaire, crénelées, fermées pour l'assaillant mais permettant des sorties, les plus importantes étant même à l'épreuve du canon.

Maxime Du Camp, au réveil, apprend la fusillade des Capucines, qu'il a pris pour des jets de pétards. Flaubert et Bouilhet, qui ont dormi dans un hôtel voisin, viennent le chercher pour aller aux nouvelles. Au pied même de la maison, devant la boutique d'un marchand de vin, ils voient deux gamins fouiller à la recherche de cartouches les gibernes de deux soldats sans fusil et sans sabre qui se laissent faire sans protester. Du Camp est scandalisé. L'un des soldats remarque son étonnement :

— Eh oui, mon bourgeois, c'est comme ça ! Puisqu'on nous lâche, nous lâchons tout...

Le boulevard des Capucines est lugubre. Un homme entoure

à la craie une large flaque de sang qui a coulé jusque dans la rue Basse-du-Rempart. Il écrit : « Sang des victimes du despotisme. » Des femmes se signent.

Du Camp et ses amis prennent un rapide petit déjeuner. Au café Tortoni, ils écoutent parler Bourse : la rente a baissé hier et on se demande bien ce qui va se passer aujourd'hui. Sur le boulevard, ils voient des éléments de l'armée débandée s'en aller la crosse en l'air, distribuant leurs cartouches et criant « Vive la Réforme ! ». Ils sont boulevard des Italiens quand arrive, à cheval, Odilon Barrot en bourgeois, qu'accompagnent, parmi quelques députés, le général Lamoricière et Horace Vernet, le peintre préféré du roi, en colonel de la Garde nationale « tout chamarré de croix, de plaques et de cordons ».

Jugeant l'heure propice, sûr de sa popularité — un militant anonyme a même dans la nuit rebaptisé la rue de la Ferme, où il habite, rue du Père-du-Peuple ! — Odilon Barrot a en effet décidé de se rendre à l'Hôtel de Ville. Du haut de son cheval, il promène sur la foule un regard confiant, avant de comprendre, stupéfait, que les cris qu'il entend lui sont hostiles : « Le peuple est le maître !... A bas les endormeurs !... » Au bout du boulevard Bonne-Nouvelle, il prend la pose au flanc d'une barricade pour tenter une harangue. Une volée d'injures et de pierres l'interrompt, on le bouscule. Suivi des siens, il regagne piteusement la Madeleine.

Place des Vosges, le maire du VIIIe revient de l'Hôtel de Ville, où il a appris du préfet Rambuteau les décisions du roi. « Odilon Barrot, commente Victor Hugo, c'est la réforme, mais Bugeaud, c'est la répression. Le roi tend la main droite et tend le poing gauche. » Le maire du VIIIe part avec une escorte en faire l'annonce à la Bastille.

Le général Bedeau a reçu le contre-ordre de Bugeaud et commande le repli de sa colonne vers la Concorde. Sur les boulevards, la foule applaudit les soldats, les serre de près, les appelle à fraterniser tandis qu'ils se fraient difficilement un passage par les barricades qu'ils ont détruites deux heures plus tôt et qui sont déjà en partie reconstruites — les hommes qui les tiennent congratulent les soldats, les félicitent de n'avoir pas tiré, d'avoir évité la guerre civile.

Cavalerie et artillerie ont du mal à suivre. La colonne s'étire. Bedeau est déjà rue de la Paix lorsqu'à l'arrière, le peuple s'avise de vouloir dételer les canons. Un officier de la 2e légion de la Garde nationale exige qu'on les lui remette. « La crosse en l'air ! crie-t-on. La crosse en l'air ! » Déroutés, les artilleurs remettent les canons aux officiers de la Garde nationale.

Tocqueville, qui se trouve sur le boulevard avec son frère, voit les soldats marcher « en désordre, la tête basse, d'un air à la fois honteux et craintif ». Dès que l'un d'entre eux, remarque-t-il, s'écarte un peu, il se trouve « aussitôt entouré, saisi, embrassé, désarmé et renvoyé, tout cela en un clin d'œil ».

Bedeau, à l'avant, apprend ce qui se passe dans son dos. Très ému, il s'adresse au fabricant Fauvelle-Delebarre, qui ne le quitte plus :

— Au nom du ciel, si vous avez quelque autorité sur les hommes du peuple, faites-leur comprendre qu'ils déshonorent le soldat en pillant ses munitions. Empêchez cela à tout prix ! Le peuple ne peut pas vouloir humilier l'armée...

Tocqueville, qui connaît le général Bedeau, va échanger quelques mots avec lui. La foule les entoure, les presse, inquiétante. Tocqueville annonce pour se sortir de là qu'il se rend à la Chambre :

— Vive la Réforme ! ajoute-t-il pour bien montrer qu'il est de l'opposition.

Il remarque qu'un homme l'observe avec méfiance.

— Vous savez que le ministère Guizot est chassé ? lui demande Tocqueville.

— Oui, je le sais, répond l'autre d'un air goguenard, mais nous voulons mieux que cela !

Et il montre les Tuileries.

Au moment où Bedeau arrive à la Concorde avec sa colonne

en retraite, un incident éclate devant l'ambassade ottomane, à l'entrée de l'avenue Gabriel. La foule paraît prête à faire un mauvais parti à une vingtaine de municipaux, qui tirent pour se défendre, faisant plusieurs morts et blessés. Le général Bedeau se précipite. Sa casquette à la main, il tente de s'interposer. Nouvelle décharge. « Trahison ! Trahison ! » crie-t-on. La foule, folle de colère, écroule le poste de garde, attaque les hommes à la baïonnette, au sabre ou à la hache.

Le sergent Fouquet, qui commande le poste, est atteint de plusieurs coups de hache. Il parvient pourtant à gagner le poste de municipaux le plus proche, près du pont tournant, qui, pour le protéger, ordonne le feu. Tir malheureux qui fait plusieurs victimes, dont un député, Jolivet, qui espérait trouver un refuge dans le jardin des Tuileries. Pour éviter le pire, un officier d'État-Major se précipite au poste du bord de l'eau et parvient à convaincre les municipaux de jeter leurs fusils à la Seine et de se réfugier à la Chambre par les souterrains.

Le général Bedeau, parti à l'aube reconquérir Paris, en est réduit à faire enfouir subrepticement, pour que les insurgés n'en puissent tirer parti, le corps du député Jolivet dans le sable du rivage...

9 heures. Aux Tuileries, le roi finit par céder aux insistantes pressions de son fils le duc de Nemours, de Thiers, de l'homme de presse Girardin et des membres du nouveau cabinet en formation : il accorde la dissolution de la Chambre et la nomination du général Lamoricière à la tête de la Garde nationale. On fait imprimer des proclamations — que des républicains vigilants feront arracher à mesure qu'on les collera.

Apparaît en revanche sur les murs de Paris un placard laconique signé Flocon : « *Louis-Philippe vous fait assassiner comme Charles X*, dit le texte, *qu'il aille rejoindre Charles X !* » Les républicains ne se cachent plus. Caussidière, Lagrange, Etienne Arago, Sobrier et les autres courent les barricades, portant des mots d'ordre, exaltant l'ardeur des combattants, luttant contre les tentatives d'apaisement. Ils ont compris que le pouvoir se défait. Pour eux, cela signifie qu'est venu le temps de la République.

Ah ! le grand vilain mot, tabou depuis des années, qui vous faisait jeter en prison rien qu'à le prononcer. Jean Terson, de l'époque où il travaillait à Lyon dans un atelier de tourneur sur métaux douze heures par jour, se rappelle le maître ouvrier qui se moquait de ses mains blanches d'ancien curé :

— Je sais que vous, les saint-simoniens, vous êtes des bourgeois et que c'est pour la frime que vous demandez de l'occupation dans nos ateliers.

— Que voulez-vous dire ?

— Vous le savez bien ! C'est inutile de vous en cacher avec moi, puisque je suis *de la chose*, comme vous.

— Vous êtes saint-simonien ?

— Quand vous m'aurez expliqué *la chose*, je ne dis pas non... Que le mot de passe soit République ou Saint-Simon, peu importe, pourvu que nous fassions tomber la poire !

La chose, Baudelaire l'a reconnue au cœur des hommes, riche de toutes les promesses de la liberté, de l'égalité et de la fraternité. C'est ce qu'il appelle « le goût infini de la République »...

Le maire du VIIIe et son cortège, partis annoncer à la Bastille la formation du ministère Thiers-Barrot, rentrent « émus et en désordre ». Le maire a un trou à son chapeau neuf. Il explique à Victor Hugo que les ouvriers demandaient amicalement aux soldats de leur livrer leurs armes, que les soldats résistaient, qu'un coup de feu est parti, qu'une fusillade a éclaté... Cinq ou six morts ou blessés... Les soldats épouvantés ont alors levé la crosse en l'air en criant « Vive la Garde nationale ! ». Le général Duphot, impuissant à maîtriser ses hommes, s'est replié sur Vincennes...

Les élèves de Polytechnique, consignés depuis deux jours, décident de prendre part au mouvement. Ils revêtent leurs uniformes, forcent les portes de l'École et vont se présenter à la mairie du XIIe, rue Saint-Jacques, depuis deux heures aux mains des réformistes. On leur demande de se constituer en détachements et d'aller se mettre à la disposition des mairies.

Ils sont déjà partis quand Philippe Faure, fidèle à ses itinéraires habituels, se dirige vers la place du Panthéon. Il passe devant Polytechnique alors qu'un poste de ligne refuse de livrer ses armes. Confusion. Un coup de feu isolé, puis « trois décharges coup sur coup ». Sept ou huit personnes tombent autour de Philippe Faure, tandis que la Garde nationale et des élèves prennent le contrôle de l'École.

Place du Panthéon, les soldats du 55e refusent de la même façon de livrer leurs armes. Leur commandant exhorte les civils :

— Nous sommes des militaires français. Nous nous ferons hacher avant de rendre nos armes. Nous vous promettons de rester neutres, cela doit vous suffire ! [...] Vous êtes des gens de cœur, que feriez-vous à notre place ?

La dignité du discours ne convainc pas la foule, mais Philippe Faure et quelques autres parviennent à l'entraîner rue Saint-Jacques, où il faut renforcer les barricades.

Du Camp, Flaubert et Bouilhet, rue du Helder, dans le quartier de la Chaussée d'Antin, regardent des gens du peuple se presser contre la porte entrebâillée de l'armurerie Devisme : une main anonyme leur distribue par l'ouverture « des lames de sabre non montées » dont ils se contentent. De l'autre côté du boulevard, une forte colonne d'insurgés armés suit en bon ordre un tambour de la Garde nationale qui bat la charge.

Du Camp et ses amis suivent le cortège, qui s'engage rue de la Paix en criant : « Aux Tuileries ! » Place Vendôme, les tambours battent aux champs pour une improvisation stupéfiante : on agite les casquettes, on brandit les armes, et une immense ovation monte vers la statue de bronze qui surmonte la colonne : « Vive l'Empereur ! »

Difficile, décidément, de s'y retrouver. S'agit-il encore du mouvement pour la réforme ? D'une simple émeute ? Hier au soir, ces retraites aux flambeaux, ces cortèges unanimes, ces bourgeois et ces ouvriers se donnant le bras, défiant l'ordre et reprenant d'une même voix des refrains séditieux, illuminant la nuit noire d'hiver et, des étoiles au bout des doigts, laissant dans la ville un sillage ébloui, c'était certainement une fête, un moment heureux arraché à l'oppressante fatalité des jours, l'occasion toujours bonne à prendre de faire un peu la loi — chacun son tour, après tout. Quand le sang a coulé sur le boulevard, la fête a brutalement basculé. En révolte ? En insurrection ? Ou bien est-ce déjà la révolution ?

10 heures. Louis-Philippe déjeune en famille dans la galerie de Diane. On annonce MM. de Rémusat et Duvergier de Hauranne. Le roi les fait entrer et les convie à prendre place à table. Mais les deux visiteurs n'ont pas le cœur à manger.

— Que se passe-t-il ? demande Louis-Philippe à Rémusat en l'entraînant dans l'embrasure d'une fenêtre.

— Sire, répond Rémusat à voix basse, il n'y a pas un instant à perdre. L'émeute triomphe sur tous les points, elle avance à pas de géant. [...] Avant une heure, il est probable que les Tuileries seront attaquées. La vie du roi est en danger...

La reine, les princes, les princesses comprennent, à la mine du roi, que la situation est grave. D'autres visiteurs entrent maintenant sans même se faire annoncer. On apprend que la colonne Bedeau a mis la crosse en l'air. Thiers conseille de se replier sur Saint-Cloud, Louis-Philippe préférerait Vincennes. A cette heure, le roi devait passer les troupes en revue. Pour le moment, lui dit-on, la Concorde est calme. Alors va pour la revue !

Louis-Philippe, impassible, comme absent, revêt son uniforme d'officier général de la Garde nationale, passe le grand cordon de la Légion d'honneur. On aide le vieil homme à se mettre en selle sur un cheval caparaçonné de franges et de crépines d'or. A la gauche du roi, ses fils et le maréchal Leroux. A sa droite, le général Lamoricière, qu'il vient de nommer à l'instant à la tête de la Garde nationale et qui porte, sur un pantalon gris et des guêtres, une capote de Garde nationale attrapée au vol à l'État-Major. A-t-il enfin compris, le roi, que dans cette cruelle partie, il n'est rien sans sa chère Garde, cette classe moyenne qui lui a donné son assise et dont il a fait la fortune ? Mais qui peut penser qu'il soit encore possible de rallier la Garde ? L'uniforme dépareillé de Lamoricière en dit assez sur l'improvisation de la mesure.

Dans le désordre général, le peuple de Paris s'en prend maintenant à l'octroi et aux péages, dont les multiples postes de perception symbolisent parfaitement l'entrave permanente aux libertés de circulation des personnes et des biens.

Le bureau de péage du pont d'Austerlitz a été parmi les premiers brûlés, puis on s'en est pris aux roulettes des barrières de Clichy et de Saint-Denis, puis aux postes de Ménilmontant, de la place du Trône, de Picpus, de la Rapée... A Charenton et porte d'Italie, les ponts à bascule ont été brûlés... Le tablier du pont suspendu qui relie la pointe de l'île Saint-Louis au pont des Célestins, bureau de recette incendié, s'écroule dans la Seine, ses chaînes enduites de goudron s'étant rompues sous l'action des flammes. Même chose pour le pont Louis-Philippe — un symbole — qui joignait les deux rives à la pointe occidentale de l'île Saint-Louis...

Philippe Faure, venant de la rive gauche, arrive au pont d'Arcole au moment où les émeutiers brisent le bureau du péage. Un lieutenant et lui s'interposent « pour engager les citoyens à maintenir les communications et à ne pas détruire le pont lui-même ». On les écoute et on va brûler sur le quai des débris de la baraque du péage.

A l'Hôtel de Ville, le préfet Rambuteau, qui délibère avec Sébastiani, des généraux et des conseillers, voit entrer dans son bureau un officier de la Garde nationale, le capitaine Jourdan de la 8e légion escorté de quelques élèves de Polytechnique.

— Lequel d'entre vous, messieurs, demande Jourdan, est le préfet ?

Rambuteau s'avance. Jourdan reprend :

— Le peuple est maître des faubourgs. La Garde nationale est avec le peuple. Je viens au nom du peuple m'emparer de l'Hôtel de Ville. Vous n'avez plus d'ordres à donner ici.

Rambuteau se laisse tomber sur un canapé :

— En ce cas, ma responsabilité cesse, et je me retire.

Généraux et conseillers du préfet sont décontenancés. Jourdan ajoute :

— Mais il faut me faire reconnaître par vos employés !

— Il ne manquerait plus que ça ! proteste Rambuteau.

Le préfet et les officiels qui sont là doivent se rendre à l'évidence : dans la confusion générale, les émeutiers ont pris l'Hôtel de Ville ! Chenu, le républicain juste arrivé de Hollande, un dur, a dans l'affaire été blessé au côté et à la cheville, ce qui ne l'a pas empêché de mettre la main sur deux canons. Il les laisse sous la garde de ses amis et court à *La Réforme* annoncer que le peuple est à l'Hôtel de Ville.

Chenu trouve Flocon au café, en uniforme de Garde national, fumant sa pipe, son « fusil vierge » sous le bras :

— Voilà qui change terriblement les affaires, juge Flocon sans s'émouvoir outre mesure. Il faut nommer un gouvernement provisoire.

C'est alors qu'on vient annoncer qu'« un combat terrible » se prépare place du Palais-Royal, où la troupe, retranchée dans le poste du Château-d'Eau, s'apprête à opposer une résistance désespérée.

— Qu'on les mitraille ! dit quelqu'un.

On charge en conséquence Chenu d'y conduire les deux canons de l'Hôtel de Ville et on lui signe un ordre de mission :

> « Citoyens, on massacre nos frères sur la place du Palais-Royal. Nous autorisons le citoyen Chenu, porteur de cette lettre, à y faire conduire les deux canons qui sont en votre pouvoir, afin d'en finir promptement avec les derniers défenseurs du tyran Louis-Philippe. »

Pendant ce temps, dissimulant son uniforme de général

sous un ample manteau, un homme quitte l'Hôtel de Ville aussi discrètement que possible. C'est l'un des favoris de la Cour, ami personnel du roi : l'ancien commandant de la garnison de Paris Tiburce Sébastiani.

Duchâtel et Guizot quittent tout aussi discrètement — par les jardins — le ministère de l'Intérieur. Ils suivent Mme Duchâtel, qui les conduit dans une maison amie, 27 rue Vaneau.

A l'Arc de triomphe du Carrousel, le roi a commencé la revue des troupes. Rétives, les troupes ; tendues, maussades, attentives aux fusillades qu'on entend dans la ville et qui annoncent d'autres affrontements. Louis-Philippe écourte la revue et rentre en son palais.

Chenu trouve à l'Hôtel de Ville « une foule compacte, ivre de joie et de vin ». Des hommes et des femmes sont grimpés sur ses canons, toujours attelés, et se font promener autour de la place. Ne pouvant se faire entendre, brandissant en vain son ordre de mission, Chenu, « dégoûté », s'en va.

Delahodde le traître n'est jamais loin. Il se trouve précisément parmi ces « milliers d'individus » qui se sont armés dans le pillage de l'Hôtel de Ville, et qui tirent en l'air pour « fêter leur victoire »... Il dénonce la « populace livrée à une saturnale hideuse », couche sur son rapport « des gamins de Paris, ces affreux petits monstres enfourchant des chevaux morts, des héros débraillés s'avançant bras-dessus bras-dessous en hurlant les couplets de *La Marseillaise*, une fille publique grimpée sur un canon haranguant la foule en termes immondes »...

A l'intérieur de l'Hôtel de Ville, un employé se déploie courageusement pour sauver sa bibliothèque du pillage :

— Mais ce sont vos livres à vous ! plaide-t-il. Au peuple ! Vous pouvez les lire quand vous le voulez !

Un ouvrier converti écrit sur la porte : « Respect aux arts et aux sciences. »

11 h 30. Place du Palais-Royal, à deux pas des Tuileries. Au débouché des rues Saint-Thomas-du-Louvre, de Chartres et

Froid-Manteau, se dresse le Château-d'Eau, dernier verrou protégeant le roi : une construction du début du XVIIIe, façade à colonnes, deux étages sur quarante mètres de long et deux ailes latérales percées chacune de trois fenêtres. Seul accès : une porte étroite, basse, renforcée de lames de fer, en haut de l'escalier de plusieurs marches qui court tout le long de la façade. Seules ouvertures : des meurtrières et des fenêtres munies d'une double rangée de barreaux. En vérité, c'est une redoute.

Les municipaux qui l'occupaient cette nuit ont été relevés, on l'a vu, par la 3e compagnie du 14e de ligne — le régiment impliqué dans la fusillade des Capucines. Le capitaine Soupault, qui la commande, a fait évacuer vers les Tuileries les encombrants Cipaux puis, pour bien marquer ses intentions pacifiques — il espère être bientôt relevé lui-même par la Garde nationale — il commande de remettre la baïonnette au fourreau et fait rentrer, l'arme au bras, le gros de sa compagnie à l'intérieur du poste.

Etienne Arago et Lagrange tentent de convaincre un jeune lieutenant d'évacuer le poste et de rendre les armes :

— Vous me proposez le déshonneur, répond le lieutenant. Nous périrons tous ici plutôt que de rendre nos armes !

On dirait que tous les Parisiens maintenant sont au Château-d'Eau, envahissant la place, couvrant les marches, serrant de près les soldats, les cajolant pour leur arracher leurs fusils. C'est alors que paraît le général Lamoricière, à cheval, toujours dans son uniforme de fortune. On le met en joue, il parlemente, se porte garant de la bonne volonté du roi, qui l'a nommé à la tête de la Garde nationale. Mais ses interlocuteurs, « de plus en plus vifs », en sont déjà à lui parler du suffrage universel :

— Il faut que Louis-Philippe abdique !

On s'aperçoit alors que rien ne prouve que le roi a réellement nommé Lamoricière à la tête de la Garde. D'autant qu'on lui présente la proclamation distribuée le matin même par Bugeaud pour annoncer sa propre nomination. « Menacé, entouré, couché en joue », Lamoricière doit retourner aux Tuileries chercher un ordre signé du roi. Il fait demi-tour, laissant à deux de ses officiers d'État-Major la charge de convaincre le capitaine Soupault d'évacuer le poste. Etienne Arago lui confirme au passage :

— Maintenant, il nous faut autre chose !

Au palais, « les postes dégarnis, les consignes abandonnées, les portes ouvertes » donnent passage à tout venant, politiques, militaires, journalistes. Lamoricière répète au roi que le peuple veut « autre chose ».

— « Autre chose », monsieur de Lamoricière, c'est mon abdication ! Et comme je ne leur donnerai qu'avec ma vie, ils ne l'auront pas !

Le roi est accablé de conseils et de suggestions. Thiers propose sa démission et une présidence d'Odilon Barrot, un autre voudrait remplacer Bugeaud par le vieux maréchal Gérard, ou par Lamoricière. Survient Émile de Girardin, « l'œil animé, le geste décidé, un carré de papier à la main ». A ce moment une fusillade retentit vers le Palais-Royal.

Midi. Sur les marches du Château-d'Eau, le capitaine Soupault, très sensible à la pression de cette foule à bout portant, s'est enfin laissé fléchir — ne lui a-t-on pas donné l'ordre d'éviter de faire couler le sang ? Oui, a-t-il dit, il est prêt à remettre ses armes au peuple et à se faire remplacer dans la redoute par la Garde nationale, étant convenu que la retraite des soldats du 14e sera protégée jusqu'aux Tuileries. « Vive la ligne ! a-t-on crié, vive le capitaine ! » Les Gardes nationaux se sont avancés pour relever la compagnie du capitaine Soupault.

Mais deux coups de feu alors ont été tirés en direction du poste, auxquels ont répondu aussitôt deux coups de feu partis du fond du corps de garde. Les balles ont traversé les bonnets à poil de deux grenadiers de la Garde nationale. La foule a reflué, terrifiée, des Gardes et des ouvriers entraînant à l'abri le capitaine Soupault et deux officiers. C'est alors que la fusillade générale a éclaté.

Les insurgés se sont retranchés derrière les barricades des rues de Valois et Saint-Honoré, derrière les colonnes du Palais-Royal ou dans l'embrasure des portes. A leur feu roulant, le poste répond par les meurtrières « avec une rage aveugle et désespérée ».

Le vacarme de la fusillade attire bientôt des milliers de curieux circulant au hasard des quartiers voisins, où les cafés et débits de boissons, restés ouverts, font des affaires. Du Camp et Flaubert arrivent des boulevards, se perdent dans la foule, ne se retrouvent que parce que Flaubert, homme de haute taille, est « reconnaissable de loin ». Ils s'arrêtent entre la rue du Rempart et la rue de Richelieu, à côté d'une pharmacie : de là, ils voient le Château-d'Eau et ses abords. Ils sont bien placés.

Si bien d'ailleurs qu'un homme frappé d'une balle s'affaisse à leurs pieds. D'où ils sont, ils distinguent, derrière les fenêtres à barreaux, les soldats qui rechargent leurs armes, visent et tirent, repoussant ainsi, par exemple, un assaut de forts-des-halles, reconnaissables à leurs grands chapeaux. Maxime Du Camp salue au passage l'honneur des soldats, « humbles serviteurs de la discipline et du devoir, qui allaient mourir pour un souverain dont ils ne se souciaient guère... ».

Une compagnie de Gardes nationaux tente de s'interposer. Les balles aussitôt sifflent autour des shakos à pompon rouge. La compagnie « tourbillonne sur elle-même » et s'esquive. Des troupes continuent d'affluer, laissant, aux points les plus exposées, d'« incessantes alluvions de combattants ».

Au palais, Émile de Girardin, l'homme de presse avisé qui a eu l'idée de faire payer son journal par la publicité, est arrivé jusqu'au roi. Il veut sauver ce qui peut encore l'être :

— On a fait perdre à Votre Majesté un temps précieux, dit-il. [...] On ne veut déjà plus de M. Thiers ni de M. Barrot...

— Que faire donc ? lui demande Louis-Philippe.

— Abdiquer sire ! Abdiquer en faveur de la régence de

Madame la duchesse d'Orléans. On ne veut pas du duc de Nemours.

Le duc de Montpensier soutient aussitôt la suggestion du journaliste. Très abattu, le vieillard qui règne depuis maintenant dix-huit ans fait l'impression d'« un homme à demi-noyé qui se laisse emporter par le courant qui l'entraîne ».

— J'ai toujours été un prince pacifique, dit-il à mots lents... J'abdique !

Il se lève et passe dans le salon voisin annoncer sa décision à la reine et aux princesses. Marie-Amélie tente de le faire changer d'avis. Elle apostrophe l'entourage :

— Je ne comprends pas qu'on abandonne le roi dans un semblable moment. Vous vous en repentirez !

Louis-Philippe a un mouvement pour reprendre son abdication — « Je n'ai encore rien signé ! » — mais la nouvelle a déjà filé. Et la fusillade semble se rapprocher.

— Je croyais, dit mollement le roi, qu'on pouvait défendre les Tuileries...

Entre alors le vieux maréchal Gérard en tenue de deuil. La famille royale lui demande d'aller annoncer l'abdication du roi, et de prononcer des paroles de paix pour faire cesser les combats. Il accepte. On lui donne le cheval du roi et on lui met dans la main un rameau vert en symbole de paix. Mais il faudrait un document, un papier, quelque chose à lire aux insurgés. Qu'à cela ne tienne : que le maréchal se mette en chemin, on le rattrapera avec le document.

Le duc de Montpensier bouscule un peu son père, qui s'assied, prend une plume d'acier et une feuille blanche. Lentement, de sa grosse écriture, il écrit :

« *J'abdique cette couronne, que la voix nationale m'avait appelé à porter, en faveur...*

— Dépêchez-vous, sire, dit quelqu'un, on se fusille déjà sur la place du Carrousel.

— Donnez-moi le temps ! Il en arrivera ce qui pourra, je ne puis aller plus vite !

« ... de mon petit-fils le comte de Paris.

« Puisse-t-il réussir dans la grande tâche qui lui échoit aujourd'hui.

« Ce 24 février 1848,

Louis-Philippe. »

Aussitôt, un officier d'artillerie à cheval part pour transmettre le papier au maréchal Gérard. Progressant avec peine dans la foule, il arrive à deux mètres du maréchal, se dresse sur ses étriers et lui tend l'acte d'abdication. Mais un officier de la Garde nationale, Aubert Roche, lance la main et s'en empare. Il lit, puis hurle à la cantonade :

— L'abdication de Louis-Philippe ! L'abdication de Louis-Philippe !

Considérant que cet acte revient au peuple, il refuse de le donner au maréchal et le tend à Lagrange, le républicain, un homme très maigre, les joues creuses, les cheveux longs, qui le garde. Le vénérable maréchal en tenue de deuil, le rameau de buis à la main, son cheval, tenu à la bouche par deux hommes, précédé d'un trompette, s'avance avec peine dans la cohue — fumée, coups de feu, appels de blessés, couplets vibrants, assauts, replis. Il n'a plus rien à lire. Du Camp et Flaubert, de leur poste d'observation, le voient tenter en vain de prendre la parole, y renoncer et faire demi-tour.

En se dressant sur la pointe des pieds, Du Camp aperçoit le général Lamoricière, qui revient par la rue de Chartres, traversant la place, s'approcher du Château-d'Eau, essayer lui aussi de parler. Mais on ne sait qui il est. On le reconnaît d'autant moins qu'on le croit encore en Algérie. Il agite son chapeau et son mouchoir pour obtenir qu'on l'écoute, mais on croit que ses gestes commandent le feu de la redoute et il est pris à partie par les insurgés : « Un homme du peuple me manqua à bout portant tandis qu'un autre me traversait le bras d'un coup de baïonnette », racontera-t-il deux jours plus tard.

Devant le sang-froid du général, un homme s'approche et lui tend la main :

— Parbleu ! Touchez là ! Si nous ne sommes pas tués et si nous nous rencontrons jamais, nous dînerons ensemble.

Et tandis que Lamoricière s'éloigne pour revenir par la rue du Musée, l'homme retourne avec les siens. C'est Lagrange, le républicain qui a détourné l'acte d'abdication de Louis-Philippe.

Pendant ce temps, Chenu et « des forces imposantes », sapeurs en tête, tambours battant la charge, foncent à la préfecture de police délivrer leurs amis prisonniers. Le préfet Delessert, qui vient d'apprendre l'abdication du roi, tente en vain d'amadouer les insurgés en leur faisant passer des armes par une porte entrouverte, puis se résout à céder la place à un officier de la Garde nationale, scandalisant les gardes municipaux, dont trois cents cavaliers, en position dans la cour et qui refusent de déposer les armes.

Chenu et les siens se précipitent. Le sang va couler quand un des insurgés s'avance, seul, levant son sabre pour détourner les fusils :

— Bas les armes ! Si vous faites un mouvement, le peuple va vous écharper !

Pressés, bousculés, suppliés, les Cipaux doivent renoncer à se battre, mais brisent leurs fusils, vident leur gibernes, déchirent leurs cartouches. On convient qu'ils sortiront en colonne et que les Gardes nationaux les convoieront jusqu'à Vincennes. On ouvre grand les portes. La colonne s'engage dans la foule. Climat tendu. Soudain, de la barricade du quai aux Fleurs partent quelques coups de feu, tuant net une femme et un Garde national.

Panique, pagaille indescriptible, victimes piétinées, écrasées : des dizaines de Cipaux y trouvent la mort — ce seront les dernières victimes des journées de Février. Les autres sont désarmés, on leur distribue des blouses et des bourgerons pour qu'ils puissent disparaître sans se faire « écharper » par le peuple en colère, tandis que survient une nouvelle bande — elle vient de piller les caves des Tuileries et échange de force avec les soldats fusils, cartouches et shakos contre jambons et victuailles...

Chenu et ses hommes font libérer leurs amis arrêtés la veille, dont l'ineffable Pornin à la jambe de bois, pendard, braillard et soiffard, compagnon de Caussidière.

Un peu partout dans Paris on « pactise avec le peuple », comme dit la comtesse de Boigne avec une moue de dégoût, ajoutant que « c'est là un des plus hideux spectacles auquel les gens paisibles puissent être condamnés à assister ». Et elle décrit la « foule de bandits atroces, de mégères échevelées et moitié nues, échappées de Saint-Lazare, dont le peuple a forcé les portes, et escortant avec des vociférations infâmes une troupe de cavaliers sans armes, la plupart têtes nues, tandis que des gamins déguenillés portent leurs carabines et leurs coiffures... ».

Lamoricière revient vers le Château-d'Eau par la rue du Musée. Cette fois, l'accompagne un aide de camp qui s'égosille dans le vacarme :

— Écoutez le général de Lamoricière !

Un des rares à l'entendre est Jean Terson, qui se trouve juste à côté. Lamoricière, il a naguère entendu ce nom dans les cercles saint-simoniens :

— Général, l'appelle-t-il en lui tendant la main, je suis Terson.

Lamoricière aussi reconnaît le nom, attrape la main de Terson, la serre vivement :

— Ancien saint-simonien !... Aidez-moi, mon cher ami, à me faire écouter !

— La population est exaspérée...

— Mais tout est fini ! proteste Lamoricière.

Un émeutier intervient :

— Non, général, tout n'est pas fini... Le Château-d'Eau tire sur le peuple !

— Ami Terson, et vous aussi, ajoute Lamoricière à l'intention de l'homme qui vient de parler, je vais donner l'ordre de cesser le feu. Aidez-moi à traverser la foule !

Terson gravit avec Lamoricière, toujours à cheval, les quelques marches conduisant à la petite porte de fer. La porte s'entrouvre. Paraît un officier au visage de « charbon ardent ». Lamoricière a à peine le temps de dire quelques mots que l'autre lui claque la porte au nez. Le général recule, fait signe à Terson de descendre. Terson se jette dans la partie de l'escalier qui est à l'abri. Aussitôt une décharge partie des « créneaux de cette espèce de fort » balaie la place, couchant plusieurs personnes. Terson voit un « enfant de Paris », de quatorze à quinze ans, en bras de chemise, nu-tête, la poitrine labourée par une balle, chanter *La Marseillaise* tandis que deux hommes le portent dans une pharmacie. Un capitaine de la Garde nationale, un mouchoir au bout de son épée, qui court vers le poste pour mettre fin au combat, est fauché dans son élan. Une jeune et jolie femme brave la mitraille pour s'occuper des blessés : Mlle Lopez, actrice de l'Odéon.

Dans la confusion générale, Terson trouve un autre saint-simonien du temps des croisades dans le midi, Napoléon Chancel, le fusil à la main, qui l'embrasse en criant « Vive la République ! ».

Lamoricière, de son côté, ne s'en tire pas aussi bien. Son cheval est tué sous lui, il tombe la tête sur les dalles. On croit toujours que c'est lui qui a commandé le feu des lignards, et des furieux se précipitent, l'un d'eux le cloue au mur d'un coup de baïonnette quand un de ses « vieux africains » le reconnaît, détourne le fusil et conduit le général chez le marchand de vin le plus proche — où se trouve déjà, blessé et prisonnier, le général Perret. Lamoricière ne sortira qu'une heure plus tard, une fois de plus « avec des habits d'emprunt ».

12 h 30. Aux Tuileries, c'est la désolation. Valets affolés, portes qui battent. On a envoyé le piqueur Héron chercher des voitures aux écuries royales, rue Saint-Thomas-du-Louvre, non loin de l'endroit où l'on se bat. Le roi apprend coup sur coup les échecs de Gérard et de Lamoricière. Les voitures arrivent au Carrousel. Une détonation de plus : le piqueur Héron est abattu. Les insurgés le dépouillent de son costume chamarré et font faire demi-tour aux voitures.

L'avocat Crémieux, qui vient lui aussi d'échouer dans une tentative d'apaisement, surgit à l'improviste, en sueur, couvert de poussière, les vêtements déchirés :

— Le peuple vient !... Quelques minutes et il est ici...

Le roi quitte son grand cordon de la Légion d'honneur et revêt un habit bourgeois. Il demande sa montre, son portefeuille, le « petit trousseau de clefs qu'il porte habituellement ». Les enfants pleurent. On entraîne le roi et la reine par un couloir discret jusqu'au guichet du pavillon de l'Horloge. Les Gardes nationaux de la 1re légion — fidèle au pouvoir — présentent les armes. Le jardin est vide, terriblement silencieux. Les coups de feu, au loin, sont d'un autre monde.

12 h 40. Le roi et sa famille arrivent au pont tournant de la Concorde. Louis-Philippe a un mouvement d'horreur en découvrant le sang du député Jolivet abattu là dans la matinée.

Le peuple s'étant emparé des berlines royales, il n'y a, au pied de l'obélisque, que trois mauvaises voitures à un cheval. Le roi ouvre lui-même une portière : les princesses et les enfants remplissent la voiture.

— Descendez toutes ! ordonne-t-il.

Il monte, la reine le rejoint, puis les deux jeunes princes fils de Clémentine et un fils du duc de Nemours. Quinze personnes en tout s'entassent dans les trois voitures. Louis-Philippe, qui a récupéré in extremis un portefeuille oublié, s'impatiente :

— Partez ! Partez donc !

A-t-il compris que la résistance du Château-d'Eau, fixant l'émeute place du Palais-Royal, ne lui accordait qu'un moment de grâce ? Les voitures s'ébranlent, prennent le galop en direction du quai de Passy, escortées par deux escadrons de cuirassiers.

12 h 50. Ce roi en fuite laisse derrière lui dix-huit ans de règne et un palais ouvert à tous les vents de l'histoire — sans compter la princesse Caroline et la duchesse de Montpensier, enceinte, restées sur le pavé de la Concorde, et qui doivent aller chercher refuge ailleurs.

Un capitaine de la Garde nationale vient aux Tuileries suggérer au duc de Nemours d'évacuer rapidement les lieux. Et comme rien n'est simple, ce n'est autre qu'Aubert Roche, celui qui tout à l'heure a confisqué l'acte d'abdication du roi.

Bugeaud part à cheval, seul, dignement. Sans doute pense-t-il déjà ce qu'il dira un an plus tard, rencontrant par hasard le fabricant venu du boulevard pour arrêter l'avance de la colonne Bedeau :

— Je vous reconnais, monsieur Fauvelle-Delebarre. Vous nous avez fait bien du mal. J'aurais dû, sans vous écouter, vous faire chasser de ma présence, [...] défendre mon roi dans ses Tuileries et vous mitrailler tous sans merci. Louis-Philippe serait encore sur son trône et vous me porteriez aux nues à l'heure qu'il est. Mais que voulez-vous, j'étais harcelé, étourdi par un tas de poltrons et de courtisans. Ils m'avaient rendu imbécile comme eux !

Thiers passe à la Chambre. Très agité, hors d'haleine, il paraît avoir perdu tout contrôle de lui-même :

— La troupe n'empêchera pas le peuple de passer, la Chambre sera envahie, les députés seront égorgés...

Il s'épouvante lui-même de ce qu'il annonce :

— Le flot monte, monte, monte, dit-il encore en faisant monter vague après vague son chapeau au bout de son bras court.

On s'entretue toujours au Château-d'Eau. Chenu, revenu de la Préfecture, y retrouve Étienne Arago, Caussidière, Albert, le traître Delahodde, Jean Terson. Du Camp et Flaubert voient arriver par la rue Saint-Honoré une bande armée d'une cinquantaine de personnes : « En tête, marche une femme qui n'est couverte que d'une chemise et d'un jupon ; sa chevelure brune et très longue a roulé jusque sur ses reins ; elle marche dans des chaussons éculés et un de ses bas tombe en spirale autour de sa cheville ; ses bras, ses épaules et presque toute sa poitrine sont nus ; elle crie en brandissant un coutelas de boucher ; des hommes se jettent sur elle et l'embrassent ; elle ne s'en aperçoit même pas... » Derrière elle, montant un cheval harnaché d'officier supérieur, un gamin nu-bras, nu-pieds, un fusil à la main et, sur le crâne, le grand chapeau du piqueur Héron.

Quelqu'un a mis le feu aux voitures des écuries royales et, dans les premiers tourbillons de fumée, on les pousse devant le poste du Château-d'Eau. « Le feu ! Le feu au Château-d'Eau », braille maintenant la foule. Clameur folle venue du fond des mémoires, pleines de nuits en flammes et de justices sommaires. « Oui ! Oui ! Le feu ! » On amène maintenant des chariots de foin, des fagots, un tonneau d'esprit de vin. Le vent active les flammes, qui entrent par les fenêtres du poste.

— Allons-nous-en ! dit Maxime Du Camp, écœuré, à Flaubert.

Jean Terson est lui aussi horrifié : « Affreux spectacle ! Épouvantable atrocité dont il ne faut accuser que les fatalités des guerres civiles. Car sans chercher à justifier ceux qui allumèrent les criminelles flammes [...], je suis forcé de reconnaître que ce peuple, que sans motif aucun on a massacré hier et qu'aujourd'hui quelques fous furieux fusillent encore, ce peuple est dans son droit de légitime défense, et j'ajouterai même de légitime colère. »

Le lieutenant Peresse ouvre la petite porte de fer et veut sortir ; il tombe frappé de plusieurs balles. Derrière lui, les soldats quittent quand même le poste en courant, jetant leurs fusils et criant qu'ils se rendent. La foule rugit de victoire, puis, comprenant avec horreur de quelle victoire il s'agit, bascule tout aussitôt, lutte contre les flammes, va jusque dans le brasier chercher les blessés, les prend dans ses bras, les berce, les couche dans des rideaux de velours rouge, les porte sous la galerie du Palais-Royal, où des volontaires aux lèvres noires de poudre et de fumée soignent indifféremment les soldats du roi et ceux du peuple. Sans compter d'innombrables blessés, 11 soldats et 38 citoyens sont morts au combat pour le Château-d'Eau.

Du Camp et Flaubert apprennent d'un capitaine de la Garde tout excité que le roi a pris la fuite. Ils se précipitent vers les Tuileries et le pavillon de l'Horloge. Victor Hugo, lui, arrive de la Chambre par les quais ; à la demande d'Odilon Barrot, il cherche la duchesse d'Orléans, mère du successeur désigné, et donc régente. Mais la duchesse, qu'accompagnait le duc de Nemours, vient justement de quitter les Tuileries pour se rendre à la Chambre s'y faire reconnaître.

13 h 05. C'est l'heure que lit Maxime Du Camp à la pendule de la salle des maréchaux, où Flaubert et lui sont entrés à la suite de Gardes nationaux qu'ils ont trouvés dans la cour d'honneur, avec des serviteurs effarés. Au rez-de-chaussée du pavillon de l'Horloge, une table dressée — nappe blanche, cafetières d'argent au chiffre du roi, bols de lait, petits pains blancs :

— C'est notre banquet de la réforme ! dit quelqu'un.

Des émeutiers prennent place à table, se servent. D'autres visitent les appartements royaux, avec moins de haine que de curiosité. Du bois brûle encore dans les cheminées, ici un piano est resté ouvert, là des boules et des queues de billard semblent attendre que reprenne la partie interrompue pour cause de révolution. Salle des maréchaux, seul le portrait de Bugeaud a été lacéré, mais pour le reste, les visiteurs sont « fort respectueux ». Ces vainqueurs bien élevés sont partis dès le matin du Panthéon, conduits par un hardi capitaine du nom de Dunoyer. Ils ont besogné toute la matinée dans les rues de la rive gauche, se dispersent plus ou moins quand Dunoyer a décidé de passer la Seine pour aller aux Tuileries, seulement suivi d'une petite troupe.

Salle du trône, Du Camp et Flaubert voient « un homme assez bien vêtu » s'installer comme chez lui dans le grand fauteuil doré recouvert de velours rouge. Il prend la pose tandis que ses compagnons le saluent jusqu'à terre.

— Messieurs, dit-il en récitant avec emphase les premiers mots de la fameuse Adresse royale, c'est toujours avec un nouveau plaisir que je me trouve au milieu de vous !

Parmi les éclats de rire, et tandis que ses hommes, l'un derrière l'autre, s'assoient sur le trône, Dunoyer trace dans les moulure du fauteuil :

Le peuple de Paris à l'Europe entière,
Liberté, Égalité, Fraternité
24 février 1848.

Et tous ensemble crient « Vive la République ! »

A ce moment arrive Lagrange, le républicain qui a donné rendez-vous à Lamoricière s'ils en réchappaient. Lagrange est un politique. Les vêtements déchirés, la voix cassée d'avoir tant crié, il ne s'attarde pas à triompher ; pour lui, l'important, dans l'immédiat, c'est d'empêcher la régence :

— A la Chambre ! appelle-t-il.

La colonne Dunoyer sort par le guichet du pavillon de Flore et passe le pont Royal tandis que, de l'autre côté des Tuileries, surgit la première vague venue du Palais-Royal, où il n'y a plus rien à voir — « une rumeur énorme composée de vociférations et de froissements d'armes ». Du Camp et Flaubert descendent à contre-courant le grand escalier que la foule escalade au pas de charge avec des cris de mort et de victoire. Quelques détonations claquent : des glaces qu'on abat à coup de fusil ; il est 1 h 20, comme en témoigne une pendule alors fracassée. Dans le jardin, on tire sur les pigeons ramiers.

Une colonne approche en ordre militaire, des municipaux, sans armes, en « petite tenue ». Du Camp, derrière lui, entend qu'on arme des fusils. Flaubert et lui se précipitent vers les

Cipaux, leur tendent les mains, les embrassent en les appelant « frères égarés ». D'autres les imitent. Les vaincus sont sauvés.

Le temps de prêter l'oreille à quelques rumeurs — le général Bedeau aurait été tué devant la Chambre, Barrot et Guizot se seraient battus en duel, le duc de Montpensier se préparerait, depuis Vincennes, à bombarder Paris — les deux amis, se dirigeant vers le Palais-Royal par la rue de Rivoli, voient la valetaille du Château, debout dans le large chéneau des combles à lucarnes, déchirer ses livrées et s'en débarrasser en les jetant dans le jardin. Du Camp et Flaubert tournent le dos « avec dégoût ».

14 heures. Tout le monde est aux Tuileries. Chenu, toujours suivi d'une centaine de ses braves — selon Delahodde, « une bande d'émeutiers drapés, grimés et équipés selon les règles, fusil au poing, cartouchière aux flancs, poitrine débraillée, blouse sale, figure noire, œil ardent et tête entre deux vins » — n'y fait qu'un tour avant de se rendre à *La Réforme*. Delahodde retourne lui aussi au journal. En chemin, il croise Flocon, Caussidière, Albert.

— Où allez-vous ? demande-t-il.

— Prendre les Tuileries ! répond Flocon.

— C'est fait, leur apprend Delahodde. Vous arrivez trop tard. Je viens de voir un chiffonnier roulé dans les coussins du trône !

Embrassades, congratulations. On retourne à *La Réforme* discuter la composition du futur gouvernement.

Le jeune prolétaire Truquin, l'ancien marquis de Haute Misère, et le maçon creusois Martin Nadaud arrivent à leur tour pour visiter les appartements royaux, éprouvant les mêmes difficultés à se frayer un passage dans le grand escalier. « Ne touchez à rien ! entend crier Nadaud, mort aux voleurs ! »

On ne fait que peu de dégâts, on se contente surtout de châtier sélectivement les bustes et portraits de Louis-Philippe, de Soult, de Bugeaud. Encore une fois, la foule se donne une représentation. Ils jouent les princes, nos gueux au palais, font des mines, des ronds-de-jambe, se déguisent, essaient les sièges et les lits, s'apostrophent avec emphase — quel chahut dans la salle de spectacle ! — et s'inclinent très respectueusement devant une prostituée travestie en statue de la Liberté ; le triomphe fait aux putains, pauvres parmi les pauvres, c'est le signe le plus sûr que l'ordre du monde a changé.

Truquin sort du palais. Il s'approche d'un attroupement, voit qu'on accroche un écriteau dans le dos d'un jeune homme de son âge : « Fusillé pour avoir volé. » Il a dérobé un rouleau de ruban et 6 francs de monnaie. Un vieillard à barbe blanche s'interpose, plaide qu'il s'agit d'un enfantillage plus que d'un vol, parle de justice. Norbert Truquin et d'autres le soutiennent, mais rien n'y fait, la foule est trop excitée pour entendre raison. Et le jeune homme est fusillé.

Tandis que les fusilleurs se dispersent en criant « Vive la République ! », le vieillard se penche sur le corps pantelant et note le signalement du visage, épargné par les balles, pour que ses parents puissent le retrouver. Truquin, nauséeux, décide de rentrer chez lui.

Quand Martin Nadaud redescend à son tour dans la cour du Carrousel, il se dit tout autour qu'on veut escamoter la République au profit de la régence de la duchesse d'Orléans. Le nouveau mot d'ordre est « A l'Hôtel de Ville ! ».

15 heures. Dans son imprévisible génie, le peuple va encore imaginer deux actions fortement symboliques.

Découvrant dans la chapelle du palais un magnifique Christ sculpté, un élève de Polytechnique s'arrête :

— Mes amis, dit-il, voilà notre maître à tous.

Jésus le juste, Jésus le démocrate ne restera pas dans le palais du despote. Un cortège s'improvise, porte solennellement le crucifix dans l'église Saint-Roch, à côté. Et parce qu'il aime le sacré, le peuple s'incline et fait du cortège une procession : « Citoyens, dit-on, chapeaux bas ! Saluez le Christ ! »

Quant à la seconde, c'est la marche triomphale des vainqueurs, le retour des héros chargés des dépouilles opimes, et singulièrement le Trône, mené en grande fête par les boulevards jusqu'à la Bastille, suivi par « une multitude armée de piques au bout desquelles pendent des lambeaux de pourpre, de damas, de brocart, des habits de cour, des livrées, brandissant des baïonnettes et des sabres auxquels sont enfourchés des quartiers de viande, de pain, de lard, des bouteilles vides enlevées aux cuisines et aux caves royales... ».

On pose le trône à chaque barricade, où il sert de tribune à quelque harangueur. Norbert Truquin regarde passer le cortège ; il n'en revient pas de voir que se mêlent polytechniciens et voyous, ni que des ouvriers « causent fraternellement avec les bourgeois ».

A la Bastille, l'autel du peuple, le trône est placé sur un bûcher au pied de la colonne de Juillet. Roulement de tambour. Et tandis que s'élèvent les premières flammes, tourne la farandole des heureux, tourne, tourne, jusqu'à ce qu'il ne reste, du trône du dernier roi de France, qu'un petit tas de cendres.

VII

Au nom du peuple souverain

Quand passe l'histoire. — Régence ou pas régence ? — La colonne Dunoyer. — Pas mal d'ouvriers. — Ils m'ont foutu à la porte. — Jusqu'à plus soif. — Tire pas, c'est Lamartine. — Un vieil homme déguisé. — Hochets. — Je me suis senti tout seul. — Vive Marie ! — Toujours Flottard. — Provisoire. — Ce que le peuple veut. — La tête de Lamartine. — Grand nuit. — Un carafon d'eau-de-vie. — Miracle ! — Tout est à faire.

« Voyez, la blouse a passé la défense
Elle est entrée (bis) dans le palais des rois

Soldats de France en alarmes,
Peuple qu'on a trahi deux fois,
Ne posons pas encore les armes,
Nous n'avons chassé que les rois ! »

P. Constant, *La Marseillaise du peuple*
(feuille volante, sans lieu ni date).

Le trône en cendres, le roi en fuite, la Chambre des députés, irrécusable institution, est à la fois le dernier refuge d'une apparence de légalité et le rendez-vous des politiques, qui s'y serrent comme un troupeau sous l'orage. Dans une bousculade fiévreuse où fermentent les rumeurs, la panique et le cynisme font de la salle des Pas-Perdus de l'Assemblée la foire du sauve-qui-peut, où s'échangent les noms des hommes forts de demain, les places à prendre, les causes à soutenir ou à abandonner d'urgence, le sens des vents à venir. Et d'abord, régence, ou pas régence ?

Armand Marrast, le directeur du *National*, a fait une apparition à la Chambre avant de retourner à son journal dont les rédacteurs, aux fenêtres, jettent à la foule des mots brûlants, même *république*. Mieux qu'une régence, on accepterait la formation d'un gouvernement provisoire formé d'amis sûrs. Proposition que soutient Emmanuel Arago : c'est au peuple victorieux de dicter sa loi. Marrast a vite compris : « Hier, ce matin, déclare-t-il, nous aurions accepté un gouvernement de transaction ; en ce moment, le peuple est le maître. La République est de droit. »

Tandis qu'il retourne à la Chambre avec l'éditeur Hetzel et le comédien Bocage, on propose des noms à la foule, qui accepte ceux de l'ancien ministre de la Justice Dupont de l'Eure, quatre-vingt-deux ans, du savant unanimement respecté François Arago, de Marie, de Garnier-Pagès, de Ledru-Rollin, d'Odilon Barrot, que l'on croit encore populaire, de Marrast lui-même. Louis Blanc, furieux de voir ses amis radicaux réduits à la portion congrue, refuse de laisser citer son nom. Pour éviter un désaccord entre les deux factions républicaines, on envoie une délégation à *La Réforme*, tandis que Marrast retourne à la Chambre tenter d'y devancer la duchesse d'Orléans et y « notifier le décret du peuple ».

A l'Assemblée, Marrast et ses amis entraînent Lamartine dans un bureau discret : son appui lui paraît indispensable au succès de leur entreprise. Ils lui font part de leurs réticences vis-à-vis de la régence, qu'ils ne pourraient accepter qu'assortie de conditions draconiennes, et exposent leur projet de gouvernement provisoire. L'auteur de l'*Histoire des Girondins* demande un moment de réflexion et s'assied à une table à l'écart, le visage dans les mains. Silence. « Nous écoutions passer l'histoire », racontera Bocage à Victor Hugo. Sa décision peut en effet suffire à tout faire basculer.

Lamartine redresse la tête. Il a décidé :

— Je combattrai la régence, dit-il.

A la surprise de Marrast, il se montre encore plus déterminé qu'eux-mêmes :

— Je ne sais pas la force de votre parti, explique-t-il, mais je sais celle de votre idée. La monarchie est une forme usée en France. Je crois qu'une régence ne serait qu'un replâtrage malheureux. Ce que Louis-Philippe n'a pu faire, une femme et un enfant ne le feront pas. [...] La France est essentiellement démocratique. Elle l'est cent fois plus qu'elle ne l'imagine...

On convient donc que Lamartine parlera contre la régence et qu'il déposera lui-même ou appuiera la proposition d'un gouvernement provisoire.

Emmanuel Arago arrive à son tour à la Chambre avec la liste des noms avancés par *Le National* pour le gouvernement provisoire. Salle des Pas-Perdus, il traverse la foule des députés, des journalistes et des Gardes nationaux, trouve Marie, lui soumet la liste et lui demande s'il est prêt à la présenter à l'Assemblée. Carnot, qui est là, pousse l'avocat à accepter :

— Nous accepterions la régence, lui explique-t-il, mais nous désirons mieux ; il faut obtenir un gouvernement provisoire qui laisse au peuple la faculté de choisir. [...] On est accoutumé à vous écouter, et la modération de votre langage donnera à la proposition elle-même un caractère qui la fera accepter.

Marie répond immédiatement qu'il est d'accord :

— Je monte à la tribune, dit-il.

A ce moment précis on entend battre aux champs. Précédée d'un mouvement de foule, une femme en deuil fend la cohue et entre dans la Chambre. C'est la duchesse d'Orléans, accompagnée de son beau-frère le duc de Nemours, et de ses enfants, le comte de Paris — héritier du trône — et le duc de Chartres, tous deux vêtus d'une courte veste de drap noir ornée d'une collerette blanche.

Emmanuel Arago, pris de court, pénètre à son tour dans le bâtiment, mais par une autre porte, et tente de gagner la tribune — on l'en empêche. Il rejoint alors le bureau prêté par la présidence aux amis du *National* occupés à découvrir la fameuse liste. Odilon Barrot, qui vient de faire expédier aux préfets par le télégraphe l'annonce de l'abdication de Louis-Philippe, se récuse aussitôt : il n'a jamais été républicain et n'a en aucun cas voulu l'avènement de la République. Il fait retirer son nom. Grands mots, grands gestes, théâtre — ce soir on improvise. On retourne en séance.

La duchesse d'Orléans et ses enfants sont installés au pied de la tribune, d'où André Dupin, dit Dupin aîné, ancien président de la Chambre, familier du roi, vient de faire applaudir la régente — « Vive le roi ! Vive la régente ! » entend-on dans le brouhaha. Dupin retourne à sa place, d'où, pour profiter de ce moment privilégié, il ajoute :

— Je demande que la Chambre fasse inscrire au procès-verbal les acclamations qui ont accompagné ici et salué dans cette enceinte le comte de Paris comme roi de France et madame la duchesse d'Orléans comme régente, sous la garantie du vœu national.

Sauzet, le président de l'Assemblée, l'appuie :

— Messieurs, il me semble que la Chambre, par ses acclamations unanimes...

Protestations à droite et à gauche. Marie tente d'en profiter pour placer son intervention sur le gouvernement provisoire, mais ne peut se faire entendre.

C'est alors que se dresse la longue silhouette de Lamartine. Sa célébrité et son éloquence sont telles que le grand homme, qui n'est pas encore intervenu, bénéficie d'un moment d'attention, dont il profite habilement pour proposer une suspension de séance « par le double motif du respect que nous inspirent, d'un côté la représentation nationale, et de l'autre, la présence de l'auguste princesse qui est ici devant nous... ». Il sera plus facile, suggère-t-il, de s'exprimer en son absence. Le président Sauzet le suit :

— La Chambre va suspendre sa séance jusqu'à ce que madame la duchesse d'Orléans et le nouveau roi se soient retirés.

La duchesse se lève, mais paraît décidée à ne pas s'éloigner. Palabres. Le président demande en vain que toutes les personnes étrangères à la Chambre quittent l'Assemblée. Le désordre gagne. L'entrée d'Odilon Barrot crée un instant de surprise dont Marie, qui n'a pas lâché la tribune, profite pour se faire entendre et demander la constitution, d'urgence, d'un gouvernement provisoire qui calmerait les troubles et éviterait la guerre civile. Crémieux le soutient, mais Odilon Barrot prêche le calme, l'unité et le soutien à la régence. La Rochejacquelein, la voix de l'opposition légitimiste, se lève aussitôt pour lui porter la contradiction ; il déchaîne un formidable concert de protestations en lançant aux députés :

— Aujourd'hui, vous n'êtes rien ici...

Il précise :

— Je dis que vous n'êtes rien comme Chambre...

Comme pour lui donner raison, les portes de l'Assemblée s'ouvrent à la volée, cédant à la pression d'une foule armée qui envahit la salle de débats aux cris de « Vive la liberté ! A bas la régence !... ». C'est la colonne du capitaine Dunoyer, partie le matin du Panthéon et qui vient de prendre, sur les nappes blanches du palais, le petit déjeuner servi pour la famille royale. Grossie d'ouvriers, d'étudiants et de Gardes nationaux — dont Alexandre Dumas, qui n'est pas le moins agité — elle balaie ceux qui tentent de l'endiguer et se répand dans les travées. Dunoyer lui-même, un drapeau à la main, prend d'assaut la tribune, repoussant Odilon Barrot au bas de l'escalier, où, bras croisés, celui-ci prend, comme pour un portrait, la pose indignée du Droit cédant à la Force.

La voix tonnante de l'ardent capitaine domine le tumulte ;

— Il n'y a plus ici d'autre autorité que celle de la Garde nationale, représentée par moi, et celle du peuple, représentée par les quarante mille hommes armés qui cernent cette enceinte !

Sauzet agite dérisoirement sa sonnette d'une main tremblante. Un garçon boucher, son couteau à la main, parle « d'en finir ». Des députés affolés remontent dans les travées. Deux hommes pourtant restent calmes, guettant le moment où il suffira d'un geste, d'un mot, pour capter l'attention et s'imposer : Lamartine, impassible, toujours debout dans l'escalier, et Ledru-Rollin qui, attendant en vain une manifestation promise par Caussidière et Lagrange pour 13 h 45, surveille la pendule.

La Rochejacquelein triomphe : les Bourbons sont enfin vengés des Orléans :

— Nous allons droit à la République ! lance-t-il à Dunoyer.

— Quel mal y a-t-il à cela ? lui renvoie le capitaine.

— Aucun ! Tant pis pour eux, ils ne l'auront pas volé !

De fait, Louis-Philippe, qui vient d'arriver à Saint-Cloud avec la reine et une nombreuse escorte, a murmuré plusieurs fois au cours du trajet le nom de Charles X. Mais quels que soient les souvenirs de 1830 qui lui reviennent à l'esprit, il paraît ne pas s'inquiéter. En dix-huit ans de pouvoir, il a maté l'insurrection démocratique des 5 et 6 juin 1832, la tentative légitimiste, en cette même année, de la duchesse de Berry en Vendée, les insurrections de Lyon et de Paris en 1834, celle de Barbès et Blanqui en 1839, les tentatives de Louis Napoléon Bonaparte, à Strasbourg en 1836 et à Boulogne en 1840, échappant en outre à plusieurs attentats, dont celui de Fieschi en 1836 : il est donc bien placé pour apprécier les risques du métier et savoir que, pour régner, il est plus important d'avoir du caractère qu'une politique.

Mais cette fois, il s'abandonne, comme si cette insurrection n'était plus son affaire. Il se rend à Trianon, se met à une fenêtre. Il contemple longuement le parc, critique la disposition de certains massifs et demande un plan pour y porter les corrections qu'il estime indispensables.

Tandis qu'on délibère à la Chambre, une sorte d'assemblée générale permanente se tient à *La Réforme*. Une quarantaine de républicains s'y sont retrouvés après le sac des Tuileries, combattants des barricades et tard-venus dénoncés par Chenu-le-pur, couvert pour sa part du sang d'un garde municipal : « Si on ne les vit pas au combat, ils eurent soin de se faire voir après la victoire. Ils surent tirer à eux tout le profit d'une révolution qu'ils n'avaient pas faite, qu'ils n'avaient même pas prévue. » Louis Blanc insiste pour faire établir, en contrepoids à la liste du *National*, la liste de *La Réforme*.

En plus des journalistes, il y a là, note l'espion Delahodde, Sobrier, « armé jusqu'aux dents », Chenu « et sa bande d'émeutiers », « pas mal d'ouvriers ». Les hommes se tiennent debout autour du tapis vert de la table de rédaction. Certains d'entre eux, les lèvres encore noires de poudre, frappent le sol de la crosse de leur fusil pour rejeter les noms de ceux, comme Odilon Barrot, qui ne leur plaisent pas.

Les seuls à faire l'unanimité sont Dupont de l'Eure, François Arago, Ledru-Rollin et Louis Blanc. Marie est repêché, ainsi que Garnier-Pagès, dont le frère a bien servi la cause, et Lamartine, dont le nom devrait faire bon effet en province. Armand Marrast et Flocon représenteront la presse. Lamoricière est écarté après débat : il était trop proche du pouvoir royal le matin pour pouvoir être ministre de la République le soir.

Louis Blanc prend alors conscience que la liste donne des gages à tous, sauf à ceux qui, derrière les barricades et au péril de leur vie, ont fait le coup de feu : les Blouses. Il demande que, pour le principe, un ouvrier soit nommé au gouvernement provisoire. Mais qui ? Voilà que survient le mécanicien Alexandre Martin, dit Albert, républicain de vieille date. Ce sera lui.

Avant de se séparer, le « comité » décide d'envoyer sans attendre Étienne Arago prendre en main la direction des postes — et donc le contrôle de l'information en direction de la province — et Caussidière celle de la préfecture de police. Arago ne tarde pas à revenir :

— Les Gardes nationaux qui gardent l'hôtel des postes m'ont foutu à la porte, dit-il... Ils ne veulent pas me reconnaître pour directeur.

« Je pris une cinquantaine d'hommes, commente sobrement Chenu, et allai l'installer dans ses bureaux. » Étienne Arago, à peine « installé », décide que le courrier devra partir le soir même, comme tous les jours, à 19 heures.

Ainsi brutalisés, mais peu désireux de déplaire aux représentants du nouveau pouvoir, les employés se mettent à la tâche et commencent par aller négocier, aux barricades établies le long des voies menant aux sorties de Paris, le passage des malles-poste. Étienne Arago, qui ignore encore si la régence l'a oui ou non emporté, fait tenir un message à l'Hôtel de Ville, indiquant laconiquement « au nouveau gouvernement » que « le courrier partira à sept heures, comme d'habitude ».

Il n'y aura, ce soir-là, que dix mille lettres à acheminer, mais qui, effectivement, partiront à l'heure.

Chenu, pour sa part, va rejoindre Caussidière et Sobrier à la préfecture de police, qu'il trouve tenue par une « prétendue garde nationale » constituée de « mouchards et de sergents de ville déguisés ». Il en prévient Caussidière, qui accomplit à cette occasion son « premier acte de pouvoir » en rédigeant l'ordre de mission suivant : « *Le capitaine Chenu est autorisé à former une garde pour le service de la Préfecture de police, et à enrôler les citoyens qui se présenteraient pour en faire partie.* »

Après quoi Caussidière commence l'inventaire des tiroirs de son bureau, qu'il trouve vides :

— Zéro à la caisse, dit-il, pas un monaco !

Singulier personnage, ce drôle de préfet qui demande alors qu'on lui apporte les dossiers de police. Redingote crottée, casquette déchirée, bottes en lambeaux d'avoir couru les barricades, pistolet à la ceinture, sabre au côté tenu par une corde rouge, Marc Caussidière, que ses vrais amis appellent Marcus, est sous les lambris dans un rôle à sa démesure. Les cheveux bruns frisés tirés sur le côté, moustache et barbichette à la mode à l'époque, la voix flûtée, de petits yeux noirs de vieil éléphant, personnalité ambiguë — c'est un colosse qui pratique plus volontiers la cautèle que la force — il a prêché jusqu'à plus soif la République dans tous les estaminets, courant d'une société secrète à une autre, inflexible sur les principes, point trop scrupuleux sur les moyens, vivant de relations louches et d'expédients, inquiétant, soupçonné et soupçonnable plus souvent qu'à son tour, orateur de barrière plein de cette verve bouffonne qui ravit le populaire, ange gargantuesque de la démocratie en marche, il se jette avec avidité « dans les dossiers ».

Tandis qu'Arago et Caussidière, à leur façon, prennent le pouvoir, à la Chambre, de nombreux députés ont profité de la confusion générale pour s'esquiver par la porte du fond. Ledru-Rollin parvient enfin à se faire entendre pour condamner la régence, réclamer la formation d'un gouvernement provisoire nommé non par la Chambre mais par le peuple, suggérer enfin l'appel à une Convention.

Lamartine, qui, au pied de la tribune, attendait patiemment de pouvoir parler, juge que le moment est venu. Il fait part de son émotion devant le spectacle de « la princesse auguste et de son fils innocent... ». On l'interrompt. Au pied de la tribune, le fixe un vieillard farouche à longue barbe blanche, un sabre à la main, qui a sans doute compris, comme beaucoup s'y attendent, que Lamartine va se prononcer en faveur de la régence.

Lamartine hausse la voix :

— Je demande à répéter ma phrase, et je vous prie d'attendre celle qui va suivre... Je disais, messieurs, que j'avais partagé aussi profondément que qui que ce soit dans cette enceinte le double sentiment qui l'avait agitée tout à l'heure... Mais, messieurs, si je partage cette émotion qu'inspire le spectacle attendrissant des plus grandes catastrophes humaines [...], je n'ai pas partagé moins vivement le respect pour ce peuple glorieux qui combat depuis trois jours [...] pour rétablir sur une base désormais inébranlable l'empire de l'ordre et l'empire de la liberté.

L'effet Lamartine opère à plein. Non seulement on écoute, mais on applaudit les belles tournures, le choix des termes, l'équilibre des périodes. Habilement, il récuse le droit d'un pouvoir issu d'acclamations spontanées et se prononce « pour un gouvernement provisoire qui suspende ce malentendu terrible qui existe depuis quelques années entre les différentes classes de citoyens, et qui, en nous empêchant de nous reconnaître pour un seul peuple, nous empêche de nous aimer et de nous embrasser...

— A la bonne heure ! approuve le farouche vieillard, qui rengaine son sabre.

— Ce gouvernement, poursuit Lamartine, aura pour première et grande mission d'établir la trêve indispensable, et la paix publique entre les citoyens. Deuxièmement, de préparer à l'instant les mesures nécessaires pour convoquer le pays tout entier [...], tout ce qui porte dans son titre d'homme les droits du citoyen...

Il a au passage un mot pour la Garde nationale, un autre pour confondre dans un même hommage la représentation nationale — les députés — et la représentation populaire — la colonne Dunoyer qui a envahi les travées... Il en termine :

— Un dernier mot. Les pouvoirs qui se sont succédé depuis cinquante ans...

Des coups violents enfoncent la porte d'une tribune publique. S'engouffrent brutalement une soixantaine d'émeutiers ; ils arrivent tout droit des Tuileries, ivres ou pour le moins très échauffés ; ils ont pillé des équipements, des uniformes et même les garde-robes des princes et des princesses. « A bas la Chambre ! hurlent-ils. A bas les corrompus ! » L'un d'eux épaule en direction de la tribune.

— Tire pas ! lui crie-t-on. Tire pas, c'est Lamartine !

— Mort à Guizot ! s'entête l'autre.

Dunoyer, courageux, se place devant Lamartine :

— On vous vise, dit-il au poète.

— Il vise mal, répond Lamartine sans paraître s'émouvoir. Et d'ailleurs s'il me tue, je meurs à ma place !

Un sergent du nom de Duvillard, qui s'est mis à la tête des émeutiers pour tenter de les contenir, détourne in extremis le canon du fusil. Les députés se précipitent vers les portes, on entraîne la duchesse d'Orléans et ses enfants. Des émeutiers prennent place sur les bancs. L'un d'eux va faire sauter le chapeau du président Sauzet :

— Président des corrompus, va-t-en !

Terrifié, Sauzet déclare la séance levée et abandonne précipitamment son fauteuil.

Dans les couloirs, la bousculade est effroyable. La duchesse d'Orléans, séparée de ses enfants, serrée contre un mur, presque écrasée, réussit à gagner, à demi-évanouie, l'hôtel de la présidence, où un officier de sa maison lui ramène par les jardins le petit comte de Paris ; son autre enfant, le duc de Chartres, est caché dans les combles par le frère d'un huissier qui attendra le soir pour l'en faire sortir, déguisé en petite fille grâce à une robe fournie par la concierge. Rassurée, la duchesse accepte d'aller se réfugier aux Invalides, dont le gouverneur est le maréchal Molitor, tandis que le duc de Nemours, fils de Louis-Philippe, quitte la Chambre sous le nom de Durand, déguisé en Garde national, un fusil chargé au bras.

Le sergent Duvillard réussit à entraîner la bande la plus excitée à la recherche d'une femme qu'ils ont vue en venant, quai d'Orsay, montant le cheval d'un municipal, haranguant les dragons de la caserne du quai, et en qui ils ont reconnu *la déesse de la liberté...*

Après leur départ, la Chambre retrouve un semblant de calme. Le vieux Dupont de l'Eure, qu'on porte à la tribune, donne les noms des membres du gouvernement provisoire : François Arago, Lamartine, lui-même, Marie, Crémieux ; les deux derniers ne font pas l'unanimité et, tandis qu'on veut envoyer Lamartine à l'Hôtel de Ville, Ledru-Rollin remonte à la tribune pour faire sanctionner par applaudissements une liste plus complète, où figurent son nom et celui de Garnier-Pagès, un moment contesté, « On veut la République ! crie-t-on, et « A l'Hôtel de Ville ! ».

Quelqu'un découvre alors que la tribune est surmontée d'un tableau qui représente la prestation du serment de fidélité, en 1830, de Louis-Philippe à la Charte. On veut le lacérer à coups de sabre, ou le percer de balles, quand un ouvrier s'interpose :

— Respect aux monuments ! Respect aux propriétés ! Montrons maintenant que le peuple sait respecter les monuments et honorer sa victoire !

La vertueuse intervention met fin à la pagaille, et tout le monde se retire. Il est alors 16 heures.

A l'heure où se dispersent, à la Bastille, les cendres de son trône, et où, à la Chambre, son portrait manque être fusillé, Louis-Philippe, à Trianon, entend un coup de feu qui l'arrache à ses préoccupations paysagistes. Il prend soudain peur, s'agite, réclame des chevaux, quitte sa perruque, coupe ses favoris, change de tenue, chausse des lunettes vertes, s'enroule dans un large cache-nez et rabat sur son front un bonnet de soie noire. C'est un vieil homme déguisé qui prend le chemin de Dreux. Le roi n'était plus rien, il n'est plus personne.

En vérité, qui est qui en cet après-midi maussade et gris du 24 février ? Et quoi est quoi ? Ils sont quelques-uns à se le demander, alors que, dans les rues dépavées, tandis que des guetteurs veillent toujours aux barricades, on finit tout juste d'enlever les morts et les blessés, laissant sur place les cadavres de chevaux abattus.

Alexis de Tocqueville : soucieux, il rentre lentement chez lui, raconte à son épouse le récit de la journée puis se met « dans un coin à rêver tristement » : « Je crois que jamais je ne me sentis le cœur plus plein de sentiments amers, ni l'esprit plus enveloppé de sombres pensées... C'était la seconde révolution que je voyais s'accomplir depuis dix-sept ans sous mes yeux, [...] j'avais acquis trop d'expérience des hommes pour me payer cette fois de vains mots ; je savais que si une grande révolution peut fonder la liberté dans un pays, plusieurs révolutions qui se succèdent y rendent pour très longtemps toute liberté régulière impossible. » Il s'attend à des « réactions alternatives de licence et d'oppression ».

Il fait part de sa conviction à son ami Jean-Jacques Ampère, fils du célèbre physicien, venu le visiter, et qui est loin de la partager : « Il venait d'être témoin, parmi les insurgés, de traits de désintéressement, de générosité même et de courage :

l'émotion populaire l'avait gagné. » Tocqueville, qui se méfie de l'émotion, tranche sèchement :

— Vous ne comprenez rien à ce qui se passe ! Vous en jugez en badaud de Paris ou en poète. Vous appelez ça le triomphe de la liberté, c'est sa dernière défaite...

Victor Hugo : « Les quelques hommes qui dans, ces jours suprêmes, tenaient dans leurs mains le sort de la France, étaient eux-mêmes à la fois outils et hochets dans la main de la foule, qui n'est pas le peuple, et du hasard, qui n'est pas la providence. »

Maxime Du Camp : « Paris avait joué à l'émeute et aboutissait à une révolution. [...] Les ambitieux vains, naïfs et bavards comme Odilon Barrot sont la plus dangereuse engeance que l'on puisse voir ; ils ressemblent à l'apprenti sorcier qui connaît le mot par lequel on ordonne au balai d'aller chercher de l'eau à la rivière, mais qui ignore celui par lequel on l'arrête : la maison est inondée, le village aussi et tout le monde est noyé. [...] Toute révolution dépasse son propre but et procède toujours de la même façon : les niais la commencent, les dupes s'y associent, les aventuriers la font réussir et les intrigants s'en emparent pour l'exploiter. »

Garnier-Pagès : il ne voit pas Lamartine en intrigant et cherche où pourraient être les conspirateurs usurpant les droits du peuple. Quant à ceux qui ont envahi la Chambre, « ils portaient en eux les passions, les énergies, les volontés de cent mille citoyens de toutes les conditions, de toutes les professions, debout dans Paris pour la Révolution. Ils étaient le peuple lui-même, c'est-à-dire la force des choses en action, la puissance occulte, indéfinissable, souveraine, légitime, par qui tout s'élève et tombe définitivement. »

Il s'agit, maintenant que la régence est écartée, de franchir la Seine pour se rendre symboliquement à l'Hôtel de Ville, là où le peuple de Paris accorde ou non son investiture à tout nouveau pouvoir révolutionnaire. Tandis qu'Emmanuel Arago part pour l'Observatoire chercher son père malade pour lui apprendre qu'il fait partie du gouvernement provisoire, Dupont de l'Eure, Lamartine, Ledru-Rollin, Marie et Crémieux progressent lentement dans la cohue qui les presse, malgré les deux tambours et les deux porte-drapeaux — une Blouse et Dunoyer — qui leur ouvrent la marche. Se donnant le bras, ouvriers, étudiants et Gardes nationaux les suivent gravement, et la foule se découvre à leur passage. On trouve pour le vieux Dupont un cabriolet de place, d'où il salue inlassablement, répétant d'une voix presque éteinte :

— Pas de guerre civile, mes enfants ! Surtout pas de guerre civile !

Devant la caserne d'Orsay, les soldats appellent aux armes à l'apparition du cortège. Moment de tension. Lamartine s'arrête. On le reconnaît. Fiévreux et mort de soif, il demande à boire ; les dragons lui apportent un verre de vin qu'il lève en s'écriant :

— A l'union du peuple et de l'armée !... Amis, voilà le banquet ! Que peuple et soldats y fraternisent ensemble avec moi !

Lamartine, une fois de plus, a eu la juste inspiration, inaugurant une série de trouvailles fulgurantes qui, transcendant les méfiances que son aristocratie suscite encore ici et là, vont lui conférer — un poète au pouvoir ! — une popularité inouïe, d'un ordre inconnu, comme d'une autre réalité.

C'est du délire. Du Camp et Flaubert, qui arrivent sur les lieux quelques minutes plus tard, voient les cavaliers distribuer « leurs sabres, leurs carabines, leurs pistolets, leurs hachettes de campement, leurs munitions, aux gens du peuple, et s'en aller bras-dessus bras-dessous en criant "Vive la Réforme !" »

Le cortège des élus a repris sa marche triomphale. A chaque barricade, il faut descendre de la voiture le vieux Dupont et lui faire franchir à bras d'homme les amoncellements de pavés. Quai de la Mégisserie, place de Grève, l'émeute, se retirant, a laissé derrière elle, sous les étendards de l'insurrection victorieuse, une jonchée d'épaves de guerre, armes brisées, pièces d'équipements ensanglantés, débris divers, chevaux morts... Odeur de poudre et de sang... Et ce bourdon de Notre-Dame, qui bat toujours, bat, bat, bat comme un cœur... Aux fenêtres, sur les toits, les combattants d'en-haut échangent avec ceux d'en-bas des cris de joie et de victoire... Victoire ! Victoire !

Tout Paris maintenant converge vers l'Hôtel de Ville, où arrivent enfin, tant bien que mal, coupés les uns des autres, les membres du gouvernement provisoire. Lamartine, les vêtements arrachés, a perdu sa cravate. Quatre canons abandonnés par la troupe et chargés à mitraille gardent l'entrée de l'édifice. Il va faire nuit, partout s'allument des torches. Des chevaux errant dans les halls et les couloirs se cabrent, affolés, et leurs fers, glissant sur les traînées de poudre répandues sur les dalles, en tirent des éclairs.

Martin Nadaud, le maçon corrézien, était encore aux Tuileries quand le bruit s'est répandu que pour faire contrepoids à la Chambre, où l'on se préparait à escamoter la République pour la régence, il fallait courir à l'Hôtel de Ville. Dans son groupe, ils sont peut-être cinq cents, qui apprennent en faisant irruption place de Grève la constitution d'un gouvernement provisoire dont le respectable Dupont de l'Eure garantit la sincérité.

Philippe Faure aussi est là, mais mal à l'aise « au milieu de cette foule confuse, ivre de son triomphe ». Ce jour de gloire est aussi pour lui jour d'angoisse : « Cet avenir qui doit nous amener le règne de la Justice et de la Vérité, le verrons-nous ? Est-il si proche ? » Doit-il y croire ? Il est triste. Les hommes en qui il a confiance, Lamennais, Pierre Leroux, ne sont pas là. Il ne se précipite pas avec ceux qui s'engouffrent dans l'Hôtel de Ville et retourne chez lui : « Je me suis senti seul. »

A l'intérieur, où Dupont de l'Eure et les autres gagnent en ordre dispersé le premier étage, le tohu-bohu donne le vertige : des excités tirent dans les couloirs des coups de fusil qui tonnent comme des coups de canon ; des vitres cèdent avec fracas sous la pression des coudes et des crosses, tandis que des orateurs de circonstance, juchés sur des tables, accrochés au rebords des fenêtres, pistolet ou sabre au poing, annoncent des gouvernements de leur goût, font campagne pour tel ou tel de leurs amis. Ici, un conspirateur parle sans grand succès pour Louis Napoléon Bonaparte, ailleurs La Rochejacquelein, député loyaliste légitimiste, porte-parole quasi officiel des Bourbons, se montre d'une éloquence si brutale contre les Orléans qu'on le plébisciterait pour un peu comme ministre républicain...

Martin Nadaud, se laissant porter par les plus violentes vagues, se retrouve dans une des salles du premier étage, tout près de l'avocat Marie juché sur une chaise, hué par les uns, applaudi par les autres. Nadaud, soudain, hurle à pleins poumons :

— Vive Marie !

Des années plus tard, se demandant ce qui l'a ce jour-là poussé à témoigner tant de confiance à ce républicain pourtant un peu tiède pour son goût, il se rappellera que l'avocat avait deux fois défendu le « communiste » Cabet dans « les procès iniques que le gouvernement lui avait intentés » — c'en est assez, pense Nadaud, pour qu'un bourgeois devienne l'ami du peuple.

Peut-être, à ce moment, la révolution se fût-elle étouffée dans ce chaos et ces improvisations — dans ses premiers « vagissements », comme dit Du Camp — s'il ne s'était trouvé, parmi le personnel de l'Hôtel de Ville, un certain Flottard, tête froide, esprit clair, se multipliant sur tous les fronts avec le concours dévoué d'élèves de Polytechnique, comme pour empêcher de couler, colmatant ici, renforçant là, le grand navire désemparé.

C'est ainsi qu'il a commencé, sage précaution, par faire crever les fûts de vin et d'alcool en réserve dans les caves. Puis qu'il a sauvé d'une mort probable une soixantaine de municipaux désarmés venus se réfugier dans la cour après la fusillade du quai aux Fleurs. Alors qu'on allait leur faire un mauvais parti, il s'est interposé :

— Au nom du peuple vainqueur, écoutez un vétéran de la

liberté ! Plus de sang, plus de vengeance ! Grâce aux prisonniers !

Puis il a levé théâtralement sa croix de combattant de Juillet et fait passer dessous, un à un, les Municipaux en signe d'allégeance :

— Alors, vous ne verrez plus devant vous que des amis, que des frères...

Et c'est vrai ! L'inspiration de Flottard a touché le cœur du peuple enfant. Et voilà qu'on se dispute l'honneur d'aider, de protéger les derniers défenseurs du régime détesté :

— La vengeance du peuple, entend-on, c'est la clémence ! Il n'y a que les Autrichiens pour tuer leurs prisonniers !

Puis Flottard, qui pense à tout, a fait convoquer le conseil municipal de la capitale... pour le renouveler, c'est-à-dire profiter de l'occasion pour en faire éliminer quelques intrigants et faciliter la désignation de Garnier-Pagès comme maire de Paris. A peine le maire et ses adjoints sont-ils nommés que Flottard les guide discrètement dans un bureau plus calme.

La vaste salle du conseil est en effet devenue le théâtre d'un indescriptible tumulte, au point que Dupont de l'Eure a un malaise, et qu'il faut l'évacuer. Surgissent alors les hautes silhouettes de Ledru-Rollin, visage empourpré et couvert de sueur, dont on exige qu'il se prononce pour la République, et de Lamartine, à qui on tend, pour qu'il les signe, des papiers sur lesquels on a écrit « Vive la République ! ».

Lamartine, qui ne veut pas se laisser déborder, crie à ceux qui peuvent l'entendre que ce n'est pas à une instance provisoire de décider la forme de gouvernement que le pays voudra se donner. Sa réserve inquiète, on le regarde d'une autre façon. Et Flottard, toujours lui, surgit à point nommé pour l'escamoter et le conduire au bureau du secrétariat, où il rejoint Garnier-Pagès et le vieux Dupont de l'Eure, qui a retrouvé ses esprits. Ledru-Rollin arrive à son tour, suivi de François Arago, enlevé à l'Observatoire par son fils Emmanuel. Flottard fait aussitôt barrer toutes les issues par ses polytechniciens.

Précaution indispensable. Il faut aux nouveaux dirigeants du pays un peu de calme et de recul pour évaluer la situation et prendre les premières décisions, alors qu'ils craignent les pires excès dans la rue et que des délégués du peuple exigent un comité de salut public. Comment utiliser au mieux cet embryon de pouvoir qu'on leur confie ? Accablés, les plus inquiets se rallient à la détermination de Lamartine, qui s'affirme au fil des heures.

Brusquement apparaissent Ferdinand Flocon, Marrast et Louis Blanc, ce dernier toujours en uniforme de Garde national. On les regarde avec hostilité.

— Que viennent-ils faire ici ? demande Crémieux à Lamartine.

— Je l'ignore, répond Lamartine en pensant à autre chose.

Louis Blanc plante sa petite taille devant la table des délibérations, rappelle qu'il faut tenir compte aussi bien de la liste de *La Réforme* — républicain et socialiste — que de celle du *National* — républicain non socialiste —, explique qu'ils ont eux-mêmes été désignés par le comité de *La Réforme*, et donc par le peuple, pour appartenir au gouvernement provisoire, et qu'ils viennent prendre leur place.

Garnier-Pagès qui, comme maire de Paris, préside la délicate séance, tente de rapprocher les positions, suggère que Louis Blanc, Armand Marrast et Ferdinand Flocon fassent partie du gouvernement provisoire, mais en qualité de *secrétaires*... Marrast et Flocon acceptent ; Louis Blanc, isolé, ne peut que s'incliner, mais il rappelle que l'ouvrier mécanicien Albert, lui aussi élu par le peuple, doit entrer au gouvernement provisoire.

Il faudra bien en passer par là, et faire un pas vers l'unité, mais il est clair, déjà, que cette première crise laissera des traces, d'autant que Louis blanc va bientôt s'esquiver pour aller proclamer ici et là sa profession de foi socialiste et commencer d'évoquer devant la foule subjuguée les principes de sa fameuse organisation du travail, remède miracle à la crise économique et sociale.

En attendant, le gouvernement provisoire s'attelle à la rédaction de ce qui sera sa première proclamation — et la première occasion de laisser apparaître sa division de fond. Lamartine s'empare d'une demi-feuille de papier à l'en-tête de la Préfecture de la Seine et écrit hâtivement :

« *Le gouvernement provisoire déclare que le gouvernement provisoire de la France est le gouvernement républicain, et que la nation sera immédiatement appelée à ratifier la résolution du gouvernement provisoire et du peuple de Paris.* »

Il signe, passe plume et texte à Ledru-Rollin, qui lit à haute voix : « *Le gouvernement provisoire déclare que le gouvernement provisoire de la France est le gouvernement républicain...* » Il s'interrompt :

— Voilà deux fois le mot *provisoire*, remarque-t-il... Il faut l'effacer au moins une fois.

Lamartine, qui refuse de céder aux exigences immédiates du peuple de Paris et entend préserver explicitement le droit souverain de la nation, comprend que la correction de style en vérité trahit son texte. Débat acharné, Louis Blanc, Ledru-Rollin, Flocon, veulent qu'on proclame la République sans conditions de ratification ; Garnier-Pagès, Marie, Dupont, préféreraient qu'on ne parle pas de la forme définitive du gouvernement. François Arago refuse de cautionner une proclamation qu'il qualifie d'usurpation. Pris à partie par Louis Blanc, le savant lui répond vertement :

— J'étais républicain avant que vous fussiez né !

Il est prêt à repartir pour l'Observatoire. Lamartine revient à son idée :

— Il faut pourtant attendre la sanction de la France, plaide-t-il.

— Je me passe de la sanction de la France, répond Ledru-Rollin, quand j'ai la sanction du peuple.

— Mais, lui demande Lamartine, qui peut savoir en ce moment ce que veut le peuple ?

— Moi, dit Ledru-Rollin. Ce que le peuple veut, c'est la République tout de suite, la République sans attendre !

Crémieux prend la plume et raye le second *provisoire*, qu'il remplace par *actuel*, transformant ainsi la proclamation : « *Le gouvernement provisoire déclare que le gouvernement actuel de la France...* »

— A la bonne heure, dit Ledru-Rollin. J'aimerais mieux *définitif*, pourtant je signe.

Sous la signature fiévreuse de Lamartine, il appose avec bonne conscience son « paraphe de clerc d'avoué », comme dit Victor Hugo qui a tenu en main ce griffonnage historique. Signent après lui Garnier-Pagès, Crémieux, Marie, Dupont de l'Eure enfin.

Six signatures — les hommes de *La Réforme* ne sont encore que secrétaires — sur un bout de papier sans date, maintenant froissé, souillé, où Ledru-Rollin appose à l'envers le sceau de la Ville de Paris : ainsi, le 24 février 1848, vers 20 heures, un gouvernement incertain et provisoire accouche de rien moins que de la République.

Le texte officiel, dont la rédaction finale et définitive sera tout à l'heure recopiée à des centaines d'exemplaires et jetée à la foule, va encore subir ratures, rajouts et corrections, notamment le passage faisant problème, entre-temps devenu : « *Bien que le gouvernement provisoire agisse au nom du peuple français et qu'il préfère la forme républicaine...* » Un pâté d'encre recouvre le mot *préfère*, auquel Louis Blanc a substitué en marge : « *Soit de cœur et de conviction pour le gouvernement républicain.* » D'autres corrections successives balancent entre *proclame* et *désire*...

Louis Blanc, qui veut répondre à l'attente des hommes des sociétés secrètes et des chefs de barricades, tire tant de son côté qu'il rend Lamartine suspect de ne pas vouloir la République.

— Mort à Lamartine ! s'écrie un émeutier. La tête de Lamartine !

— Ma tête ? sourit le poète avec hauteur, plût à Dieu, citoyens, que vous l'eussiez tous sur les épaules !

Mais il a compris qu'il devait céder pour ne pas risquer

une guerre civile. Dans la *Proclamation du Gouvernement provisoire au peuple français*, le paragraphe en question est devenu :

« *Le Gouvernement provisoire veut la République, sauf ratification par le peuple, qui sera immédiatement consulté.* »

Et quand les feuilles sont jetées des fenêtres parmi la foule guettant la bonne nouvelle, cette République qui tombe du ciel en tourbillonnant provoque une véritable explosion de joie. Cette joie est d'une espèce rare, autre chose qu'une joie de vainqueur, qu'une joie de revanche. C'est la joie d'une fin de mauvaise traversée, quand s'annonce l'ère depuis longtemps guettée de bonheur, de fraternité, de justice pour tous les hommes. Plus qu'une joie, c'est une fête. La République est une fête.

A Lyon, on sait qu'il se passe quelque chose à Paris, mais quoi au juste ? Fanny Bergier, l'épouse de notre bourgeois, est restée toute la journée dans leur résidence de Collonges, où elle a fait semer du foin. Il fait « grand nuit » quand elle en part, à 18 h 30, pour rentrer en ville.

Au pont de Saint-Rambert, sa voiture croise une dizaine de personnes portant des paquets, puis une charrette surchargée, puis un fiacre bourré de femmes et d'enfants, surmonté de grosses malles. Elle plaisante avec ses domestiques sur ces « déménagement à la lune », puis commence à s'inquiéter : ils rencontrent de plus en plus de monde, surtout sur le chemin qui vient de la Croix-Rousse. On croirait revivre les événements de 1831 ou de 1834, chacun filant vers la campagne avec son argenterie et du linge de rechange. Place des Carmes, la foule est si dense, l'embouteillage silencieux si épais que Denis, le valet, doit descendre et prendre le cheval à la bouche.

Joseph Bergier est chez eux, rue de l'Enfant-qui-Pisse. Il est inquiet, agité. La veille, il a perdu pour une voix son élection au Conseil général, et Fanny s'est efforcée de tempérer sa déception : « Puisses-tu te persuader, lui a-t-elle dit, que moins on tient de place dans le monde, plus on est heureux. »

Sans doute. Mais ce n'est pas tant son échec électoral qui le tourmente aujourd'hui ; à l'évidence, de grands événements se préparent, et Joseph Bergier voudrait bien savoir ce qui se passe à Paris.

A la préfecture de police de Paris, Caussidière s'est fait servir à souper — « comme ces coquins d'aristocrates ». Il a perdu du temps dans ses dossiers : minables affaires de mœurs et de chantage, dénonciations diverses. Il est déçu, mais se montre surtout amer de n'être pas du gouvernement provisoire :

— Je ne suis que le préfet, confie Marcus à ses amis, mais patience ! Il y a de bien mauvais éléments parmi le choix du *National.* Au premier soupçon de réaction, je les écrase sans pitié. J'ai déjà un pied dans l'étrier, je leur monterai sur le dos !

En attendant, le pied, il se le fait soigner à l'eau sédative par Jean, le valet très zélé de la préfecture. Chenu aussi d'ailleurs, blessé à la cheville, doit recourir aux soins de « Monsieur Jean », qui lui prête ses pantoufles en échange d'un « mot en sa faveur » à Caussidière. Le conseil de Chenu au valet, pour être bien vu, est de faire en sorte que Monsieur le Préfet « ait toujours sous la main un carafon » de l'excellente eau-de-vie qui circule ce soir-là au salon, à l'heure du pousse-café.

On prend ses aises, on investit fauteuils et canapés — « comme des valets en l'absence de leurs maîtres », note Chenu. Caussidière, qui a été longtemps tracassé par le secrétaire général de la police, médite sa revanche :

— C'est ici qu'il me recevait pour ma surveillance, c'est ici qu'il m'a si souvent menacé de me faire quitter Paris. Maintenant, je suis le maître et demain je veux l'y recevoir à mon tour en vrai despote, dans mon fauteuil, le sabre au cul, nom de Dieu !

On vient demander à Monsieur le préfet — « Appelez-moi citoyen ! » — ce qu'il convient de faire des quatre-vingt-seize cadavres de bourgeois déjà dénombrés à la Morgue, ou lui annoncer que le feu est aux Tuileries :

— Qu'est-ce que ça me fout ? Laissez-les brûler, il n'y aura plus de repaire à tyran à Paris !

Puis il se ravise — le feu risque de gagner le musée du Louvre — et donne l'ordre d'éteindre l'incendie.

Mais ce qui l'intéresse au premier chef, c'est la police. Il se fait apporter la liste des commissaires et en casse aussitôt quarante.

— Nous les remplacerons par des patriotes, dit Sobrier.

Chenu devient à l'instant commissaire de son quartier, ravi d'imaginer la tête de celui qu'il va remplacer, et qui le traitait « avec une insolence et une méchanceté rares même chez un commissaire de police ». Mais Caussidière se ravise. Il a d'autres ambitions que ces petites vengeances :

— Toi, capitaine, fit-il à Chenu, au lieu d'aller t'enfouir dans un bureau de commissaire de police, tu vas m'organiser militairement une armée révolutionnaire. [...] Tous les détenus politiques se joindront à nous, et je veux si bien manœuvrer qu'avant peu je les tiendrai tous. Toi, Sobrier, tu feindras de te séparer de moi et tu vas à l'instant même, pour faire de la polémique contre *Le National*, fonder un journal. Dans un premier article, tu réveilleras le souvenir des clubs de 93, tu appelleras le peuple à ces assemblées révolutionnaires et nous ressusciterons les sociétés des Droits de l'Homme et des Amis du peuple, dont tous les patriotes devront faire partie.

On demande à Caussidière ce qu'il pense de la nomination de Garnier-Pagès à la mairie de Paris :

— Mauvais choix, commente-t-il. Il m'a déjà envoyé un ordre et je refuse d'y obéir.

Il se méfie de tout le monde. Il faut que les citoyens conservent leurs armes, qu'on les empêche de les revendre sur les places publiques, comme cela s'était fait après la révolution de Juillet. Léoutre, le gérant de *La Réforme*, survient à ce moment, sortant de Sainte-Pélagie où il était condamné à passer un an pour délit de presse. On le charge aussitôt d'aller « faire entendre raison » aux patriotes du Faubourg Saint-Denis, qui se plaignent que le passage des malles-poste détruit leurs barricades.

Les boulevards sont noirs de monde. Du Camp et Flaubert, « exténués de fatigue » et rentrés se reposer un moment — ils ont retrouvé Bouilhet le pied abîmé par la chute d'un pavé alors qu'il s'était fait réquisitionner pour monter une barricade — sortent à nouveau et se rendent à l'Hôtel de Ville.

On les arrête à chaque barricade, et il faut chaque fois parlementer avant de pouvoir franchir « pavés, tonneaux de sable et camions culbutés ». A un carrefour, un journaliste lit à voix haute, à la lumière d'un bec de gaz encore debout, des lettres personnelles qu'il a « trouvées » quelques heures plus tôt aux Tuileries dans l'appartement du duc de Nemours :

— Ces lettres appartiennent désormais à l'histoire, commente un auditeur.

Quand Du Camp et Flaubert parviennent devant l'Hôtel de Ville aux fenêtres éclairées, il est près de dix heures et la grande foule s'est dispersée. De temps en temps, un homme en habit noir sort sur le perron et lève le bras pour réclamer le silence afin de lire solennellement les décisions prises « au nom du peuple souverain » par le gouvernement provisoire.

Dans les bureaux du premier étage, d'où l'on a envoyé des hommes sûrs aux points les plus sensibles de la capitale, on en est à se répartir les responsabilités : Dupont à la présidence, sans portefeuille, Lamartine aux Affaires étrangères, où sa particule fera bon effet sur les cours d'Europe. Arago prend la Marine, Crémieux accepte la Justice, l'Intérieur est attribué à Ledru-Rollin ; Carnot aura l'Instruction et les Cultes — ceux-ci dissociés de la Justice, Crémieux étant juif — Marie les Travaux publics et Bethmont, un député de l'opposition, le Commerce. Pour les Finances, c'est Flottard, pour sa part nommé secrétaire général de la Préfecture, qui suggère le nom de l'intègre banquier Goudchaux, tandis que la Garde nationale est confiée au général Courtais.

Reste la Guerre. Cavaignac est en Afrique, indisponible ;

on en profite pour le nommer gouverneur de l'Algérie, en remplacement du duc d'Aumale. Pourquoi pas Lamoricière ?

Celui-ci, malgré ses blessures, n'est pas resté inactif depuis le début de l'après-midi, faisant tout ce qui était en son pouvoir avec la Garde nationale pour « arrêter la dévastation et préserver la cité ». Venant à l'Hôtel de Ville rencontrer les membres du gouvernement provisoire, il a été arrêté dans la cohue avant d'y parvenir. Des insurgés mettaient en doute son identité : « Des gens ivres m'arrêtèrent et voulurent me tuer. » On l'a traîné dans une taverne, on a arraché ses vêtements et, miracle ! un ancien d'Afrique l'a reconnu au moment où on allait lui faire un mauvais parti...

Il va retrouver le général Bedeau, et tandis qu'on le soigne, tous deux décident d'apporter tout le concours possible au gouvernement provisoire. C'est alors qu'on vient le chercher pour lui proposer le ministère de la Guerre. Il refusera, ainsi d'ailleurs, après lui, que Bedeau : « Comme nous avions agi dans la journée même, à un titre ou à un autre comme agents du gouvernement déchu et qu'il nous sembla qu'il fallait, surtout dans les premiers jours, des noms qui ne puissent être discutés, nous refusâmes. » L'un et l'autre ajoutent qu'ils sont prêts à servir ailleurs. Lamoricière, deux fois blessé, deux fois prisonnier, deux fois sur le point d'être exécuté, sa main droite lui refusant tout service, rentre chez lui ; exténué, fiévreux, il se couche.

C'est, pour finir, le général Subervie, un volontaire de 1792 qui s'est distingué sous l'Empire, qui sera ministre de la Guerre. L'homme en noir vient sur le perron de l'Hôtel de Ville annoncer la composition du gouvernement provisoire. « Je levai la tête, se souviendra Du Camp, et regardai l'horloge ; il était dix heures vingt. Nous venions d'entrer dans l'inconnu. »

Enfin constitué, le conseil des ministres prend ses premières mesures : dissolution de l'Assemblée nationale et interdiction faite à la Chambre des pairs de se réunir, annonce que tous les citoyens font désormais partie de la Garde nationale... Sa situation est inconfortable. Il est détenteur du pouvoir, mais n'en a pas les instruments, notamment la force armée. Comment ne pas se laisser déborder par la pression de la rue ?

Il est maintenant près de minuit. Les membres du gouvernement provisoire sont épuisés et meurent de faim. La calomnie les accusera bientôt d'avoir festoyé pour fêter leur victoire. La vérité est plus rustique : ils n'ont pour tout festin, buvant à tour de rôle un peu d'eau dans un sucrier ébréché, qu'un méchant pain militaire et un morceau de fromage, qu'ils se partagent grâce au couteau de poche du secrétaire général de la préfecture, l'admirable Flottard.

Puis ils se remettent au travail. C'est l'heure où Philippe Faure, rentré chez lui, écrit dans son *Journal* : « TOUT EST À FAIRE. La tâche sera-t-elle au-dessus des forces de nos chefs ? »

VIII

Ah ! La bonne République !

Décalage. — Tradition ouvrière. — Au milieu de la nuit. — Débraillé et sentimental. — L'estafette d'Angoulême. — A genoux.

> *« Nous ne venons pas armer les hommes*
> *les uns contre les autres*
> *mais leur apprendre à s'aimer et les associer.*
> *Plus de combats ! Agissons sur les cœurs ! »*
>
> Théodore Bac, *Discours de Limoges.*

La dépêche d'Odilon Barrot annonçant aux départements l'abdication de Louis-Philippe et la régence de la duchesse d'Orléans parvient seulement à Limoges dans cette même nuit du 24 au 25 février qui voit, à Paris, le gouvernement provisoire prendre ses premiers décrets.

Il faut dire que Limoges est particulièrement mal reliée à la capitale ; le courrier arrive par chemin de fer à Châteauroux, d'où il doit être acheminé par diligence ; quant au télégraphe, la station la plus proche est Angoulême, où des estafettes à cheval se chargent des dépêches. Décalage considérable avec l'événement parisien.

Ville aux anciens quartiers particulièrement insalubres et aux ruelles surpeuplées mais qui se trouve, avec l'essor de son industrie porcelainière et l'afflux des migrants — 40 000 habitants en 1848 — en pleine expansion, Limoges a du caractère. S'y mêlent la puissance historique de la confrérie des bouchers, une forte tradition ouvrière et l'influence d'une importante fraction de bourgeois démocrates, conduits par un avocat à succès, Théodore Bac, et inspirés par l'« évangile socialiste » de Pierre Leroux, le voisin creusois, qui rejette violemment l'action politique au bénéfice du social et du religieux.

En février, quand le préfet affiche, au milieu de la nuit, la dépêche d'Odilon Barrot, il se trouve que les deux leviers traditionnels du pouvoir de la bourgeoisie sont défaillants ; Limoges n'a plus de conseil municipal depuis que le maire et ses adjoints ont démissionné pour d'obscures raisons, et la Garde nationale s'est trouvée désorganisée par des initiatives maladroites de son état-major.

Le seul pouvoir, quand à 7 heures du matin se réunit un conseil municipal nommé au pied levé par le préfet, c'est le peuple dans la rue, avec les ouvriers sortis des ateliers, soupçonnant que le préfet leur cache d'autres nouvelles de Paris. Dans l'après-midi, la foule défile, « immense, tumultueuse, menaçante », en chantant *La Marseillaise.* Pour canaliser les revendications et éviter les incidents, Théodore Bac et Marcellin Dussoubs-Gaston, un fils de boulanger, socialiste authentique lié à Barbès, « républicain selon la formule du temps, débraillé et sentimental », et qui vient de passer deux ans en prison, font élire par acclamations sur la place publique un Comité administratif provisoire.

Dans le vide créé par l'absence d'information, le pouvoir était à prendre : soutenus par quelques amis avocats, négociants ou industriels aux idées avancées, Bac et Dussoubs-Gaston l'ont pris. Ils ont la confiance du populaire et un certain crédit de la bourgeoisie — l'un et l'autre évidemment aussi provisoires que le Comité.

A 17 heures arrive enfin la diligence de Châteauroux, guettée par tout un peuple avide de savoir et qui craint toujours qu'on ne lui cache la vérité. Mais rien. Le véhicule, fouillé et refouillé, n'apporte aucune dépêche, aucune information. Impatience. Comment calmer la nervosité de la rue ? Bac commence par obtenir du préfet, représentant le pouvoir royal, la promesse qu'il se retirerait si l'on avait des nouvelles « favorables à la Révolution ». Annonce bien accueillie, mais d'effet peu durable.

L'attente devient insupportable. D'autant qu'apparaît à l'évidence que, quoi qu'il se passe à Paris, la province ne pourra que suivre. La ville bouillonne. Les Blouses, qui prennent leur désir pour la réalité et attendent qu'on leur annonce la République, tournent en rond. Les voilà qui assiègent la maison centrale, où sont emprisonnés trente-sept des condamnés de Buzançais, ceux qui n'ont pas été guillotinés ou envoyés au bagne, l'année précédente, par la justice des riches. Mais la centrale abrite aussi plus de 1100 détenus de droit commun...

Inquiets à l'idée d'une action violente contre la prison, Théodore Bac promet l'élargissement des seuls Buzançais. Il lui semble que c'est là le « gage de réconciliation » qu'il est possible de donner aux citoyens de cette ville tourmentée par les conflits de classes. Le directeur de la centrale ne cherche pas à s'y opposer, mais demande des instructions écrites. Bac et le Comité sont embarrassés : ils tiennent par principe à ne pas contrevenir à la nouvelle légalité, même s'ils ne savent pas ce qu'elle est.

Quand, à 20 heures, survient au galop l'estafette d'Angoulême, on l'intercepte avant qu'elle entre à la préfecture, et on saisit la dépêche qu'apporte le cavalier. Lecture en est faite à la foule. C'est une circulaire dictée à Paris la veille à 22 heures, il y a presque un jour plein. Elle annonce aux préfets et sous-préfets la constitution d'un gouvernement provisoire et sa composition.

Cris, joie, fête là aussi. La préfecture est envahie, Théodore Bac présente au préfet la dépêche interceptée, obtenant du fonctionnaire qu'il se retire. En l'absence de toute instruction, le Comité est maître de la situation.

En vérité, sa position est ambiguë et inconfortable : et si la Révolution échouait ? Au nom de qui, de quoi, prendre des décisions qui n'appartiennent qu'au pouvoir central ? Paris est toujours aussi loin, par-delà ce mur de silence. Alors, reculer et perdre tout crédit dans la population ?

Hésitant toujours, mais souhaitant par-dessus tout rapprocher les Habits et les Blouses, jouant sur la prudence des bourgeois et la générosité des ouvriers vainqueurs, Théodore Bac fait transférer de la centrale à la prison de la ville les prisonniers de Buzançais — sans qu'aucun d'eux cherche même à s'évader — puis décide purement et simplement de les gracier.

On ne sait s'ils pensent, alors qu'on leur promet la liberté, à ceux qu'on ne peut rendre à la vie, Baptiste Bienvenu le journalier, François Velluet le garde et Louis Michot dit Riche en Gueule, guillotinés un matin de l'hiver précédent sur la grand-place du marché de Buzançais. On voit seulement qu'ils pleurent de joie et qu'ils se mettent à faire « leurs petits paquets ».

La liberté et la justice, ils savent bien à qui ils la doivent : « De temps à autre ces pauvres gens tombaient à genoux sur leurs hardes en levant les mains et s'écriant : "Ah ! la bonne République ! La bonne République !" »

IX

Bleu - blanc - rouge

Noire Madeleine. — Granit. — Des lampions, des lampions ! — Nouvelle Garde nationale. — L'amour au peuple. — Victor Hugo chez Lamartine. — La promesse Marche. — Le décret de Louis Blanc. — Un drapeau de sang. — Spectacle et émotion. — Vous figurez-vous ? — Quel rêve ! — La douleur publique. — Brave Marx.

« Amis, frères,
pour une société nouvelle
devenons des hommes nouveaux ! »
Edgar Quinet,
Discours de rentrée au Collège de France.

La Madeleine est tendue de noir au-dedans comme au-dehors, vaisseau funèbre de haute mer drapé de tricolore, portant comme bouées de sauvetage d'immenses couronnes d'immortelles. *AUX CITOYENS MORTS POUR LA LIBERTÉ*, pleure en lettres d'argent une banderole géante.

Ce matin du samedi 4 mars, la République a huit jours — huit, car l'année est bissextile — et, après la formidable effervescence de ces huit jours-là, le temps est venu du souvenir et du recueillement. Aujourd'hui, de part et d'autre de ces corps suppliciés, s'ébauche une France nouvelle, fusion d'élans et de craintes, de victoires et de défaites, de maigres calculs, de désirs sincères, d'espoirs ambigus, de rivalités, de générosités folles, attente en fin de compte pathétique que s'accomplisse sous sa forme républicaine — liberté, égalité, fraternité — la très ancienne promesse faite aux hommes de bonne volonté... Et si le bonheur politique et social, le paradis sur la terre, c'était maintenant, ici et maintenant ?

A dix heures, la foule est déjà dense sur les boulevards, la marée est au rendez-vous de l'appareillage. Petits pas et dos ronds, les redingotes officielles occupent le parvis, échangeant des courbettes gravissimes — Chenu, qui accompagne Caussidière, s'irrite de reconnaître parmi elles des « républicains du lendemain » venus honorer le « nouveau souverain », c'est-à-dire le peuple, comme hier elles honoraient le roi. Les Blouses, dignes et émues, se tiennent un peu à l'écart, tout près de l'endroit où la fusillade a été la plus meurtrière, et où le pavé est encore rouge. A la Bastille et à la Concorde, s'apprêtent des éléments de la troupe, de la Garde nationale, des détachements d'étudiants et d'ouvriers qui, après l'office, rejoindront le cortège.

A 12 h 30, les membres du Gouvernement provisoire et les représentants des Corps constitués — à l'exception de Lamartine, resté à l'écart pour écrire son manifeste à l'Europe — prennent place dans la nef ainsi que les familles des victimes, qu'installent les préposés au protocole. A l'entrée du chœur, un catafalque de granit, figurant un temple funéraire antique, répète l'épitaphe du dehors : « Morts pour la liberté. »

Une fois de plus se trouve scellé l'accord de la pierre et de la chair. Je donne ma vie, dit l'homme, pour que les hommes vivent libres, et que ce granit rappelle jusqu'à la fin des temps le sens et la forme à donner à cette liberté. Cette fois, on l'a appelée République, et vibre en elle l'âme de la Révolution, la Grande, comme on dit, noyée dans son sang mais dont le message perdure mystérieusement.

Le 25 février au matin, huit jours plus tôt, la France s'est donc réveillée en République et a jeté un œil à la fenêtre. En République, vous rendez-vous compte ? Ces formidables barricades étaient bien réelles, et le roi n'avait pas profité de la nuit pour revenir. Les bourgeois, en plein désarroi, comprenaient enfin qu'à force d'appeler la réforme, ils avaient fait venir la République. Et, tandis que, dans les rues de l'aube privées d'éclairage, les enfants réclamaient « des lampions !

des lampions ! », ils se demandaient si les hommes du Gouvernement provisoire voulaient leur perte ou leur bien.

Les hommes au pouvoir, eux, avaient eu une nuit harassante — tant de sujets de discussion ! tant de décrets à prendre ! de textes à libeller ! de fonctionnaires à nommer ! tant d'espoirs à formuler ! de mots à inventer ! tant d'espions à démasquer, de mèches à éteindre ! tant de *pour toujours* à improviser !

Au matin du 25, quand Dupont et Arago sont rentrés chez eux se reposer un peu, le Gouvernement provisoire avait déjà notamment ouvert les portes des prisons aux détenus politiques, fait adopter par la patrie les enfants des citoyens morts en combattant, organisé les secours aux blessés et aux familles des victimes, décidé que les prêts du mont-de-piété sur du linge de moins de 10 francs ou des vêtements seraient entièrement remis aux déposants, tandis que s'installaient, dans les quartiers pour les plus démunis, des bureaux de bienfaisance avec distribution de bons de pain. Notre jeune Truquin qui, en tant que célibataire, n'y avait pas droit, n'eut d'autre ressource que de « se serrer la ceinture et de vendre ses quelques effets ».

C'est en partie pour répondre à cette détresse, tout en songeant à des préoccupations d'ordre public, que le Gouvernement provisoire avait mis sur pied une nouvelle Garde nationale — la Mobile, forte de 24 bataillons, qui avait l'avantage d'écarter des rues nombre de jeunes sans travail et de s'assurer leur fidélité par un salaire décent : 1,50 franc par jour logé, vêtu, nourri — un possible contre-feu pour pas cher. On pouvait s'enrôler dès midi dans les mairies, étant précisé que les rangs des deux Gardes nationales, l'ancienne et la nouvelle, étaient ouverts de droit à tous les Français désormais égaux en devoir et en privilège. Un ordre du jour à l'armée, invitée « à jurer amour au peuple », complétait la panoplie des mesures destinées à s'assurer l'adhésion et l'obéissance de toutes les forces armées. Enfin, décision courageuse propre à chasser la peur du fantôme de 93, la peine de mort avait été abolie en matière politique, et

Lamartine était allé l'annoncer sur le perron de l'Hôtel de Ville :

— C'est, avait-il proclamé, le plus beau décret, messieurs, qui soit jamais sorti de la bouche d'un peuple au lendemain de sa victoire !

La ville faisait désordre — cafés bourrés, boutiques fermées, barricades animées, rumeurs contradictoires. Aux carrefours, on distribuait des rubans et des cocardes rouges. Place de l'Hôtel-de-Ville, la foule était orageuse, impatiente, rétive et tourmentée d'inquiétudes, difficile à maîtriser ; le Gouvernement provisoire, parmi de farouches « délégués de permanence » autoproclamés, fusil à l'épaule, sabre au côté, pieds nus sur les tapis d'Aubusson, ne pouvait guère se sentir qu'en liberté surveillée.

Victor Hugo, qui passait par là, était monté voir son ami Lamartine. D'une décharge lâchée sur la place, une balle perdue venait de faire éclater un carreau dans la pièce où travaillaient les ministres.

Lamartine était allé vers la fenêtre :

— Voyez... C'est la mer.

Et, affamé depuis la veille, il s'était mis à déchiqueter, le petit doigt en l'air, la côtelette et le quignon qu'on lui apportait enfin...

Victor Hugo venait de partir quand un colosse, un certain Marche, un mécanicien du Nord, surgit bruyamment dans le tumulte du grand escalier, brandissant une pétition :

— Citoyens ! criait-il en martelant le sol de la crosse de son fusil, nous voulons l'organisation du travail ! Le droit au travail ! Dans une heure ! C'est la volonté du peuple ! Il attend !...

D'amples mouvements de bras, Marche maintenant pétrissait, en contrebas, la rumeur de la foule. La pétition était claire : les ouvriers demandaient le droit au travail et un minimum garanti en cas de maladie ou d'incapacité ; confirmant l'ultimatum de Marche, ils laissaient une heure au

Gouvernement provisoire pour que soient prises les mesures appropriées.

Une heure !

Louis Blanc, pour qui l'occasion était belle de faire avancer ses idées, a attrapé la plume, tempéré par Garnier-Pagès, lequel comprenait bien la menace mortelle que portait en son sein un texte improvisé et signé en quelques minutes sous la pression de la rue.

Tandis que Louis Blanc ébauchait fiévreusement son texte, Lamartine tirait Marche dans une embrasure de fenêtre, l'appelait à la patience, lui demandait sa confiance, obtenait enfin une promesse inestimable :

— Le peuple attendra, promit Marche ce matin-là... Il mettra trois mois de misère au service de République.

Le texte du décret de Louis Blanc, dont la rédaction était alors achevée, souleva dans la foule un vivat formidable — alors même que Marche venait de promettre d'attendre...

RÉPUBLIQUE FRANÇAISE

Paris, le 25 février 1848

Le Gouvernement provisoire de la République française s'engage à garantir l'existence de l'ouvrier par le travail ;

Il s'engage à garantir du travail à tous les citoyens. Il reconnaît que les ouvriers doivent s'associer entre eux pour jouir du bénéfice légitime de leur travail ;

Le Gouvernement provisoire rend aux ouvriers, auxquels il appartient, le million qui va échoir de la liste civile.

Toujours dans la hâte, et sans trop s'attarder sur ce à quoi ils venaient de s'engager, les ministres se sont remis à leurs affaires, chacun selon ses urgences, Bethmont s'efforçant de rétablir la circulation dans la ville de Paris pour assurer les approvisionnements, faire livrer du bois pour les fours des boulangeries... Crémieux décrétant que la Justice serait désormais rendue « au nom du peuple français »... Ledru-Rollin dictant des lettres aux préfets : « Faites-moi connaître dans le plus bref délai l'état de l'opinion et informez-moi en même temps des dispositions que vous aurez prises. »... Louis Blanc et Garnier-Pagès affrontant naïvement la rumeur : « *Le Gouvernement provisoire de la République française invite les citoyens de Paris à se défier de tous les bruits que feraient courir des gens malintentionnés.* »

Cet après-midi-là du mardi 25, le Gouvernement provisoire n'en avait pas encore fini avec les épreuves du jour. Revenant du ministère de l'Intérieur, Ledru-Rollin traversait la cohue de la place de l'Hôtel-de-Ville, où des hommes — sans doute des émissaires de Blanqui et des fractions extrémistes des sociétés secrètes — haranguaient la foule en distribuant des ceintures, des brassards et des cocardes rouges. Ledru-Rollin, bousculé, bloqué, interdit d'escalier, cherchait à échapper aux « Le Drapeau rouge ! Le Drapeau rouge ou la Mort ! » en se réfugiant dans la loge du concierge.

Le vide s'était fait sur le balcon, où Louis Blanc cette fois encore se présenta comme l'avocat de l'exigence populaire. Il était convaincu que, pour les ouvriers de Paris, le drapeau rouge n'était pas symbole de revanche et de désordre, mais un signe qui proclamait les nouvelles institutions. Le drapeau tricolore adopté en 89 par La Fayette était celui de la royauté constitutionnelle. Il ne convenait plus.

Lamartine hésita. Il lui paraissait dangereux de froisser l'armée, de donner un gage aux extrémistes, et aux orléanistes un symbole de ralliement. En vérité, pour éviter un affrontement sanglant, il était prêt à céder. C'est la vive réaction de Goudchaux, ministre des Finances, qui l'a retenu de le faire. Son énergie, sa détermination de ne pas céder au terrorisme a emporté la décision de résistance.

Un décret a alors été pris, déclarant que le drapeau national était le drapeau tricolore. Seule concession à Louis Blanc et aux émeutiers, on a ajouté : « *Comme signe de ralliement et comme souvenir de reconnaissance pour le dernier acte de la révolution populaire, les membres du gouvernement et les autres autorités porteront la rosette rouge, laquelle sera placée aussi à la hampe du drapeau.* » Reste à faire admettre une telle résolution.

A ce même moment, dans le réseau de petites rues qui s'embrouille entre la rue Saint-Antoine et la rue Saint-Denis, des hommes offraient des rubans et des cocardes rouges pour la boutonnière et le chapeau. Dans la matinée, Maxime Du Camp avait vu une proclamation de Blanqui placardée sur les murs : « *Le peuple a arboré la couleur rouge sur les barricades de 1848 ; qu'on ne cherche pas à la flétrir ; elle n'est rouge que du sang généreux versé par le peuple et la Garde nationale. Elle flotte étincelante sur Paris ; elle doit être maintenue. Le peuple victorieux n'amènera pas son pavillon.* »

Il a vu, Maxime Du Camp, un bourgeois têtu refuser de se laisser « décorer » de rosettes rouges par des distributeurs qui crient « Vive la république démocratique et sociale ! » *République, démocratique, sociale.* Tout pour diviser les espérances et les exigences.

C'est une fois de plus Lamartine qui s'est présenté, seul, au sommet du grand escalier et au péril de sa vie, face à une meute hargneuse, bruyante et parsemée de fleurs de tissus rouges, armée jusqu'aux dents. Son arme à lui, c'étaient des mots, des mots capables de toucher au cœur et de transformer en agneaux des loups prêts à le dévorer. Il parla longuement, pour les calmer, pour les convaincre, détailla les victoires de la veille.

— Voilà ce qu'a vu le soleil hier, citoyens... Et que verrait le soleil d'aujourd'hui ?

Enfin, gravement :

— Citoyens, vous pouvez faire violence au Gouvernement, vous pouvez lui commander de changer le drapeau de la nation et le nom de la France, si vous êtes assez inspirés et assez obstinés dans votre erreur pour lui imposer une république de parti et un pavillon de terreur. Le Gouvernement, je le sais, est aussi décidé que moi-même à mourir plutôt que de se déshonorer en vous obéissant.

Enfin, précisant sa volonté, Lamartine ajouta sa détermination :

— Jamais ma main ne signera ce décret. Je repousserai jusqu'à la mort ce drapeau de sang, et vous devez le répudier plus que moi, car le drapeau rouge que vous nous rapportez n'a jamais fait que le tour du Champ-de-Mars, traîné dans le sang du peuple en 91 et 93... Et le drapeau tricolore a fait le tour du monde, avec le nom, la gloire et la liberté de la patrie.

Quel enthousiasme ! Ce jour-là, le 25 février, Lamartine, laissant la France en bleu-blanc-rouge, a sauvé le Gouvernement provisoire. Le soir, une main anonyme avait remplacé, place du roi Henri-IV, le drapeau rouge par le drapeau tricolore.

Et le 4 mars, à la Madeleine, on ne s'étonnera pas que le bleu-blanc-rouge ait trouvé sa place dans la majesté du péristyle, où, accompagnant l'office, les chœurs de l'Opéra et de l'Opéra-Comique, l'orchestre de l'Opéra, ont interprété *La Marseillaise*, une marche funèbre de Cherubini, le chœur du Serment de *Guillaume Tell*, un extrait de *La Création* de Haydn et la Prière de *Moïse*.

C'est peut-être là, tandis que ronfle et vibre la salle des machines pour un appareillage grandiose, que va s'exprimer le mieux cette république d'époque, née dans les acajous vernis tendus de reps, naïve et grandiloquente, toujours en quête d'une grand-messe à célébrer, chantant plus haut que son *la*. Ah ! elle ne fait pas peur l'émotion, en 48 ! Les grands sentiments tremblent au fond des gorges nouées de la foule midinette, tandis que les pigeons et les corbeaux fuient les arbres déchiquetés l'autre semaine sur le boulevard — tout avait commencé par des chansons...

Quand, à 13 h 30, l'office se termine, on se met en place pour le cortège. Service d'ordre réduit : une haie mobile de détachements de la Garde et de la troupe de ligne, quelques piquets de gardes aux carrefours. De la Madeleine à la République, trois banderoles, une bleue, une blanche, une rouge, enroulées aux arbres et aux becs de gaz, tracent un chemin tricolore continu, coupé de loin en loin d'écussons sur lesquels ont peut lire : « Respect aux mânes des victimes des 22, 23 et 24 février. »

C'est la Garde nationale à cheval qui ouvre la marche, suivie par les dragons et les cuirassiers — le Gouvernement provisoire a profité de l'occasion pour faire rentrer dans Paris des éléments de l'armée dont il pourrait avoir bientôt besoin —, la Garde nationale à pied, la Garde mobile juste créée, les compagnies de volontaires de Caussidière, les sapeurs-pompiers, les élèves de Polytechnique et de Saint-Cyr, la magistrature, les décorés de Juillet, les blessés de Février derrière deux étendards, les maîtres de cérémonies des pompes funèbres, les corps de musique des six premières légions de la Garde nationale, qui entretiennent dans le silence le roulement grave de tous leurs tambours.

La Garde à cheval est passée depuis plus d'une heure quand se présente, précédé par le clergé, le char funèbre. Immense, gigantesque char, si haut qu'il atteint le troisième étage des immeubles, couronné par deux mains de bronze brandissant, pour symboliser l'union de la nation, un faisceau dont le socle porte l'inscription « PATRIE », puis « Liberté, Égalité, Fraternité », le tout entouré d'une broussaille de branches de laurier et de chêne. Aux quatre angles, d'où tombent les immenses draperies de deuil, des faisceaux de drapeaux tricolores portant à la hampe la cocarde rouge. Il ne faut pas moins de dix chevaux, tenus chacun à la bouche par un soldat, pour tirer le char.

Au milieu des chars funéraires, symbole d'« une lutte sans haine et d'une révolution sans vengeance », avance un char où sont les 15 corps des soldats et des gardes municipaux tués dans les affrontements avec le peuple et qui vont rejoindre les 138 cercueils déjà descendus dans la crypte ; il porte cette inscription : « Respect au courage malheureux ! » On se décoiffe devant lui comme devant les autres. La République veut l'unité et la fraternité des cœurs. Elle ne distingue pas entre ses enfants morts. Même si certains partagent moins l'émotion que le spectacle.

Parmi les dizaines de milliers d'assistants, une commerçante de Nantes, surprise à Paris par la Révolution, a trouvé une place à un balcon, boulevard Poissonnière ; elle ne manquera pas de raconter à son retour : « J'ai contemplé les funérailles des morts des trois journées. Ce n'était pas effrayant, c'était superbe. Vous figurez-vous ? Non, vous ne pouvez pas vous figurer des centaines de milliers d'hommes, les uns en uniformes, les autres en haillons, défilant pendant des heures, des flots vivants succédant à d'autres flots, avec autant d'ordre et d'harmonie que la mer tombante. Le long des chaussées, hissé sur des troncs d'arbres coupés pendant la lutte, débordant de toutes les ouvertures des maisons, juché jusque les toits, un autre peuple regardait passer le peuple. L'agitation des chapeaux et des mouchoirs suivait le mouvement des étendards et des drapeaux. De la terre on criait "Liberté !", du ciel "Fraternité !" On se pressait les mains, on se jetait dans les bras les uns des autres sans se connaître, et tous, tous, avec une formidable unanimité, on acclamait la République. Il y eut, dans le passage des chars funèbres, un instant où je fus tellement saisie au cœur que je faillis m'évanouir. L'un de ces chars portait les cadavres des soldats, des gardes municipaux tués dans la bataille des rues. Sur le drapeau qui flottait au-dessus, on lisait : "Respect au courage malheureux !" »

Dès son retour à Nantes — à cent lieues de la capitale —, la femme saisie au cœur éblouira son fils de dix-sept ans, qui lui renverra sa propre vision de l'Histoire en marche : alors qu'on commençait à parler de l'abdication du roi, il restait, lui, sur la route de Paris, allant au-devant du courrier, quand il vit arriver une malle-poste tirée par quatre chevaux, pavoisée de trois drapeaux : deux en avant du coupé — un bleu-blanc-rouge — et un rouge-blanc-bleu —, le troisième, planté droit sur le cabriolet du courrier, tout rouge et portant les lettres RF en or flamboyant.

Descendant le marchepied, le courrier cria aux postillons et à quelques villageois :

— Nous sommes en République... Le roi est chassé... Il n'y en aura plus... Vive Paris ! Vive la France !

Arrivant à l'octroi de Nantes, le même courrier :

— Rien à déclarer, si ce n'est que Louis-Philippe a filé dans un fiacre avec son parapluie et que bientôt sans doute il n'aura plus de gabelous... On brûle les barrières de la capitale, le vin et le gibier entrent sans payer...

Devant l'hôtel des Postes, le courrier est monté sur la voiture et a lu solennellement la Proclamation du Gouvernement provisoire au peuple français. Puis il a ajouté :

— Citoyens, j'ai été de ceux de Paris qui ont brisé le trône, expulsé le roi, anéanti la tyrannie...

On ne viendra plus de Paris sans, comme lui, raconter son histoire ou son témoignage. Ainsi, un prêtre rapportera un mandement de l'archevêque Affre « glorifiant le triomphe du peuple qui exécute les décrets de la Providence et réalise la fraternité selon l'Évangile ». Le pape, dit-il, appelle de tous ses vœux la bénédiction de Dieu sur la France. Le premier dimanche suivant, il faudrait chanter à la messe : « *Domine, salvam fac Republicam* » — Dieu, sauve la République, au lieu de Sauve le roi.

La grande et belle union fraternelle suscite une espérance dont on ne sait, en vérité, ce qu'il faut en attendre. Voici ce que dit George Sand, qui assiste au cortège. Amie d'Étienne Arago, de Ledru-Rollin, de Louis Blanc, de Lamartine, elle est arrivée à Paris le 1er mars, et n'a pas perdu de temps : « Vive la République ! Quel rêve ! Quel enthousiasme ! Et en même temps, quelle tenue, quel ordre à Paris ! J'en arrive, j'y ai couru, j'ai vu s'ouvrir les dernières barricades sous mes pieds. [...] J'ai vu le peuple de Paris, grand, sublime, naïf, généreux, le peuple français réuni au cœur de la France, au cœur du monde, le plus admirable peuple de l'univers... On est fou, on est ivre, on est heureux de s'être endormi dans la fange et de se réveiller dans les cieux... »

Il est trois heures lorsque la tête du cortège atteint la colonne de Juillet, plus de quatre heures lorsque les troupes présentent les armes devant le char funéraire. Le clergé descend donner l'absolution aux cercueils descendus dans la crypte.

Alors les parents des morts se précipitent pour un dernier adieu, bousculant le protocole, occupant l'espace réservé aux membres du Gouvernement provisoire. Pagnerre, délégué pour présider cette cérémonie, vient leur expliquer que ces morts ne sont plus les leurs, mais ceux de la République, que « leur douleur personnelle doit céder devant la douleur publique »... Les parents, en sanglots, se retirent et laissent prononcer les discours prévus ; puis, Habits et Blouses, ils feront une pieuse conduite à l'Hôtel de Ville aux membres du Gouvernement.

Caussidière est toujours là. Ce qu'il gardera en mémoire, il ne pourra s'empêcher de l'écrire : « Un soleil doré rayonnait sur cette piété populaire, et faisait entrer dans les cœurs l'espérance, cette dernière religion de l'homme... » L'espérance, comme on le murmure dans les rangs, sans doute faut-il lui confier le résultat des élections, décidées ce même 4 mars, ouvertes à tout Français ayant passé ses vingt et un ans : soit 9 millions de citoyens, qui choisiront les 900 représentants de son Assemblée.

Il semble donc que les héros des barricades ne sont pas les combattants de l'illusion. Voici qu'un socialiste allemand réfugié à Bruxelles a rédigé un appel du fond de sa chambre d'hôtel : « Prolétaires de tous les pays, unissez-vous ! » Ce soir, avec sa famille, il roule en train pour Paris, « centre de tout le mouvement révolutionnaire ». Dans la poche de son habit, ses doigts froissent l'invitation transmise par Flocon : « Loyal et brave Marx, le territoire de la République française est un asile pour tous les amis de la liberté. »

En ce premier samedi de mars 1848, qui ne se dirait ami de la liberté ? Tandis que la foule se retire et que l'extrême sommet de la colonne de Juillet se nimbe des dernières lueurs du couchant, Baudelaire rejoint Caussidière pour exalter ce « moment unique de l'histoire » où a pris corps l'unanimité nationale et universelle : « Une époque, une journée, une heure a existé dans le temps, dit-il, où les sentiments divers de tant d'individus ne furent qu'une immense espérance... »

X

Ici et maintenant

Je ne suis plus roi. — Le maître mot de Blanqui. — Chez Rothschild. — Le carnet de Joseph. — Nous sommes forts. — Palais du Luxembourg. — La route des cieux. — Huit francs par semaine. — Affaires de banque. — Quarante-cinq centimes. — Suffrage universel. — Primevères et peupliers.

« *Que travailleurs, bourgeois, tout se confonde,*
Luisent enfin des jours d'égalité ;
Peuple et soldats, un même sang féconde
L'arbre saint de la liberté. »

E. Villemin,
Chansons républicaines.

Espérance ? Il va s'agir des élections quand on aura enfourné les histoires parfois sauvages vécues par les uns ou par les autres aux alentours de ce même 4 mars.

Le roi chassé s'est installé à Claremont, à quelques lieues au sud de Londres. Quel chemin ! Le 24 février, en fin d'après-midi, il a quitté Trianon pour Dreux, résidence royale. De plus en plus inquiet, le vieil homme, ôtant le toupet dissimulant jusqu'alors sa calvitie presque complète, s'enfonça un bonnet noir jusqu'aux yeux et chaussa des lunettes vertes. Le château de Dreux était glacé, désert, sans meubles ni linge. Alerté sur cette présence inconnue au château, le sous-préfet Maréchal est survenu et a démasqué Louis-Philippe :

— Le roi ! s'écria-t-il.

— Je ne le suis plus, gémit celui-ci, je ne sais même plus où je vais abriter ma vie.

C'est seulement au milieu de la nuit que la nouvelle de la

fuite du roi arriva à Paris, et que Maréchal apprit qu'il était devenu fonctionnaire de la République. Au matin, il monta sur le siège de la berline où avait pris place le couple déchu et les accompagna à Évreux. Les nouvelles commençant à se faire menaçantes, Maréchal trouva au roi et à la reine un refuge dans une ferme à l'écart, où ils se restaurèrent d'une soupe à l'oignon et d'un reste d'omelette.

Complaisant, le fermier mit à la disposition de Louis-Philippe « un tape-cul dont il se servait pour courir les marchés », et, les tutoyant pour protéger le secret de leur identité, les emmena jusqu'à Honfleur ; mais en mer la tempête faisait rage et Louis-Philippe trouva à Trouville, où il s'était rendu à pied, un asile précaire. Au milieu des tourments et des vicissitudes qui s'aiguisaient autour d'eux, ils purent prendre place, devenus M. et Mme Théodore Lebrun, à bord du paquebot anglais *L'Express*, à qui il fallut neuf heures de navigation sur la mer démontée avant de toucher Newhaven...

Qu'aurait fait la toute jeune République de ce vieux roi et de ses ministres si par malheur ils étaient malgré tout tombés entre les mains des nouvelles autorités ? Des procès auraient été inévitables, avec leurs menaces de débordements et de guerre civile. Pour les vaincus de l'histoire comme pour les vainqueurs, la retraite ou l'exil fournissent la meilleure issue. La générosité, ici, n'excluait pas le calcul. Aux difficultés du dedans, le Gouvernement provisoire comptait bien éviter d'ajouter une brouille avec l'Europe des monarchies : l'Angleterre, la Prusse et l'Autriche, sans confiance ni bienveillance, craignaient que la France n'ait renoué avec ses vieux démons : la révolution à l'intérieur, ne serait-ce pas bientôt la guerre à l'extérieur ?

Lamartine, qui s'installa au ministère des Affaires étrangères, boulevard des Capucines — jetant des matelas par terre dans les salons du rez-de-chaussée pour y dormir sans bousculer le désordre particulier de son prédécesseur Guizot — tenta d'aider le roi — c'est ainsi que François Arago effectua une démarche auprès de la comtesse de Boigne — et appela la bienveillance des puissances sur ce que devenait la France, qui changeait de régime pour la cinquième fois depuis le début du siècle.

Tandis qu'il s'attelait à l'élaboration d'un manifeste destiné aux cours étrangères, il dut avec les autres membres du conseil affronter un certain nombre de « cas ». Ainsi Louis-Napoléon, le neveu de l'empereur, débarquait de Londres pour « se ranger sous le drapeau de la République » — il fut prié de repartir aussitôt. Ce qu'il fit dès le lendemain, mais il avait vu les barricades, contemplé la colonne Vendôme et respiré l'air de Paris ; de quoi former le vœu de revenir.

Pour Guizot, au contraire, la personne la plus honnie du régime renversé, il fallait disparaître. On le laissa monter dans le train pour Bruxelles sous l'habit et l'identité d'un domestique de l'ambassadeur du Wurtemberg, qui le prit avec lui.

Un autre arriva de Blois — où il se trouvait en résidence surveillée. Son premier combat de rue et sa première blessure remontaient à 1827. Juillet 1830 l'a trouvé les armes à la main : c'est Auguste Blanqui, qui a vu alors, parce qu'il en était, le peuple de Paris tirer les marrons du feu pour la haute bourgeoisie orléaniste. Cette fois, ce « furieux froid », inquiétant et secret, se méfiait du Gouvernement provisoire à peine en place. Il avait convoqué ses maigres et farouches troupes, quelques centaines de sectionnaires, près du Palais de Justice, où il rencontra Caussidière, qu'il estimait capable de l'aider à renverser le gouvernement. Rencontre pénible, décevante pour Blanqui. Le visage plus glacé que jamais, désarçonné, il rejoignit ses hommes, qui n'attendaient qu'un mot pour se lancer à l'assaut et terroriser les bourgeois. Stupeur ! En ces heures indécises et tourbillonnantes, Blanqui lui-même oublia son maître mot : « L'inactivité, c'est la mort ! »

Qui attaque ? Qui défend ? En vérité, la liberté conquise sur les barricades s'est parfois accompagnée d'exaltation et même d'ivresse. La bonde, d'un coup d'émeute, a sauté, livrant passage à des flots de peine, de misère et de rancœur mêlées. Stupéfait de sa victoire soudaine, le peuple a épargné les Tuileries, le Louvre, le Palais-Royal, ces monuments de l'histoire de France — donc maintenant les siens. En revanche, le château de Neuilly, résidence particulière de la famille royale, a été mis à sac par une foule compacte et joyeuse, vidant en une nuit les 160 fûts et les 90 000 bouteilles de la cave. Sous l'effet de l'alcool, les meubles furent jetés dans les cours et brûlés, les flammes gagnant les bâtiments eux-mêmes.

A Puteaux, s'assemblèrent sur la grand-place d'autres excités. Un marchand de volaille criait plus fort que les autres :

— A Suresnes, hurlait-il, chez Rothschild !

Une bruyante cohorte s'ébranla aussitôt. Objectif : le château de Salomon de Rothschild, frère aîné et aussi beau-frère du baron James. On ne vola pas, mais on dévasta tout. Aucun pillage, mais on s'acharna sur les signes d'opulence, qu'on détruisit sans pitié, comme les œuvres d'art, parmi lesquelles on laissa traîner les flammes... En réalité, il s'agissait de se venger de ce Rothschild, cet affameur par la faute de qui le pain avait manqué : dans *Le National*, on avait écrit qu'il « noyait sa farine dans la sueur du peuple ».

Sa farine, en vérité, c'est à la suite des mauvaises moissons de 1846 et 1847 — les années Buzançais — que James de Rothschild avait fait acheter à l'étranger de grandes quantités de grains. Des bons avaient été distribués aux indigents, qui pouvaient les échanger contre du pain dans une boulangerie établie à La Chapelle-Saint-Denis. Le geste était resté incompris, le banquier avait été accusé de spéculer sur la misère des pauvres gens, même s'il faisait un don de 25 000 francs à la Caisse de secours des blessés de Février...

Or James de Rothschild était maître des chemins de fer du Nord. Sa fortune paraissait se développer au rythme des monstres soufflant et crachant sur des rails qui, de plus en plus vite, s'abattaient en étoile sur l'ensemble du pays. Révolte contre les progrès techniques qui n'enrichissent que les plus riches, désir de retrouver les gestes traditionnels dont la pérennité garantissait le pain quotidien. Là encore il fallait agir : brûlées furent les gares de Saint-Denis, de Pontoise, d'Enghien, de L'Isle-Adam, le long du chemin de fer du Nord, et arrachés les rails. Le soir, le pont de Saint-Germain, embrasé, s'était effondré dans la Seine sous les vivats des rouliers, des bateliers et d'autres travailleurs en liesse. Ainsi à Nanterre, à Chatou, à Bezons. Les machines étaient ainsi réduites à l'immobilité et au silence. Retrouver l'âge d'or, et travailler comme nos pères l'avaient toujours fait...

Question d'âge, de génération, d'époque. Les révolutions mettent à jour. Le jeune journaliste Philippe Faure entendit dire que les ouvriers des imprimeries commençaient à détruire les presses mécaniques des journaux. Épuisé par la faim, la fatigue, l'inquiétude, il se précipita quand même, arriva à temps pour détourner le coup de marteau d'un ouvrier. On l'entoura. Qui était ce jeune homme pour s'opposer aux travailleurs ? Et sa croix de Juillet avait une fois de plus surpris :

— Tu sembles bien jeune pour avoir combattu voilà dix-huit ans !

Philippe expliqua l'origine de la croix et ajouta :

— Je la portais aux barricades, j'ai bien le droit peut-être de la porter ici...

Le jeune homme, malingre mais audacieux, en avait imposé aux pressiers : les machines ne seraient pas brisées.

A Lyon, au même moment, Joseph Bergier avait vu une bande d'une centaine d'individus se préparer à mettre en pièces les métiers mécaniques honnis. On les avait désarmés à grand-peine. Le lendemain, un autre groupe avait détruit la corderie de Collonges. Un soir, Bergier était rentré encore plus tard que les jours précédents, quand se formaient en comité républicains et réformistes. Dans la rue, sur la tête des Lyonnais sens dessus-dessous, l'orage, d'un coup, s'était déchaîné. Le fracas du tonnerre s'était mêlé aux applaudissements quand, dans les théâtres, avant le lever du rideau, on avait annoncé la République — mieux que toutes les représentations. Joseph Bergier le notable courut sous la pluie en compagnie de Benoît le prolétaire. Le premier voulait sauvegarder le régime nouveau pour sauvegarder l'ordre, la famille et la propriété, tandis que le second voulait « faire jouer au peuple un rôle que la bourgeoisie semblait vouloir lui enlever ». A chacun sa République.

Emmanuel Arago, à peine arrivé à Paris, proclama par voie d'affiches :

République française
Liberté Égalité Fraternité
Aux Lyonnais

Citoyens !

Au nom du peuple, le Gouvernement provisoire m'a donné mission de le représenter dans le département du Rhône. J'arrive : mon premier doit être de vous dire que le gouvernement installé à Paris par la volonté du Peuple est fort maintenant du concours de tous les citoyens. Les combattants enrôlés en un jour au nombre de trente mille, assurent aujourd'hui, conjointement avec la garde nationale, la marche de l'administration républicaine.

Sachez bien, citoyens, que faite par le peuple, l'immortelle révolution du 24 février est faite pour le peuple.

Un jour, plus fatigué que d'habitude, Joseph cessa de tenir son carnet. C'est sa femme Fanny qui prit sa place.

A Paris, Norbert Truquin, notre jeune marquis de Haute Misère, poches vides et ventre creux, finit par trouver une place dans une équipe de paveurs, pour 2,50 francs par jour. Le travail ne manquait pas dans les rues mises à nu par les barricades, et s'il avait participé à la construction de celle-ci ou de celle-là, le cœur lui manquait de les démonter — comme si effacer les traces du mouvement populaire, ce n'était pas jeter à bas les signes les plus apparents de la victoire. En tout cas, il s'était mis au régime limité pain-frites. Tout payé au bout de douze jours, il compta les pièces au creux de sa main : « Je me crus riche comme Rothschild ! »

Puis il commença à chercher autre chose à faire.

L'ami Terson, le prêtre défroqué devenu saint-simonien, fut choisi par Caussidière pour courir dans l'Allier, tenter d'aider un commissaire mal accueilli par la population. Pour seule arme, Terson prend en tout et pour tout une écharpe tricolore.

Philippe Faure, observant autour de lui, regretta que beaucoup de travailleurs « se jettent à la curée des emplois ; c'est dégoûtant, et de vils laquais de l'ancien régime prennent la livrée républicaine avec un empressement repoussant ».

Un de ses amis de l'imprimerie réfléchissait un peu plus loin :

— Notre intérêt à nous, travailleurs, c'est de garder les machines, elles feront pour nous le travail en nous laissant le loisir de nous instruire. Mais il faut laisser le temps à l'industrie de s'organiser, et pendant quelques semaines encore, rien ne peut être changé ; serrons-nous près du Gouvernement provisoire, soutenons-le et usons de notre droit d'électeurs pour faire assurer l'avenir du Peuple par l'Assemblée Constituante. Soyez patients, frères, nous sommes forts !

Un puissant cortège d'ouvriers alla exiger à l'Hôtel de Ville l'organisation du travail. C'était l'affaire de Louis Blanc. Il demanda de ses collègues la création en sa faveur d'un ministère du Travail. Mais le gouvernement ne se souciait pas de mettre entre les mains du plus extrémiste de ses membres l'instrument d'une telle puissance et d'une telle popularité. Lamartine fit rejeter la demande pressante de Louis Blanc — qui, entraînant Albert, remit aussitôt sa démission.

Mais les deux hommes, hors du Gouvernement, paraissaient plus dangereux encore : et s'ils en appelaient au peuple ? Le spectre de la démocratie sociale s'agitait déjà. Comment retenir Louis Blanc ? Garnier-Pagès eut alors l'idée d'une Commission pour les travailleurs, destinée à étudier la question du travail sous tous ses aspects. Louis Blanc, naturellement, la présiderait. Marrast, pour dorer la pilule, suggéra de l'installer au Palais du Luxembourg — là où siégeaient les Pairs de France quelques jours plus tôt — et Arago, un vieil ami, fit jouer des trésors d'éloquence pour entraîner Louis Blanc, et Albert dans son ombre, à l'écart du Conseil des ministres mais continuant à faire partie formellement du gouvernement.

Louis Blanc n'était pas malheureux que cette tribune lui permette de répandre ses idées. Deux jours plus tard, deux cents délégués constituaient la première assemblée — dont Martin Nadaud, notre maçon creusois, impressionné par les lieux et les discours. Puis, ayant consulté les chefs d'industrie, que les circonstances et peut-être une prise de conscience avaient rendus conciliants, la Commission recommanda au Gouvernement, qui l'accepta, de réduire d'une heure la journée de travail et d'abolir le marchandage dans les transactions d'embauche. Une pluie de revendications s'abattit sur la Commission, au point que Louis Blanc pria les ouvriers d'attendre les élections et la future assemblée constituante, qui prendrait des décisions suivies d'effets. « Pendant qu'au Luxembourg on cherchait la pierre philosophale, ironisera Marx, on frappait à l'Hôtel de Ville la monnaie qui avait cours. »

Mais le Gouvernement, pour faire pièce à Louis Blanc et canaliser la pression populaire, choisit une autre direction : aux chômeurs furent ouverts des ateliers nationaux, qui embauchaient le tout-venant pour deux francs par jour de présence — travail ou pas. Et là, de joie, on changea les paroles de l'air des *Girondins* :

Enfants de l'industrie
Allons à l'atelier créé par la Patrie...
Au travail ! Que ce cri sublime
Sorte de nos cœurs vertueux !
Il ferme le gouffre du crime,
Il ouvre la route des cieux !

Et les chômeurs, la gorge en feu, la tête en fête, rallièrent ce firmament laborieux. Mais les chantiers étaient peu nombreux et les ingénieurs des Ponts et Chaussées ne mettaient pas trop d'empressement à les développer. Les mairies d'arrondissement, où avait lieu l'embauche quotidienne, furent rapidement débordées par le flot croissant des demandes. Chaque matin, des scènes entre les sans-emploi — payés mais toujours sans travail — menaçaient de tourner à l'émeute.

Un jeune ingénieur imaginatif et autoritaire, Émile Thomas, fut nommé commissaire de la République, directeur des Ateliers nationaux. Les tâches proposées ne lui permettaient pas d'employer les dizaines de milliers de chômeurs inscrits : terrassements aux Champs-Élysées, plantations le long des boulevards, réparation des chemins de ronde, entretien du chemin de hâlage de Neuilly... Les sans-emploi, l'organisation quasi militaire d'Émile Thomas les fait marcher sous prétexte de travaux en fait inexistants...

Norbert Truquin, avec ses quinze ans et son expérience de paveur, était ravi de ces Ateliers nationaux, où il touchait 8 francs par semaine. Pour faire quoi ? « On nous envoyait promener deux fois par semaine dans la plaine de Saint-Maur ; j'en profitais pour visiter la campagne ; les cinq autres jours, je les employais à muser devant les libraires. » Norbert ne sait pas lire. Tous n'ont pas cette curiosité, mais les Ateliers nationaux apparaissent aux plus clairvoyants pour ce qu'ils sont : une mesure d'opportunité politique et sociale, habillée sur mesures :

Pour fonder une république
Nous avions tous armé nos bras ;
Reprenons l'outil pacifique !
Le travail après les combats !

Refrain *Enfants de l'industrie*
Allons à l'atelier créé par la Patrie !

Une nouvelle ère se lève
Elle annonce des jours meilleurs
Plus de misère, plus de grève

Pour le peuple des travailleurs !

Émile Thomas, pour faire face aux dépenses croissantes, trop lourdes pour la ville de Paris — que la destruction des barrières d'octroi a privée d'une de ses principales ressources sur « la route des cieux » — fit appel au Trésor public.

L'argent ! Lors de la dernière bourse, entre les barricades, on avait clôturé à 116,10 francs. A la réouverture, le 7 mars, on crut pouvoir ouvrir à 97,50, mais le cours tomba aussitôt à 89, marquant une baisse de plus de 23 %. Le 24 février, les caisses de l'État ne contenaient que de quoi faire face à un mois de dépenses courantes.

Plusieurs banques en grave difficulté adressèrent au Gouvernement provisoire des appels de détresse, tentant par exemple d'obtenir un report à trois mois de toutes les échéances, dût la Banque de France faire faillite. Le 10, trois mille commerçants manifestèrent place de l'Hôtel-de-Ville. Ils n'obtinrent que dix jours.

Le ministre des Finances, le banquier Goudchaux, « rose, énorme, joufflu, au regard pudique » — il aime moins Louis Blanc que Rothschild — a dressé devant ses collègues effarés un tableau apocalyptique de la situation financière. Après avoir fait décider par le gouvernement que tous les impôts seraient maintenus, Goudchaux, qui désespérait de tout et de lui-même, menaça de se suicider puis fit accepter sa démission.

C'est Garnier-Pagès qui le remplaça, constatant : « L'argent s'écoulait du Trésor comme l'eau d'une écluse ouverte. De minute en minute, à vue d'œil. » Il fut autorisé à aliéner, à concurrence de 100 millions, les diamants de la couronne, les lingots, l'argenterie, les bois et forêts de l'ancienne liste civile. Échec : on joua le pauvre, et les élégantes s'endeuillèrent de nippes... On licencia les domestiques, on vendit chevaux et attelages, on fit fondre l'argenterie. En vérité, dans les quartiers populaires, les vrais modestes, par civisme et désintéressement, versèrent à la Commission des dons patriotiques des montres, des cadeaux de mariage, de petits bas de laine constitués au fil des années : désintéressement républicain qui ne suffit pas à renflouer les caisses publiques ni à reconstituer le stock de numéraire.

Pour sauver la Banque, Garnier-Pagès l'autorisa, le 16, à donner à ses billets cours légal — ce que George Sand, bonne républicaine mais pétrie de méfiance rurale appela dans une lettre « cours forcé » — en les fractionnant en coupons de 100 et 200 francs. Résultat : un ballon d'oxygène de 230 millions. Garnier-Pagès, qui ne pouvait mettre en place des impôts nouveaux, se rabattit sur la recette la plus simple : « Considérant que l'intérêt de la République exige que de puissants secours soient immédiatement donnés au travail, à l'industrie, au commerce », le Gouvernement décréta que, pour l'année, il serait perçu 45 centimes supplémentaires au franc des contributions directes.

Recette simple, d'application immédiate, les plus défavorisés étant exemptés. Mais elle porte en milieu rural, où les paysans constituent les gros bataillons des électeurs : les 45 centimes, c'est sûr, pèseront sur leur vote.

Lyon, notamment pour faire face à la charge des Ateliers nationaux, ajoute de sa propre autorité 55 centimes aux 45 déjà exigibles — soit 1 franc !

Louis-Philippe et Guizot avaient refusé à la Chambre une modeste réforme du droit de vote, qui aurait porté le nombre des électeurs, pour toute la France, à moins de 500 000. Or, dès le 25 février, le Gouvernement provisoire proclamait, comme une évidence, le principe du suffrage universel — faisant un électeur de tout Français âgé de vingt et un ans et résidant depuis six mois dans sa commune d'élection, y compris les domestiques et les soldats. Le scrutin de liste départemental à un seul tour, avec possibilité de panachage, est retenu comme le système le plus commode. Tout Français de plus de vingt-cinq ans sera éligible.

Chaque citoyen compte maintenant pour une voix. En droit, le maçon creusois Martin Nadaud est l'égal d'Alexis de Tocqueville. Aussi bien le titre de comte n'est-il déjà plus qu'un usage, car le Gouvernement, sans même en avoir réellement délibéré, a aboli les titres de noblesse. Au reste, en cette ère nouvelle d'égalité et de fraternité, titres et particules sont le plus souvent escamotés par leurs titulaires, au profit du beau nom de citoyen — au détriment des spécialistes chargés de figurer les armoiries chamarrées sur les portes des voitures et se plaignant de ce manque à gagner.

La consultation, fixée au 9 avril, donnera neuf cents représentants au peuple. « La France stupéfaite, déconcertée, juge Victor Hugo, en apparence joyeuse et terrifiée en secret, éblouie d'un éblouissement plein d'épouvante, aveuglée par toutes les lueurs du doute, ayant perdu l'autorité et tâchant de trouver le génie... »

Rouges, bleues, jaunes, des affiches imprimées à la hâte, pontifiantes, mystiques, menaçantes ou délirantes, bariolent les murs de Paris. On s'attroupe, on commente, on rit, on s'indigne, on pleure sur des misères soudain révélées, sur des dévouements sublimes, sur soi, sur rien. Les boulevards sont devenus des théâtres où on peut tout dire, et tout se dire ; savait-on même que c'était possible ?

Les citoyens se donnent rendez-vous dans des salles de réunion où tout un chacun s'exprime — et parfois les femmes, privées du droit de vote, scandalisées car « il ne peut y avoir deux libertés, deux égalités, deux fraternités ! ». Tous s'accordent sur la décision de planter des peupliers — le *populus* latin, comme notre peuple — sur les places, aux carrefours, dans les jardins. Quand les racines sont en terre et les tiges montent droit vers le ciel, un curé vient toujours le bénir, demandant qu'on le respecte, dans la mesure où il représente le peuple et la justice, devenus frères :

— Vive la République démocratique et sociale ! dit-il parfois.

George Sand ajoute : « Tous les jours et sur tous les points, on plante des arbres de la liberté. J'en ai rencontré trois en diverses rues, portés sur l'épaule de cinquante ouvriers. En tête, le tambour, le drapeau et des bandes de ces beaux travailleurs de terre, forts, graves, couronnés de feuillage, la bêche, la pioche ou la cognée sur l'épaule, c'est magnifique ! »

En cette saison de mars, quand, outre les jonquilles et les primevères, s'enracinent ainsi les peupliers au fond des âmes, les citoyens n'ont pas à résister à l'espérance qu'on leur a promise. C'est le printemps à Paris.

XI

La course aux élections

Au club ! — Et les femmes ! — Blanqui, l'ennemi. — Ô Sainte Mère. — Voici le traître. — Du fanatisme. — Pompons jaunes. — On votera à Pâques. — Les Compagnons. — Candidats. — Jusqu'à la bêtise. — Le bulletin n° 16. — Vaincre ou mourir. — Fête de la Fraternité.

« Tout Français est électeur
Quel bonheur ! Moi, tailleur
Toi doreur, lui, paveur,
Nous v'là z'au rang d'homme. »

Eugène Pottier.

Voter n'a de sens que si la nation se prononce en connaissance de cause. Les vocations ne manquent pas pour éclairer l'opinion. Une fièvre propagandiste s'empare alors de Paris, et de toute la France à sa suite. Les journaux, rendus à une liberté totale avec la suppression du timbre et du cautionnement obtenue le 4 mars, prolifèrent. Souvent éphémères, parfois œuvre d'un seul homme qui rédige, imprime et distribue, reprenant des titres de la Grande Révolution, comme *La voix du peuple*, *Le salut public* avec Baudelaire, *Le vieux cordelier*, *Le père Duchêne*, assorti d'une *Mère Duchêne* qui polémique avec lui et le rappelle à ses devoirs, les périodiques se comptent bientôt par centaines. Le *Christ républicain*, dirigé par Declergues, vendu cinq centimes et paraissant le jeudi et le dimanche, *Le canard*, *L'événement* des Hugo, *La cause du peuple* de George Sand, *Le peuple constituant*, que Lamennais fonde avec le protestant Barbet, font leur apparition, dans l'ombre des journaux institutionnels que sont *Le National* et *La Réforme*, *La Presse* d'Émile de Girardin ou *Le Siècle*.

Chacun a son mot à écrire sur un canard ou un placard, à dire sur les places ou dans les jardins publics. Vertige de la parole qui, pour beaucoup, tient lieu d'idées, et parfois de nourriture. Bonheur de pouvoir se réunir sans surveillance ni contrainte, de ressentir que l'on n'est plus seul, que d'autres avec nous veulent proclamer notre vérité, changer le monde et dépouiller le vieil homme !

Des comportements naguère cachés, des mouvements hier encore souterrains ou occultes, apparaissent au grand jour. Une mode et un mot font alors fureur : le club. A la fin de mars, on en compte déjà 250 à Paris, et 450 quelques semaines plus tard. La façon de prononcer le terme est en soi tout un programme. Daphné, soubrette de comédie, s'en explique dans « Le vrai club des Femmes ».

Moi je dis club, *c'est la mode dernière.*
Les vieux républicains à ce jour arrivés
Prononcent aussi club *comme vous l'écrivez.*
D'autres, quoique ce son à l'oreille déplaise,
Disent cloub *pour avoir une tournure anglaise.*
Quelques-uns disent cleub *avec peu de succès,*
Et moi j'adopte club *par amour des Français.*

Maxime Du Camp note que « club était démoc.-soc. ; cloub était réac ; cleub n'était pas compris ».

A cette forme spontanée de démocratie, le Gouvernement provisoire procure des moyens matériels — salles et subsides. Lamartine, Ledru-Rollin, Marrast, Caussidière et autres puissances de la République y entretiennent des intelligences, y placent des informateurs et des mouchards, afin de s'appuyer sur ces groupes ou de les contrôler, voire de les intoxiquer. « Club des bureaucrates », « Club des hommes lettrés sans emploi », « Club des domestiques et gens de maison », « Club du lansquenet », « Club des amis fraternels », « Club de l'émancipation des peuples », clubs par profession et par quartier, Flaubert les donne à voir par les yeux de Frédéric Moreau : « Les rouges et les bleus, les furibonds et les tranquilles, les puritains, les débraillés, les mystiques et les pochards, ceux où l'on décrétait la mort des Rois, ceux où l'on dénonçait les fraudes de l'Épicerie ; et, partout, les locataires maudissaient les propriétaires, la blouse s'en prenait à l'habit, et les riches conspiraient contre les pauvres. Plusieurs voulaient des indemnités comme anciens martyrs de la police, d'autres imploraient de l'argent pour mettre en jeu des inventions, ou bien c'étaient des plans de phalanstère, des projets de bazars cantonaux, des systèmes de félicité publique ; puis, çà et là, un éclair d'esprit dans ces nuages de sottise, des apostrophes, soudaines comme des éclaboussures, le droit formulé par un juron, et des fleurs d'éloquence aux lèvres d'un goujat, portant à cru le baudrier d'un sabre sur sa poitrine sans chemise... On devait, par affectation de bon sens, dénigrer toujours les avocats et servir le plus possible ces locutions : apporter sa pierre à l'édifice ; problème social ; atelier. »

La manie des clubs se répand sur tout le territoire et dans tous les groupes. Marx, le 8 mars, fonde le « Club des travailleurs allemands », tandis que Mazzini rassemble ses compatriotes dans « l'Association nationale italienne ». George Sand elle-même enjoint à son fils Maurice que, grâce à l'amitié de Ledru-Rollin, elle a fait nommer maire de Nohant alors qu'il n'avait pas encore l'âge requis, d'ouvrir un club dans sa commune, « à condition d'en exclure les femmes et les enfants, qui ne songent qu'à crier et à danser ».

Bien des femmes, pourtant, veulent crier leur identité et leurs revendications. Leur rôle pendant les journées de Février, tout autant que les principes républicains et démocratiques issus de la Révolution, doivent leur ouvrir des droits et un destin nouveaux. Épouses et mères, mais aussi citoyennes majeures. Le 4 mars, le Gouvernement provisoire a reconnu que « nulle terre française ne peut plus porter d'esclaves ». L'émancipation doit-elle se limiter aux Noirs ? Les esclaves, elles sont là aussi, d'abord, au milieu de nous. A elles de s'organiser pour que la République ne reste pas, pour elles, un vain mot.

Dans les premières heures, certaines furent victimes d'un mauvais plaisant, Borme, ex-chirurgien de la marine, qui fit placarder dès le 26 février une affiche ainsi rédigée : « La République vous doit le quart de son existence. Vous avez bien mérité de la patrie, aussi j'ai demandé au Gouvernement provisoire de vous enrégimenter sous le nom de Vésuviennes. Se présenter de midi à quatre heures rue Sainte-Appoline, 14. » Des centaines de femmes accoururent à l'adresse indiquée. Les Vésuviennes ainsi enrôlées se donnèrent un uniforme militaire, et un programme réclamant l'égalité civile : pour être citoyenne, il faut avoir au moins quinze ans et avoir soit épousé un Français soit adopté un vieillard. Le mari est tenu de participer aux soins du ménage.

Ces cohortes féminines, qui défilent en armes, sont beaucoup moquées. Des hommes confectionnent de faux journaux féminins, comme *La République des femmes* qui met cette chanson dans la bouche des Vésuviennes :

Tremblez tyrans portant culottes...

En vérité les Vésuviennes, amazones caricaturales, desservent la cause des femmes. Celles-ci créent bientôt des sociétés bien à elles. Des militantes, formées dans la mouvance du saint-simonisme, montrent le chemin de la libération : « Club de l'émancipation des femmes », fondé par Jeanne Deroin, « Club fraternel des lingères » avec Désirée Gay, bien d'autres encore. Surtout, paraît le 10 mars le premier numéro de *La voix des femmes*, « journal socialiste et politique, organe des intérêts de toutes », vendu dix centimes le numéro, et domicilié au 29, rue des Bons-Enfants. Dans un éditorial liminaire, sa directrice, Eugénie Niboyet, personnalité connue du féminisme depuis plus de dix ans, déplore que, « quand le moins intelligent citoyen a le droit de vote, la plus intelligente citoyenne est privée de ce droit ». Ce droit, la « Société de la voix des femmes », où se retrouvent les figures les plus en vue, ne l'obtiendra pas. Au moins le droit au travail est-il reconnu aux femmes. Elles en ont bien besoin : sur près de 9 000 blanchisseuses parisiennes, plus de 4 000 ont été licenciées dans les quelques semaines qui suivent la révolution. Ces associations féminines ne sont guère du goût des clubistes masculins. Cependant, certains les admettent volontiers, comme Cabet qui préside des « Réunions icariennes » rue Saint-Honoré.

Avec lui, trois autres extrémistes importants rassemblent les auditoires, et aussi les fidèles, les plus nombreux : Raspail qui, avec sa « Société des amis du peuple », défend l'égalité des droits en termes ombrageux, mais pacifiques ; Barbès, dont le « Club de la Révolution » attire des personnages illustres comme Proudhon, les deux Arago, ou encore Pierre Leroux ; et surtout le plus redouté, Blanqui, dont la « Société républicaine centrale » loge rue Bergère, au Conservatoire de musique. Au-dehors, « une quarantaine d'individus coiffés du bonnet rouge montent la garde ». Baudelaire, Leconte de Lisle, Sainte-Beuve, et aussi, friandes de sensations fortes, des dames du meilleur monde, vont écouter les propos incendiaires du terrible conspirateur et de ses affidés. Maxime Du Camp l'a vu, « impassible, toujours en gants noirs, écoutant les inepties violentes avec la grimace heureuse d'un chat qui boit du lait ; parfois, de sa voix de vipère, il sifflait une excitation à ses acolytes, qui semblaient vomir les vieilles diatribes de Marat ». Pour tous ceux qui ne le suivent pas, Blanqui, c'est l'ennemi, le réel danger. Les autres chefs du mouvement révolutionnaire ne sont pas les derniers à se sentir menacés par ce concurrent habile à tirer un parti extrême d'actions entreprises par d'autres. Seul Lamartine, qui entretient avec Barbès et Cabet des rapports convenables, croira avoir apprivoisé Blanqui de son verbe magique.

Le 21 mars, une soixantaine de clubs se sont réunis pour constituer le « Club des clubs », animé par Sobrier et Huber, et que Ledru-Rollin et Caussidière s'efforcent de contrôler à leur profit. Martin Nadaud en fait partie, attiré par Huber, « en qui nous avions toute confiance à cause de ses souffrances et de son long martyre dans les bagnes de la monarchie, et pourtant cet homme était un misérable et un abominable traître ». En fait de traître, Huber est sans doute un agent bonapartiste. Il est de ceux qui prônent une dictature afin de résister à la dérive conservatrice du Gouvernement provisoire. « Cette idée de dictature, reconnaît notre maçon creusois, nous souriait assez, tant nous avions crainte que le pays consulté dans des élections générales nous donnât une assemblée hostile à la République. »

Tandis que dans des salles obscures, bondées, enfumées, on s'indigne, on s'enflamme, on menace, on déclame, on refait le monde à perdre haleine, dehors, dans la douceur du printemps qui démarre en beauté cette année, la liberté continue, avec ses peupliers, de s'enraciner en pleine terre. « Ce fut une rage, ricane Maxime Du Camp, chaque carrefour, chaque place, chaque cour d'établissement public eut le sien. » Voici, le 24 mars à 14 heures, place de l'Hôtel-de-Ville, des ouvriers qui s'avancent, portant sur leurs épaules un arbre au fût déjà élancé. La foule fait cercle autour de la fosse fraîchement creusée. Mis en terre, l'arbre, dédié aux quatre sergents de La Rochelle, martyrs de l'absolutisme, est béni par le curé de Saint-Gervais en surplis. « Jésus-Christ le premier, du haut de la Croix, affirme-t-il, a fait retentir dans l'univers entier ces magnifiques paroles : Liberté, Égalité, Fraternité ! » Est-ce à cette cérémonie-là, ou à une des mille autres semblables, que l'on récite la « Prière à sainte République, patronne des arbres de la liberté », composée par l'ouvrier Jérôme ?

En février, nous donnant le baptême,
Un bon curé nous bénit de sa main...
Ô République, ô notre sainte mère !
République, priez pour nous !

L'arbre planté, et arrosé d'abondance, il est temps de penser à soi. Une paire de tréteaux, quelques planches, et voilà dressée la table du banquet. Ce jour-là, le marquis de Haute Misère fraternise en se régalant de saucisson jusqu'à dix heures du soir. Sur ces soirées chantantes et dansantes, que d'horreurs ne dit-on pas ! Des hommes en armes exigeraient des habitants du quartier de l'argent pour leurs libations. « Les hommes, murmure-t-on, après s'être enivrés, s'étaient battus et avaient roulé sous les tables ; d'affreuses mégères, les cheveux échevelés, avaient exécuté des danses indécentes. » Le jeune et honnête Truquin, pour sa part, n'a rencontré à son banquet « que des hommes non mariés, faisant presque tous partie des ateliers nationaux ».

Liberté ou licence ? République modérée ou démocratie socialiste ? La ligne de fracture, recouverte par l'unanimité fraternelle des premiers jours, est de plus en plus perceptible.

Le 14 mars, Caussidière convoque son acolyte Chenu au Luxembourg pour un bien mystérieux rendez-vous. Entre les deux hommes, depuis quelques jours, la confiance s'est altérée. Aussi Chenu poste-t-il à proximité du palais une cinquantaine de braves, avec consigne d'intervenir au premier coup de feu. Dans l'appartement d'Albert se trouvent déjà Caussidière, flanqué de Sobrier, Delahodde, Grandmesnil et quelques autres. Marcus rompt le silence, et commence d'une voix grave.

— Citoyens, il y a un traître parmi nous. Nous allons nous constituer en tribunal secret pour le juger.

De l'un à l'autre, les regards se font lourds. Chacun aurait-il des motifs de se sentir visé ? Grandmesnil est élu président de ce jury improvisé.

— Le traître, le voici !

Et Caussidière pointe le doigt vers Delahodde. Ce dernier, d'un bond, se rue vers la porte, mais Caussidière, devançant son geste, braque un pistolet sur lui.

— Si tu bouges, je te casse la tête !

Puis, devant ses amis stupéfaits et Delahodde effondré, qui

ne songe pas à nier l'évidence, Marcus exhibe la pièce à conviction, une lettre signée du faux-frère dans laquelle il offrait ses services au prédécesseur de Caussidière à la préfecture de police. Delahodde refuse en tremblant le pistolet qu'on lui tend. Aussitôt, Chenu s'interpose : un coup de feu, songe-t-il, ameuterait ses fidèles. Comment expliquer aux autres leur intervention ? Il convainc Albert d'empêcher toute effusion de sang dans sa chambre. Alors, théâtralement, Caussidière vide dans un verre d'eau sucrée un sachet de poudre blanche. Delahodde recule épouvanté. Horrifiés eux aussi, Albert et d'autres parlent en faveur de Delahodde, qui, tout de même, s'est bien battu en Février. Caussidière s'incline et s'en va, dit-il, conduire sur-le-champ le traître à la Conciergerie. A deux heures du matin, on se sépare, et Chenu renvoie sa petite troupe. S'est-il agi, de la part de Caussidière, d'autre chose que d'une sinistre mise en scène ? Arsenic, ou poudre de perlimpinpin ? Tout Marcus est dans cette ambiguïté. Il aime faire peur. Veut-il vraiment faire mal ?

Le préfet de police n'est pas le seul à distiller la peur. Son ministre, Ledru-Rollin, s'y entend aussi. Est-ce de propos délibéré ? En tout cas, une circulaire datée du 8 mars invite les commissaires de la République à s'appuyer sur « des républicains éprouvés (...), en un mot tous hommes de la veille et non pas du lendemain ». De fait les ralliés, dans le peuple, n'ont pas bonne presse :

Arrière, arrière, envahisseurs des places
Vous n'étiez pas où l'on pouvait mourir
Mais aujourd'hui vous vous mêlez aux masses (...)
Pour les emplois on vous voit accourir.
La République à présent vous surveille
Votre passé vous barre le chemin
Vous n'étiez pas les héros de la veille
Arrière donc, hommes du lendemain.

Qui, en France, se disait et était réellement républicain

avant le 23 février ? Au sein du nouveau pouvoir, beaucoup sont, au mieux, des républicains du jour, à l'image de Lamartine.

Quatre jours plus tard, Ledru-Rollin enfonce le clou de la suspicion : « Vous demandez quels sont vos pouvoirs. Ils sont illimités... Vous devez faire ce que les circonstances exigent pour le salut public. » Il est des mots qui blessent comme des lames. Salut public, que d'atrocités, jadis, n'a-t-on pas commises en ton nom ! Qui, en la circonstance, a tenu la main du ministre ? Est-ce George Sand ? De plus en plus proche de Ledru-Rollin, elle écrivait déjà le 6 mars, dans une lettre « secrète » : « Dans une situation comme celle où nous sommes, il ne faut pas seulement du dévouement et de la loyauté, il faut du fanatisme au besoin. »

Le fanatisme, la Terreur, les lois des suspects, fût-ce seulement dans les mots, les conservateurs et les républicains modérés n'en veulent pas. Passé le tourbillon des premiers moments de la révolution, ils songent à relever la tête en raison même du danger dont ils se sentent menacés de la part des « communistes », des « jacobins », des « conventionnels » et autres « montagnards », bref de tous ceux qui, de Ledru-Rollin à Blanqui, se réclament de la démocratie sociale.

Au matin du jeudi 16 mars, Maxime Du Camp endosse son uniforme de fusilier de la Garde nationale. Depuis qu'il s'est enrôlé, le 26 février, « en prévision des périls qu'il était sage de redouter », dans la 1re légion, qui recrute dans le quartier huppé de la Madeleine et du faubourg Saint-Honoré, le service ne lui plaît guère. Aussi bien a-t-il appris à se faire remplacer, constatant que la férocité des montagnards se transforme en complaisance « au bruit réactionnaire de notre porte-monnaie ». Mais ce n'est pas pour patrouiller ni rester en faction que Du Camp s'équipe ce matin-là. C'est pour crier sa colère au Gouvernement provisoire, singulièrement au ministre de l'Intérieur, et témoigner de sa solidarité envers ses collègues grenadiers et voltigeurs, dont les compagnies d'élite ont été dissoutes l'avant-veille par ordre de Ledru-

Rollin, dans l'intention de démocratiser à fond la Garde nationale. Bonnets à poil et pompons jaunes, signes distinctifs des grenadiers et des voltigeurs, se sentent humiliés.

La 1re légion, bientôt rejointe par d'autres, les plus bourgeoises, marche vers l'Hôtel de Ville. Maxime Du Camp est au premier rang. En face, massée sur la place, une foule fait barrage. Entre les deux troupes, le général Courtais, commandant la Garde nationale, tente, de la voix et du geste, de faire reculer les légionnaires rebelles. Dans leurs rangs on crie : « A bas Courtais ! A bas les communistes ! » Les plus excités se précipitent sur le général, lui arrachent ses épaulettes et son épée. La foule, alors, intervient, et les gardes battent en retraite sous les horions, et des lazzis plus douloureux encore. Les manifestants espéraient-ils que le Gouvernement se diviserait, et que le clan modéré éliminerait les extrémistes ? Leur calcul, dans ce cas, a fait long feu. Ridiculisés, les bonnets à poil en sont pour leur courte honte. Cependant pour la première fois, les conservateurs se sont montrés au grand jour. La Garde nationale divorce d'avec le mouvement populaire. Où donc, ce soir du 16 mars, est au juste la nation ?

Est-ce elle qui, le lendemain, prend possession du pavé parisien, et converge en une houle profonde — 150 000, 200 000 personnes peut-être —, de la place de la Révolution, ci-devant Concorde, vers l'Hôtel de Ville ? L'ordre, le calme, la discipline des manifestants impressionnent Maxime Du Camp : « C'est un avertissement que nous n'avions pas prévu. » Cette démonstration de force, organisée depuis plusieurs jours à la fois par Louis Blanc, Cabet, Blanqui et autres chefs clubistes, sans compter Caussidière qui joue un jeu personnel, le tout avec la bénédiction embarrassée de Ledru-Rollin, tire prétexte de la manifestation réactionnaire de la veille. Pour le féliciter d'avoir tenu tête aux « royalistes », on crie « Vive le Gouvernement provisoire ! ». « Vive les femmes provisoires ! » clame aussi quelqu'un, en un hommage ambigu aux ouvrières qui défilent nombreuses. Mais le mot d'ordre principal, la raison d'être essentielle de cet immense déploiement de foule, c'est l'ajournement des élections, dont les révolutionnaires savent bien qu'elles seraient favorables, dans l'immédiat, aux élites traditionnelles. Au sein de la délégation reçue à l'Hôtel de Ville, Blanqui et les siens exigent du Gouvernement qu'il décide sur l'heure, là, en leur présence, le report de la consultation au moins au 31 mai. Le Gouvernement, appuyé par Raspail, Barbès, Cabet et Sobrier, les deux derniers circonvenus par Lamartine, refuse de délibérer sous la menace. Or la menace, pour tous, clubistes et ministres, socialistes et modérés, c'est Blanqui, le conspirateur imprévisible, expert dans la tactique de la récupération et du débordement. On échange des regards lourds de sous-entendus. La délégation se retire. Le défilé s'achève dans l'ordre ; dans les esprits, la confusion est extrême. Le 23 mars, George Sand, à présent dans les secrets de Ledru-Rollin, auquel elle prête sa plume acérée, prévient son fils : « Je crois que les élections seront retardées. Il ne faut pas le dire. » Surtout, elle ajoute : « Le Gouvernement et le peuple s'attendent à de mauvais députés et ils sont d'accord pour les ficher par les fenêtres. »

Opposer le peuple à ses représentants, contester l'expression du suffrage universel, justifier à l'avance de possibles coups de force, un mois après les sublimes journées de Février, la révolution de la Fraternité en est donc là ? Heureuses victimes des barricades, mortes assez tôt pour ne pas voir la République se déchirer, et la liberté, si chèrement conquise, revêtir le masque hideux de la dictature !

George Sand est bien renseignée. Le 26 mars, le Gouvernement fixe les élections au dimanche 23 avril, jour de Pâques. Clin d'œil à la Providence ? Des républicains de l'Ouest et du Midi s'inquiètent : le clergé risque de prendre « une trop grande influence sur les fidèles tout pénétrés des exhortations de la semaine sainte ».

Depuis plusieurs jours, l'élaboration des listes de candidats va bon train. Au Luxembourg, où le minuscule Louis Blanc, saisi par la folie des grandeurs, se fait appeler depuis le

17 mars « Président de l'Assemblée du peuple », un « comité central des ouvriers » recueille et aligne des noms pour les 34 sièges à pourvoir dans la capitale. Parmi eux, Agricol Perdiguier. La notoriété d'Avignonnais la Vertu, compagnon menuisier du Devoir, dépasse depuis longtemps le seul faubourg Saint-Antoine, où il a son logis passage de la Bonne-Graine, et même le monde artisanal et ouvrier. George Sand, qui avait trouvé dans Perdiguier un personnage de roman, y est pour beaucoup. Elle est devenue l'amie du ménage ouvrier, une amie qui a ses exigences : « Ma chère Lise, vous avez mal pris vos mesures. Mes pantalons sont impossibles... Mettez-y des rallonges, et tâchez de me les renvoyer bientôt, car je suis sans culotte au moral et au physique. » A Agricol, elle fait rencontrer Hippolyte Carnot, ministre de l'Instruction publique, et surtout Ledru-Rollin, qui lui confie la mission de porter l'évangile de la République dans les milieux compagnonniques. En même temps, Perdiguier participe à l'accomplissement de ce qui est l'œuvre de toute sa vie, l'unification du compagnonnage. « Les Compagnons de tous les devoirs et de tous les corps d'état » sont invités à se réunir pour une manifestation le 20 mars.

Tôt ce lundi matin, ils sont 8 à 10 000 massés sur la place de la République, alias place des Vosges. Sous la présidence d'Avignonnais-la-Vertu, leur chef naturel, tous se prêtent un saint et solennel serment de fraternité. Puis, cannes et chapeaux enrubannés, le cortège se met en route, par les quais, la rue Montmartre, la Bourse et les boulevards, pour aboutir, après cet itinéraire compliqué, à l'Hôtel de Ville, où ils font hommage à la République. Car c'est bien la République qui a rendu possible ce jour tant espéré, celui de l'unité d'un mouvement hier encore si profondément divisé. Le compagnonnage entre alors, à sa manière, en politique. Prolongeant les retrouvailles du 20 mars, un « Club des compagnons de tous les Devoirs » est fondé. Son manifeste, signé notamment de Perdiguier et de Guillaumou, ce cordonnier blessé le 24 février, et désigné comme secrétaire du club, conclut :

« Veillons, veillons, soldats de la démocratie, sentinelles des barricades ; unissons-nous, que notre fraternel faisceau soit la barrière insurmontable et toujours opposée à l'intrigue jésuitique de ceux qui osent se parer du nom de républicains pour arriver plus facilement à jeter la division dans nos rangs. » Comme tant d'autres, le club, qui siège rue du Bourg-l'Abbé, tient à proposer sa propre liste aux élections. Soucieux d'unanimisme, il présente aussi bien le général conservateur Changarnier que Lagrange, Caussidière que d'Alton-Shée, ci-devant pair de France. Perdiguier n'en est pas, car il a déjà été sollicité par ailleurs, et d'abord dans le Vaucluse, son département natal. Il accepte : « Si les beaux préceptes de l'Évangile doivent un jour se transformer en loi positive, ayant action sur les hommes, puissé-je aider, dans la mesure de mes forces, à l'accomplissement d'une si belle œuvre. »

A Paris, l'idée de sa candidature est lancée dès le 12 mars par le journal *L'Atelier*, organe modéré du socialisme chrétien. Surtout, le comité central du Luxembourg l'admet sur sa liste, mais en 31e position seulement, car le compagnonnage n'a pas bonne presse chez bien des ouvriers parisiens. Lamartine, Béranger, George Sand se déclarent ouvertement en sa faveur, ainsi que Michelet, qui se prévaut de sa qualité « d'ex-ouvrier typographe » pour lui demander d'appuyer la candidature de son gendre. Perdiguier figure aussi sur la liste du Club des clubs. Ouvrier indiscutable, républicain sans exclusive, sa personne représente une caution précieuse, et donc très recherchée.

Homme du peuple, Martin Nadaud, le maçon creusois, ne l'est pas moins que Perdiguier. Sans être un inconnu, il n'a pas la stature nationale, ni même parisienne, du compagnon menuisier. A la fin du mois de mars, il a la responsabilité d'un petit chantier porte Maillot. Un jour, dégustant un canon au bistrot du coin, il apprend par le journal que les Creusois de Paris se réunissent le soir même à la Sorbonne pour désigner leurs candidats aux élections. Il s'y rend, encore en habits de travail. Le grand amphithéâtre est plein à craquer.

Les jeunes gens qui pérorent à la tribune comme des perroquets commencent à lui chauffer les oreilles. Il se surprend, lui qui n'a rien d'un orateur, à demander vigoureusement la parole. Non sans mal, il l'obtient. Suit alors une attaque en règle contre tous les anciens députés de la Creuse, à commencer par Émile de Girardin, et tous les petits messieurs « faiseurs de promesses », caricatures de républicains. Vifs applaudissements sur de nombreux bancs. Un inconnu, ouvrier tailleur de La Souterraine, propose alors sa candidature : « Celui-là connaît le peuple, il parle son langage, il connaît ses besoins. » Parti peu après pour la Creuse, Nadaud parvient à se faire admettre sur la liste définitive des candidats.

A Lyon, le lundi 10 avril, Joseph Bergier reçoit la visite de quatre délégués du Comité central électoral, qui lui demandent d'accepter d'être candidat. Il est en effet considéré comme un « républicain capable », alors que Benoît, lui aussi pressenti, est tenu pour un « démocrate avancé ». Tel autre, « républicain, pratique peu la fraternité », tandis qu'un quatrième est un « bon démocrate, mais trop emporté dans la discussion. » Ils seront quand même présentés à la candidature.

Jean Terson aimerait bien être l'homme des républicains de gauche. Dans l'Allier, il s'est montré digne de sa mission : planter un arbre de la liberté, prononcer des conférences, organiser un grand banquet populaire, et surtout propager inlassablement, dans toute la population, l'esprit nouveau, il a bien mérité de la République démocratique et sociale. Hélas, victime d'une campagne de calomnies, il est écarté des listes.

La candidature de Tocqueville ne dépend, elle, que de lui, tant est profond son enracinement dans l'arrondissement de Valognes, qu'il a représenté à la Chambre pendant neuf ans. L'ancien membre de l'opposition dynastique, qui fait un républicain modéré très acceptable, hésite, tant la situation politique lui paraît confuse. Après mûres réflexions, « je me décidai à me jeter à corps perdu dans l'arène, et à dévouer à la défense, non pas de tel gouvernement mais des lois qui constituent la société même, ma fortune, mon repos et ma personne ». Le dimanche 19 mars, à Cherbourg, au cours d'un banquet de 1 500 couverts, il improvise une allocution qui consacre sa popularité dans le Cotentin.

Les chemins de la candidature sont parfois moins bien tracés que pour ce grand notable provincial. A Paris, Balzac, romancier imaginatif et citoyen très conservateur, se persuade qu'il doit prendre part au combat électoral. Il fait état de sollicitations qu'il est sans doute seul à avoir entendues. Il lui est impossible, explique-t-il dans une lettre publiée par les journaux le 17 mars, de « fuir un pareil mandat, au moment où la France appelle toutes ses forces et toutes ses intelligences. » Lucidité et modestie !

En revanche, Béranger, illustre vieillard alors au faîte de sa gloire, décline les requêtes pressantes qui lui sont adressées : « Vous regretteriez d'avoir étouffé sous les honneurs le peu de voix qui me reste. »

D'autres voix, plus vigoureuses, ne demandent qu'à se faire entendre : à peine organisées, les militantes de *La Voix des femmes* réclament la citoyenneté. Le 22 mars, une délégation se rend à l'Hôtel de Ville pour exiger le droit de vote. Embarrassé, Marrast renvoie la décision à la future Assemblée nationale. *La Voix des femmes* recommande alors une stratégie d'influence : « Unissez-vous, multipliez-vous, agissez dans la famille et dans la cité, désignez à vos frères électeurs les candidats que vous croyez assez purs. » L'une des animatrices du mouvement, Jeanne Deroin, suggère au Gouvernement qu'au moins « quelques femmes choisies parmi les plus dignes, les plus honorables, les plus capables, soient nommées par les hommes eux-mêmes pour venir défendre les droits de leur sexe et les principes généraux de notre glorieuse révolution ». Dans cet esprit, Jeanne demande à Pauline Roland, toujours institutrice dans sa communauté de Boussac, de se présenter. Sur le refus de Pauline, *La Voix des femmes* du 6 avril propose, sans l'avertir, la candidature de George Sand : « Est-il besoin de le dire, le représentant qui réunit toutes nos sympathies, c'est le type un et une, être mâle par la virilité, femme par l'intuition divine, la poésie... En appelant Sand à l'Assemblée nationale, les hommes croiront faire une exception, ils consacreront le principe et la règle, et si nous avons la minorité du nombre, nous auront la puissance multiple du génie. » La réponse du génie est sans appel. Ignorant le journal de Jeanne Deroin et de ses amies, George Sand écrit dans *La Réforme* : « J'espère bien qu'aucun électeur ne perdra son vote en prenant la fantaisie d'écrire mon nom sur son billet. » Favorable à l'égalité civile entre les sexes, la baronne juge prématurées les revendications politiques. Féminisme, club de femmes, Vésuviennes, non merci !

A défaut d'être électrices, les femmes peuvent jouer utilement les agents électoraux. Norbert Truquin, que son âge tient à l'écart de la consultation, s'en offusque. Depuis quelque temps, le marquis de Haute Misère loue pour 7 francs par mois, au 8 de la rue Saint-Ambroise, un cabinet sans fenêtre qu'il partage avec l'aîné d'une pauvre famille de cinq enfants. Un jour, il voit Mme de Lamartine apporter des cadeaux au père de son camarade, qui lui remet « en échange » une liste des indigents malades du quartier. « Madame Lamartine, munie d'une grosse bourse qu'elle tenait à la main, distribuait à chaque indigent des secours qui variaient de 5 à 10 francs ; elle donnait aussi des bons pour du linge ou des médicaments. » Parfois, Mme Marie l'accompagne dans ses tournées charitables. Ces dames font du bien aux nécessiteux. Elles en font aussi à leurs Alphonse et Pierre d'époux, qui récolteront les dividendes électoraux de ces pieux investissements. Des femmes zélées agissent de même pour le compte de Louis-Napoléon Bonaparte. Tant il est vrai, conclut Truquin, que « l'ouvrier est bon et reconnaissant jusqu'à la bêtise. »

Naturellement, tous les candidats se déclarent républicains, se proclament amis de la liberté, et trouvent des accents émouvants, et parfois inattendus de la part de certains, dès qu'il s'agit du peuple. Les mieux doués se découvrent opportunément une origine ouvrière. Mais il ne suffit pas de se faire valoir. Il faut encore neutraliser le concurrent, abattre l'adversaire. Jean Terson, dans l'Allier, ne le sait que trop. A Paris, l'ennemi, c'est Blanqui. Les républicains de gauche, le 17 mars, ont mesuré le danger. Le 23 avril, le conspirateur ne réussira-t-il pas à rafler la mise des démocrates ? Ledru-Rollin, dont les commissaires dans les départements, et aussi les émissaires du Club des clubs, mènent une propagande active, déclenche une offensive qu'il croit décisive. Le 31 mars, le premier numéro de la *Revue rétrospective*, dirigée par Jules Taschereau, publie un rapport, non signé, daté d'octobre 1839 et adressé à Duchâtel, ministre de l'Intérieur. Dans un style incisif, avec des tournures de phrases bien particulières, ce document contient des détails très précis sur l'organisation des sociétés secrètes et sur la préparation de l'émeute du 12 mais 1839, dite des Saisons, dont Blanqui et Barbès étaient les meneurs. Tout désigne Blanqui. Personne ne met en doute l'authenticité du document, découvert dans les papiers de Génie, l'ancien chef de cabinet de Guizot, et surtout pas Maxime Du Camp, pour lequel cette pièce « en disait long sur la moralité du parti conspirateur et de ce saint de la carmagnole et du bonnet rouge ». Plus grave, Barbès, l'insoupçonnable Barbès, dénonce : « Il y a là des circonstances que Blanqui et moi étions seuls à connaître. » Une tempête formidable secoue les clubs. Seul Raspail, mais ce n'est pas rien, prend la défense de Blanqui, le croyant incapable d'une semblable trahison. L'accusé, lui, tarde à répondre et, quand il le fait, crie à la falsification, s'en prend violemment à ses « lâches calomniateurs », sans s'expliquer sur le fond. Un tribunal d'honneur est constitué, avec notamment Cabet et Proudhon, et présidé par Victor Schoelcher et Étienne Arago, qui avait été l'avocat de Barbès en 1839. Blanqui refuse de comparaître. Après l'ébranlement du premier choc, il se ressaisit. Chez les prolétaires qui constituent le gros de ses troupes et de sa clientèle, la manœuvre politique dont il est l'objet renforce son image d'éternelle victime. Lui-même comprend qu'il remontera d'autant mieux la pente qu'il redoublera de complot, contre le Gouvernement provisoire, et en particulier Ledru-Rollin, qui a tenté de le déshonorer, et contre les élections, qui à ses yeux sonneraient le glas de l'espérance populaire.

En ce début d'avril, chacun s'efforce de se placer et de pousser ses avantages avant que, dans quelques jours, le peuple tranche. Les conjurations, belles comme de l'antique, se nouent. Outre celle, permanente, de Blanqui, auquel s'associent pour l'occasion Cabet et Raspail, deux autres se dessinent. La première, ourdie au palais du Luxembourg, est destinée à faire valoir les exigences ouvrières, et à porter au pouvoir les idées, et aussi la personne de Louis Blanc, avec Ledru-Rollin pour caution. Flocon, Barbès, Caussidière, peu ou prou, s'en mêlent.

La seconde conspiration, dont les fils sont tramés avec délice par George Sand, tend à épurer le Gouvernement provisoire, en éliminant ses éléments les plus modérés. Le ministre de l'Intérieur deviendrait tout naturellement le chef de ce gouvernement transformé en comité de Salut public. Là encore Caussidière, dont les troupes ont reçu, d'ordre du ministre de l'Intérieur, un fort contingent de fusils et de cartouches, joue sa partie.

Ces conspirations mêlées sont paradoxalement connues de tous, et d'abord de ceux qu'elles visent. Aussi les modérés, sentant venir l'orage, prennent-ils leurs dispositions : Arago fait armer les hommes de Sobrier, qui penche du côté de Lamartine, Marrast renforce les moyens et affermit l'esprit de la Garde nationale et surtout de la Garde mobile, la moins sûre, Marie, aidé d'Émile Thomas, déploie une intense propagande auprès des Ateliers nationaux, en les dressant contre les délégués du Luxembourg. Enfin Lamartine joue à fond de son instrument propre, qu'il surestime mais qui n'est pas sans effet : sa parole et son charme personnel. Recevant les chefs des principales sociétés parisiennes, il presse Cabet, Raspail, Barbès, de se tenir à l'écart du mouvement dont l'imminence se précise. Surtout, il s'efforce, non sans succès, d'ébranler

Ledru-Rollin, en se servant des noms de Louis Blanc, de Caussidière et plus encore de Blanqui comme d'autant d'épouvantails.

Le vendredi 14 avril, au cours d'un très long, et l'un des derniers, conseil des ministres, Louis Blanc annonce, d'un ton où perce la menace, une grande manifestation ouvrière pour le surlendemain, frappant ainsi les trois coups.

Le second jour, aux petites heures du matin, Lamartine reçoit boulevard des Capucines, à sa demande, un bien étrange visiteur. Celui qui déclarait, le 25 février, sortir de prison « une fourche de fer rouge à la main », l'homme de l'ombre « inaccessible aux jouissances qui énervent les sens et aux passions qui domptent l'âme », Auguste Blanqui, pour tout dire, s'enferme avec l'aristocrate, le poète, le modéré flamboyant. De cette conversation, rien ne filtre que ce qu'en raconte Lamartine. Le révolutionnaire, pense-t-il, a été sensible à la bonne foi, indubitable, de son interlocuteur. Est-il neutralisé, au moins pour l'immédiat ? Lamartine, prompt à prendre ses désirs pour des réalités, n'est pas loin de le croire.

Au moment où prend fin cette étonnante entrevue — 1848, c'est aussi cela — est placardé dans Paris le numéro 16 du *Bulletin de la République*, organe du ministère de l'Intérieur paraissant tous les deux jours. Sur les places publiques comme dans les bureaux, à l'Hôtel de Ville comme dans les Ateliers nationaux, chacun découvre et relit les phrases incendiaires : « Si les élections ne font pas triompher la vérité sociale... il n'y aurait alors qu'une voie de salut pour le peuple qui a fait les barricades : ce serait de manifester une seconde fois sa volonté d'ajourner la décision d'une fausse représentation nationale. Ce remède extrême, la France voudra-t-elle forcer Paris à y recourir ?... Citoyens, il ne faut pas que vous veniez à en être forcés de violer vous-mêmes le principe de votre souveraineté. » Ce manifeste, issu de la plume d'une George Sand au comble de l'excitation, a échappé à la vigilance des collaborateurs du ministre, qui est désagréablement surpris de cet excès de zèle. C'est pain bénit, au contraire, pour les adversaires des conventionnels, des jacobins et des républicains de gauche, flétris par les modérés et les conservateurs du nom de « communistes ». Voyez ce que les conspirateurs et les démagogues ont fait de l'idéal de Février : repousser le suffrage universel, opposer la nation au peuple et Paris à la France, appeler à la guerre civile et au coup d'État ! Elle est belle la République qu'ils nous promettent, ou plutôt la dictature qu'ils veulent nous imposer ! Le bulletin numéro 16, bientôt diffusé dans les départements, devient une arme électorale comme la droite n'osait pas en rêver.

Au soir de cette deuxième journée de confusion et de tension, groupes et clans commencent une longue veillée d'armes. Le grand coup, nul ne sait bien lequel, est pour demain. Ledru-Rollin est mal à l'aise. Son inquiétude grandit lorsqu'on lui fait passer la liste des noms devant composer le comité de Salut public : celui de Blanqui figure non loin du sien. Cela, il ne le supporte pas. Lamartine, superbe, brûle des papiers, rédige ses dernières volontés, et pourvoit à la sauvegarde de sa femme. Après quoi, il se jette sur un lit de fortune. A la grâce de Dieu !

Le troisième jour tombe le dimanche des Rameaux, 16 avril. A dix heures, les ouvriers du Luxembourg se regroupent au Champ-de-Mars. Sur leurs banderoles : « Abolition de l'exploitation de l'homme par l'homme. » Les ouvriers des chantiers nationaux, à l'initiative de Caussidière, sont convoqués à la même heure à l'hippodrome. Les deux colonnes doivent converger vers l'Hôtel de Ville pour apporter, dit-on aux ouvriers, leur soutien au Gouvernement provisoire. Naturellement les blanquistes ne sont pas loin.

A 10 h 30, Ledru-Rollin, épouvanté, fait irruption dans le bureau de Lamartine : « Nous sommes perdus ! » puis, il se range au côté de son collègue. Les deux hommes se serrent la main, virilement. Vaincre ou mourir...

Lamartine met en branle la Garde mobile, tandis qu'à l'Hôtel de Ville Marrast, aidé du général Changarnier récemment arrivé d'Algérie pour prendre un poste diplomatique, et qui trouve là une occasion inattendue de se faire valoir, organise la défense. Ledru-Rollin, de son côté, fait battre le rappel de la Garde nationale. Au son du tambour, Maxime Du Camp rejoint la 1re légion. Que se passe-t-il donc pour qu'on mobilise ainsi l'ensemble de la Garde ? Tandis que la plus grande partie des légions est envoyée à l'Hôtel de Ville, son bataillon est dirigé vers le ministère des Affaires étrangères. Arrivé boulevard des Capucines, et sans autre information, Du Camp paye l'un des trois montagnards de sa compagnie pour monter la garde à sa place, et va fumer un cigare dans la cour du ministère.

Les ouvriers des Ateliers nationaux ont eux aussi entendu le rappel. Beaucoup d'entre eux abandonnent alors la colonne de l'hippodrome pour aller s'équiper et rejoindre leur unité.

Il est maintenant 13 heures. A l'Hôtel de Ville, Lamartine et Marrast, moins optimistes ou moins bravaches que Changarnier, trouvent le temps long. Que fait Ledru-Rollin ? Où est la Garde nationale ? Le voilà qui paraît enfin : Barbès, commandant la 12e légion, vient protéger le Gouvernement contre Blanqui, son frère ennemi.

A 14 heures, Sainte-Beuve, conservateur de la bibliothèque Mazarine, quitte l'Institut, dans l'intention d'aller place des Vosges lire à des amis le premier chapitre du troisième volume de son *Port-Royal*, en cours d'impression. Le rappel continue de sonner. Sainte-Beuve, évitant le quartier de l'Hôtel-de-Ville, prend par Notre-Dame et l'île Saint-Louis. Place des Vosges, les Gardes nationaux se rassemblent. « Je lus mon chapitre à travers les tambours. »

Peu après 15 heures, la colonne des ouvriers du Champ-de-Mars, augmentée d'autres éléments populaires, et naturellement d'hommes de Blanqui, atteint le quai du Louvre. Là, deux légions de la Garde nationale enveloppent et escortent les manifestants jusqu'au seuil de la place de Grève, où les ouvriers, stupéfaits, découvrent une masse profonde de Gardes mobiles en armes, et criant à leur approche : « A bas les communistes ! » Ce cri est repris par les Gardes nationaux de la rive gauche qui, débouchant du pont Saint-Michel, tronçonnent la manifestation en plusieurs groupes, selon une tactique arrêtée par Lamartine et Changarnier.

— A bas Blanqui ! A bas Louis Blanc ! A bas Cabet !

Les ouvriers demeurent interdits. Une délégation, admise à l'intérieur de l'Hôtel de ville, est sévèrement sermonnée par les adjoints au maire. Dehors, on acclame le nom de Lamartine. Louis Blanc, enfin arrivé, constate avec consternation l'échec du mouvement populaire, conspué par la Garde nationale et par la foule des curieux qui s'amoncelle. Pour consommer leur défaite, les manifestants sont autorisés à défiler devant le Gouvernement, mais à distance respectueuse, entre deux rangs de Gardes nationaux.

Dix-sept heures. Sainte-Beuve, sa visite achevée, quitte la place des Vosges. L'émeute a avorté. Partout, des Gardes nationaux. La place de Grève est noire de monde. Impossible de passer. Sainte-Beuve s'enfonce alors dans les ruelles derrière l'Hôtel de Ville, longeant le chevet de l'église Saint-Gervais. Devant lui, deux personnes se hâtent. L'une d'elles se retourne : c'est Lamartine qui essaie de rentrer chez lui en échappant à son triomphe. Les deux hommes, confrères à l'Académie, marchent en devisant. « Je ne croyais pas que Paris fût si bon, dit Lamartine, surtout les ouvriers. » Parvenus à la rue des Chantiers, Lamartine monte dans une citadine avec son secrétaire, tandis que Sainte-Beuve continue à pied. Dans le quartier du Temple, les légionnaires s'époumonnent : « Vive la République ! A bas les communistes ! » « Cela nous retint vingt minutes. » Arrêté ainsi à plusieurs reprises, Lamartine, dont le nom ovationné sonne agréablement à ses oreilles, met plus d'une heure à rejoindre son ministère. Maxime Du Camp et ses camarades n'en ont pas bougé. Étonnés, ils entendent Lamartine les remercier d'avoir sauvé la République par leur « admirable attitude » ! Admirable attitude, fumer et déambuler dans la cour du ministère ? Maxime Du Camp, sauveur de la République ? Quelle histoire !

Dans Paris, le soir même, le soulagement et la joie sont à la mesure de la peur de l'après-midi. Partout, on illumine. Gardes nationaux et Gardes mobiles, si longtemps hostiles, fraternisent. Les clubistes se terrent. On injurie Cabet jusque sous ses fenêtres. Sur sa porte, on affiche :

Le communisme est le rêve des fous
L'homme sensé doit en faire justice.
Frappons-le donc, qu'il tombe sous nos coups
A bas Cabet et sa pauvre milice !

Informé de ce furieux charivari, Lamartine offre l'hospitalité à Cabet.

George Sand, qui a défilé avec les ouvriers, fait partie des vaincus de la journée. « J'ai bien dans l'idée que la République a été tuée dans son principe et dans son avenir, du moins dans son avenir proche, aujourd'hui. »

L'avenir proche, ce sont les élections, vers lesquelles Paris s'achemine dans le plus grand trouble : prolétaires amers, bourgeois revanchards, comploteurs frustrés, Gouvernement déchiré, rumeurs et faux bruits en tous sens et, partout, affiches et déclamations des candidats, du plus grave au plus fantaisiste.

Faut savoir c'qu'on nomme
Sachons bien, sachons bien
Élire un homme de bien.
Craignons bien, craignons bien
D'prendre un propre à rien.

Avant que soit remis le pouvoir aux élus de la nation, la Révolution s'offre cependant un dernier spectacle, une ultime illusion, un saisissant retour sur soi.

Le 20 avril est proclamé, en dépit de tout, « fête de la Fraternité ». Du haut d'une estrade à l'Arc de Triomphe, sous un soleil pâle et intermittent, le Gouvernement provisoire, réuni pour la dernière fois, regarde défiler, huit heures de rang, 200 000 Gardes nationaux, Gardes mobiles, et aussi troupes de ligne, rentrées dans Paris pour cette occasion, et peut-être pour d'autres. Près d'un million de personnes sont dans la rue. Bouquets noués de tricolore, canons ceints de guirlandes, baïonnettes fleuries de lilas et d'aubépine, océan de drapeaux, de mouchoirs, de chapeaux et de casquettes. Lamartine exulte. George Sand, bien placée au pied de l'Arc de Triomphe pour rendre compte de la cérémonie dans sa *Cause du peuple* du surlendemain, se laisse prendre : « C'est la plus belle journée de l'histoire ! »

Sur l'estrade, non loin des ministres, la foule remarque, amusée et attendrie, le sympathique et populaire « Barricade ». Blessé en février, il est resté boiteux. Des soldats de la Garde républicaine l'ont recueilli. Certains journaux ont demandé pour lui une pension. Le défilé terminé, Barricade quitte l'estrade et disparaît. On le cherche en vain. Des réactionnaires l'auraient-ils fait assassiner ? Ou bien ce chien, en patriote perspicace, a-t-il senti que la fête inaugurée en février était bel et bien finie ?

Dans trois jours, le provisoire, et son cortège de rêves, d'espérances ou de craintes, va laisser place au définitif. Pendant deux mois, le temps d'un poète, on a tout dit, et son contraire, au nom du peuple. Maintenant, la société reprend ses droits. Depuis le 24 février, depuis que la France est en république, le sang n'a pas coulé une seule fois pour elle, ou contre elle.

Médusée, l'Europe, pendant ces huit semaines, a gardé les yeux rivés sur Paris.

XII

L'étoile du matin

La fièvre. — Joug odieux. — Risquons tout. — Mission Pologne. — La retraite pour Chenu. — Effervescence. — La Savoie française ? — Lola Montès abdique. — Un certain Chnowski. — La sève de la liberté.

« Des nations aujourd'hui la première
France ouvre-leur un plus large destin
Pour éveiller le monde à ta lumière
Dieu t'a dit : Brille, étoile du matin. »
Béranger.

Dans les derniers jours de février, empereurs, rois et princes sont gagnés par une inquiétude croissante. Dans les cours européennes, à mesure que leur parviennent les nouvelles de Paris, des souvenirs, pas si lointains, se pressent en foule. La guerre générale, déchaînée par les Français, a pris fin voilà à peine plus de trente ans. A Vienne, symbole des traités qui enfermèrent l'Europe dans des limites et des systèmes figés et de moins en moins supportables, le vieux Metternich est toujours maître du jeu, anachronique.

Or les nations et les peuples, les groupes et les classes, sont travaillés, depuis quelques années, par des ferments mauvais, qui s'appellent liberté, démocratie, nationalité. Du Nord au Sud et de l'Est à l'Ouest, le frémissement revêt bien des formes et des accents divers. Partout cependant il est à présent perceptible. Les régimes les plus conservateurs, les plus absolutistes, peuvent le mépriser, le réprimer, l'anathématiser, ils ne peuvent plus l'ignorer. L'Europe des villes a la fièvre, car c'est dans les villes, là où se trouvent des universités, des salles de rédaction, des assemblées locales, des associations professionnelles ou des sociétés secrètes, que le prurit se développe et s'exaspère. Les germes de l'évolution sont au travail. C'est déjà beaucoup de les circonscrire, et de tâcher de les détruire. Que faire alors, si la France, entrée en convulsions républicaines et démocratiques, déchaîne une épidémie galopante ?

D'abord, établir un cordon sanitaire pour empêcher la contamination, dont les agents sont connus : ce sont les livres et les journaux qui circulent, officiellement ou clandestinement ; ce sont surtout ces réfugiés politiques qui, depuis plus de dix ans, font le va-et-vient entre Paris, leur asile, et leurs pays d'origine, ou du moins entretiennent, depuis la France, des intelligences avec les éléments les plus dangereux de l'intérieur, leur insufflant leur foi émancipatrice ou révolutionnaire. Irlandais, Belges, Allemands, Italiens, Polonais, toutes les nationalités, toutes les idées persécutées, ou soi-disant telles, se regroupent et s'agitent à Paris. Tous ces exilés applaudissent au renversement de la monarchie quand ils n'y participent pas, et s'enthousiasment à la proclamation de la République qu'ils assurent aussitôt de leur soutien. La chute du roi, l'avènement de la République, le suffrage universel, les monarques connaissent le refrain : c'est la guerre au-dehors, l'agression sous couvert de libération.

Aussi, dès le 24 février, alors que le mouvement parisien n'en est qu'à son début, le tsar Nicolas Ier promet-il son appui à Berlin en cas d'attaque française, rappelle ensuite son ambassadeur à Paris et concentre 400 000 hommes aux frontières. Le 27 février, Frédéric-Guillaume IV de Prusse propose à la reine Victoria de reconstituer une Sainte Alliance contre la France de la Révolution, tandis que la Bavière annonce qu'elle considérera comme une déclaration de guerre toute invasion de la Belgique. Cette dernière demande à l'Angleterre de protéger militairement les bouches de l'Escaut, car elle se sent menacée. Lamartine a beau rassurer son ami

Normanby, l'ambassadeur d'Angleterre, faire savoir officiellement, dès le 26, que les principes d'action de la France « sont de reconnaître toute forme de gouvernement établi », et qu'il n'est donc pas question d'attaquer la Belgique, d'autres, à Paris, évoquent mâlement Valmy et Fleurus. Des années d'opposition ont tissé des liens étroits entre émigrés et républicains français. Ces derniers, parvenus au pouvoir, n'oublient pas leurs amis. Ainsi Ledru-Rollin conseille aux Allemands de « secouer le joug odieux de leur gouvernement », tandis que Louis Blanc promet aux Italiens de les « aider jusqu'au bout », c'est-à-dire, si l'on comprend bien, les armes à la main.

Caussidière et Sobrier, relayés par Charles Delescluze, commissaire du Gouvernement provisoire dans le Nord, s'intéressent plus particulièrement aux Belges. La Société des patriotes belges, à Paris, est importante et active. Ses membres brûlent d'aller porter à Bruxelles, où règne un gendre de Louis-Philippe, la République et la liberté. Spiltoorn, un avocat gantois réfugié à Paris, entreprend de mettre sur pied une légion de volontaires. Le ministre de l'Intérieur lui procure l'argent et le transport, Caussidière se charge des armes. Volontaires belges et sympathisants français ont rendez-vous à Seclin, dans le Nord.

C'est là que Caussidière envoie Chenu, qu'il soupçonne d'avoir détourné des fonds destinés à ses Montagnards, et qu'il veut éloigner. Contraint d'obtempérer, Chenu monte le 17 mars au matin, après avoir embrassé femme et enfants, dans un wagon du chemin de fer du Nord, muni d'un ordre de mission : « Le citoyen directeur du chemin de fer du Nord est prié de donner une place dans ses voitures au citoyen Chenu envoyé en Belgique en mission. »

La première mission consiste à piller un convoi d'armes et de munitions françaises, avec la complicité des convoyeurs. C'est ce que fait le corps franc, sur le coup de trois heures du matin. Ainsi armés, les hommes se dirigent vers la Belgique dans une obscurité lugubre, lâchant jurons et obscénités quand ils trébuchent sur les pierres et dans les fondrières des mauvais chemins d'hiver. A peine passée la frontière, juste avant Mouscron, les Belges émigrés, en blouse grise, et les volontaires français tombent nez à nez avec la troupe régulière belge, qui démasque deux canons. Trahison ! Sûr que les soldats les attendaient ! N'est-ce pas cet homme de la police de Louis-Philippe, que Chenu a reconnu à son arrivée à Seclin, qui les aurait livrés ? On échange des coups de feu de six heures à neuf heures et demie. Voyant leurs camarades belges détaler, les Français leur tirent dessus, avant d'être eux-mêmes cernés et désarmés. Les voilà donc, ces pâles émules des patriotes de 1792 ! Les réguliers belges plaisantent à leurs dépens, avant de les renvoyer, piteux, d'où ils viennent. Le lieu de cette débandade s'appelle « Risquons-tout ». Le ridicule tue. Le 19, à quatre heures du matin, épuisé, Chenu, de retour à Paris, s'enfonce dans un sommeil abyssal. Après cette lamentable tentative, Lamartine, au nom du Gouvernement provisoire, exprime ses regrets à la Belgique, pays neutre.

Chenu dort encore lorsque, dans la matinée, la police frappe à sa porte. A la préfecture, un mandat d'arrêt signé Caussidière lui est mis sous les yeux. Le voilà au dépôt, accusé, paraît-il, d'avoir trahi les républicains et d'avoir détourné une somme de 100 francs destinée aux hommes de sa compagnie. C'en est trop ! Après deux lettres au préfet demeurées sans réponse, Chenu menace : « Escroc, si d'ici à cinq heures du soir je ne suis pas libre, tu pourras lire demain dans les journaux une lettre qui est maintenant en lieu sûr, et qui fait connaître quelques-unes de tes escroqueries passées, et les complots que tu trames aujourd'hui. » Une demi-heure plus tard, Chenu est libre... Mais entre les deux Montagnards, frères de combat un mois plus tôt, la rupture est consommée. Pour Chenu, impossible à présent de demeurer à Paris, où les agents de Caussidière règnent en toute impunité. Ce dernier lui fait comprendre tout l'intérêt qu'il trouverait à s'engager dans l'expédition en partance pour libérer la Pologne, partagée depuis 1815 entre la Prusse, l'Autriche et la Russie. Chenu souffre d'une blessure à la cheville, et la Pologne est loin. Pourtant, il faut partir.

Voilà donc notre homme, « volontaire » de la légion polonaise composée d'émigrés exaltés, qui prend la diligence de Strasbourg au matin du 22 mars, muni d'un uniforme, d'un fourniment complet et d'un passeport pour le grand-duché de Posen, rattaché à la Prusse. A Strasbourg, Chenu attend la colonne polonaise, retardée par les fêtes prodiguées à chaque étape en son honneur. C'est que la cause de la Pologne est immensément populaire. Depuis l'échec des soulèvements de 1830 et 1831, les malheurs de la Pologne, dont réfugiés et exilés affluent à Paris, alimentent les lettres et les arts, et entretiennent la compassion de l'opinion.

Chenu, lui, commence à trouver le temps long. Ces Polonais seraient-ils peu pressés d'aller délivrer leur pays martyr ? A Strasbourg, il apprend que des volontaires allemands s'apprêtent à entrer dans le grand-duché de Bade pour y imposer la République. A Heidelberg comme à Fribourg, on n'en demande pas tant, car le grand-duc a accordé quelques jours plus tôt d'importantes réformes. N'importe ! Chenu et le groupe auquel il s'est joint prennent place dans le train pour Mulhouse, où ils comptent traverser le Rhin de nuit. Mal leur en prend ! Deux de leurs barques chavirent, engloutissant onze hommes au fond de l'eau glacée. Ce n'est que le début d'une longue suite de malheurs. Sur l'autre rive, en effet, des troupes régulières, comme à « Risquons-tout », attendent les libérateurs républicains qui, pourchassés, se replient en désordre, abandonnant 150 hommes sur le terrain. Un jeune volontaire, frappé à mort, s'écroule tout à côté de Chenu. Ce dernier, jetant son mauvais fusil, récupère ainsi une bonne carabine de chasseur de Vincennes, souvenir sans doute des barricades de Février. Quelle existence est ainsi venue se clore, en plein printemps, sur la rive droite du Rhin ? Pour quelle improbable révolution, au nom de quel idéal valant la mort d'un jeune homme, inconnu et vaincu de l'histoire ?

Après trois jours de retraite, Chenu, épuisé, se réfugie dans un grenier, à proximité d'un hameau. Sa blessure le fait souffrir. Sa colonne est bientôt rejointe. Blotti sous la paille, il entend la fusillade. Au petit matin, il sort en claudiquant. Cinquante cadavres de ses amis sont alignés au bord d'une fosse. En se traînant, il atteint un ruisseau. Il s'affale. Le valeureux Montagnard n'est plus qu'un pauvre hère affamé, transi, abandonné de tous et de la République. Il examine son pied : « Les vers et la gangrène avaient envahi la plaie qui se creusait sous la cheville. » Il la gratte à la pointe du couteau et la baigne, deux heures durant, dans l'eau glacée. Soudain, une balle siffle à son oreille. En face, des soldats hessois le canardent. Il riposte et prend le large, traînant la patte. Pour lui, une seule issue : la Suisse.

La suite est un cauchemar, jalonné de cadavres, de combats, de fuites. Lorsque, le 12 avril au soir, Chenu, et les compagnons d'infortune qu'il a trouvés, parviennent à franchir le Rhin pour se jeter en Suisse, ils se comptent : sur plus de 500 volontaires partis drapeau déployé et fleur au fusil, il ne reste que 54 misérables, hébétés de souffrances, défaits.

Aux armes ! Courons aux frontières !
Qu'on mette au bout de nos fusils
Les oppresseurs de tous les pays !

Voilà ce qu'on chante à Paris. Quelle dérision !

Mais à Paris, pour Chenu, il n'est point question de revenir. De retour à Strasbourg, dans son hôtel, il médite amèrement sur « l'impulsion funeste de quelques ambitieux que le flot révolutionnaire avait portés un instant au pouvoir et qui savaient ne devoir s'y maintenir qu'au prix du bouleversement de toute l'Europe ».

De fait, l'Europe est entrée en effervescence. L'aspiration à la liberté et à l'indépendance, si longtemps comprimée, partout se fraie un chemin. Les nouvelles de Paris attisent les espoirs, convainquent les hésitants, décuplent les énergies.

A Vienne, la révolution éclate le 13 mars. Metternich s'enfuit dans une voiture de blanchisseuse. Le lendemain, l'empereur accepte la création d'une garde civique, et abolit la censure. Le 15, il s'engage à convoquer une assemblée constituante. Le 17, il autorise la formation d'un gouvernement hongrois autonome.

L'Italie, fébrile depuis plusieurs semaines, n'attendait que cela. Les Vénitiens, le 18 mars, forment une garde nationale ; le 22, le gouverneur autrichien est mis à mort, et la République de Saint-Marc est proclamée, avec le drapeau tricolore. Au même moment, après cinq jours d'une sanglante insurrection, les Milanais mettent en fuite les Autrichiens du maréchal Radetzki. Parme, Modène, se libèrent. Charles-Albert, roi de Piémont-Sardaigne, qui a accordé une constitution le 4 mars, tout comme Pie IX à Rome, est placé, un peu malgré lui, à la tête du mouvement national, et fait son entrée en Lombardie en proclamant « la patrie italienne ». Lamartine, perdant pour une fois sa prudence, lui propose l'aide de la France. Charles-Albert juge cette offre suspecte. Le ministre français n'a-t-il pas déclaré le 15 mars, à une délégation de Savoyards : « Avant six semaines, la Savoie demandera sa réunion à la France » ? Cette proclamation est si bien entendue qu'à Lyon, en dépit d'Emmanuel Arago, une troupe de Savoyards, renforcés des hommes de la société ouvrière des Voraces, se met en route pour Chambéry, qu'elle prend aux troupes piémontaises le 2 avril. Quelques jours après cet épisode glorieux, mais diplomatiquement dangereux, l'expédition se termine dans la débandade la plus complète. Pour devenir française, la Savoie attendra un peu, et on usera de méthodes plus pacifiques et mieux réfléchies. Tant il est vrai que la voracité, même républicaine, n'est pas toujours du meilleur goût.

Cependant, en dépit de l'agitation centripète des Savoyards de Lyon et de Paris, l'idée d'unité progresse en Italie à pas de géant.

En Allemagne, la revendication unitaire se complique d'exigences démocratiques et de révolution sociale. État massif et structuré, encore que divisé en deux parties, au milieu d'une marquetterie de principautés, la Prusse paraît destinée à transformer la nation germanique en pays allemand. Tandis qu'en Bade et en Forêt Noire des jacqueries paysannes se déchaînent, dernier sursaut d'un Moyen Age interminable, ailleurs la lutte contre l'absolutisme rejoint la volonté d'unification. Dès le 27 février, Mannheim s'agite, au nom de la liberté, en même temps qu'on y réclame la convocation d'un parlement national allemand. A Munich, l'opinion se déchaîne contre la danseuse Lola Montès, la sulfureuse maîtresse de Louis Ier de Bavière, qui, le 19 mars, doit abdiquer au profit de son fils Maximilien.

Tous les regards, depuis le début mars, depuis que Paris a sonné le branle de la liberté et de la démocratie, se tournent vers Berlin. La réunion, à Francfort, d'une assemblée nationale préparatoire, est décidée. Frédéric-Guillaume IV va-t-il jouer le rôle d'émancipateur et de fédérateur qu'il a naguère laissé entrevoir ? Dans la capitale prussienne, une grande manifestation populaire se clôt sur un dénouement sanglant. Depuis le balcon du palais royal, Frédéric-Guillaume est contraint de saluer les corps des victimes de la répression. Dans la foule, un homme est porté en triomphe : Mierowslawski, chef de file des Polonais de Prusse qui, dans le déroulement de l'insurrection berlinoise, ont joué un rôle décisif ; la cause de la Pologne est indissociable de l'émancipation de l'Allemagne. Le roi fait alors le geste attendu, à Paris autant qu'à Berlin, et que les événements, au demeurant, lui dictent : il reconnaît l'indépendance du duché de Posen. Posen, devient le point de ralliement des Polonais dispersés. Or, malgré les assurances officielles prodiguées par le roi de Prusse à Mierowslawski, le gouverneur prussien de la citadelle de Posen refuse de décamper. Mierowslawski appelle alors à la rescousse tous ses compatriotes, où qu'ils se trouvent. A Paris, les émigrés polonais s'enflamment. En avant pour libérer Posen ! Aux volontaires, Strasbourg est désigné comme centre de regroupement, avant de s'élancer, à travers l'Allemagne, vers la terre patrie opprimée.

Strasbourg, où Chenu se morfond, en quête d'un destin. Certes, les Allemands lui proposent de s'associer à une nouvelle expédition. Mais de l'Allemagne et des Allemands, il est définitivement revenu. Alors, va pour la Pologne et les Polonais ! A-t-il assez, autrefois, crié « Vive la Pologne ! », quand ces trois mots claquaient comme un drapeau pour tous les amis du progrès et de la liberté ! Et puis, n'avait-il pas souscrit, quelques semaines plus tôt, un engagement envers les Polonais ? L'heure est venue de l'honorer.

Un colonel Bogenski, qui s'intitule commandant de la première légion, reçoit son inscription le 20 avril. Le Parlement de Francfort vient d'autoriser le passage des Polonais à travers le territoire allemand, non sans réticence, car on soupçonne que des Français ont été enrôlés. Or les Français, et leur interventionnisme brouillon, se sont rendus indésirables en Allemagne. Les chefs de l'expédition se répandent en assurances et en promesses : pas un seul Français ne participe à l'opération. Pour camoufler ce gros mensonge, les volontaires français sont affublés de patronymes sonnant bon leur Pologne. Chenu devient ainsi Chnowski, natif de Varsovie. Après cet ultime maquillage, qui donne la mesure du sérieux de l'entreprise, tout est prêt pour le départ. Pont de Kehl, Rastadt, et bientôt Mannheim, séduisante au cœur du printemps rhénan. « Vive la Pologne ! » crient les belles dames qui acclament les héros de la liberté. En Polonais de fraîche date, M. Chnowski prend sa part de l'hommage public. Même accueil à Mayence, où la petite troupe fait son entrée sous les vivats, le dimanche de Pâques, jour d'élection en France. Chenu loge chez un restaurateur, qui le gâte et le choie. Mayence, pleine de souvenirs français de la Révolution et de l'Empire, évoque ouvertement le prochain rattachement de la rive gauche du Rhin à la France. Ce Rhin allemand tiendra-t-il enfin dans notre verre ? Derniers beaux jours pour les guerriers reposés !

Parvenus à Minden, en Westphalie, les Polonais, vrais et faux, sont arrêtés sur ordre de Berlin, et cantonnés dans des baraquements. Curieux ou compatissants, les habitants de Minden les visitent et les nourrissent. En guise de remerciement, les Polonais, mélomanes sans frontières, les régalent de concerts improvisés. Au bout d'une semaine, sonne l'heure de la retraite. A pied, la tête basse, on traverse des bourgades aux noms chargés d'histoire : Hildesheim, Brunswick, Magdebourg. A la mi-mai, Chenu se retrouve en Saxe, à Eisleben, ville natale de Luther : le révolutionnaire chez le réformateur. Le Montagnard a le mal du pays. Il filera bientôt vers Paris, via la Belgique.

Incroyable odyssée du démocrate Chenu, qui jette une lumière crue sur la réalité des mouvements d'émancipation, et sur la façon dont à Paris certains les imaginent ! Certes, les journées de Février rencontrent un écho et suscitent un enthousiasme prodigieux dans toute l'Europe libérale. Mais les tentatives pour exporter la révolution, manigancées par certains dirigeants provisoires de la République, comme Caussidière, voire Ledru-Rollin, tournent court. La libération des opprimés sera l'œuvre des opprimés eux-mêmes. Aura-t-elle d'ailleurs jamais lieu ? Dès le mois de mai, le reflux se dessine. Ainsi les Autrichiens se préparent à reprendre pied en Italie, tandis que la Posnanie est brutalement incorporée à l'Allemagne. A Francfort, le Parlement national enfin convoqué s'enlise. Les troupes britanniques occupent Dublin, et les chefs nationalistes irlandais sont arrêtés et déportés. Partout, les puissances traditionnelles commencent à se ressaisir.

Citoyens d'outre-France, que vous a-t-il manqué pour nous suivre ? Ne voyez-vous pas qu'avec les beaux jours monte la sève de la liberté ? Au sortir de l'hiver, sur le pavé parisien, nous avons fait les premiers pas. Pour vous, peuples outragés, enchaînés, déracinés, s'ouvre un infini printemps. Ces mots lancés au vent de l'histoire, « démocratie », « fraternité »,

« indépendance », à vous de les recueillir comme des graines, et de les semer tôt ou tard pour de généreuses moissons.

Nous avons dit : Que l'univers réponde !
Du Sud au Nord la terre a palpité.

XIII

Vous n'avez pas le monopole de l'amour du peuple

Pâques électorales. — L'esclavage sera entièrement aboli. — 1 600 000 voix. — Rouen sanglant. — Première séance. — Préparons-nous à la lutte. — Vous ne passerez pas. — Effroyable tumulte. — Tous fous. — A la Seine !

« La crainte de perdre engendre les mêmes passions que le désir d'acquérir. »
Machiavel.

Vendredi 28 avril, 22 heures : « Dans deux heures, nous saurons le résultat définitif... Je te le dirai à minuit en rentrant du ministère. » George Sand, écrivant à son fils Maurice, lui demande de mettre l'argenterie en lieu sûr. Qui sait ce qui va, tout à l'heure, sortir des urnes ?

Celles-ci, dimanche et lundi derniers, ont été bien remplies. Près de sept millions et demi de citoyens, soit 84 % du corps électoral, ont accompli leur devoir, ou plutôt leur droit, chèrement conquis. Pour l'immense majorité d'entre eux, c'est la première fois. Ce geste sacramentel a comme un goût de première communion.

De fait, dans les départements, on a célébré aux aurores l'office de Pâques, qui vous pénètre de l'amour du Bien. Le peuple, de toute éternité, a l'oreille de Dieu. Aujourd'hui, c'est la Résurrection. Le Christ, en ce jour de miracle renouvelé, est presque partout républicain, souvent démocrate, parfois socialiste.

Aussi, tout naturellement, au sortir de la messe, où l'eucharistie a marqué la fraternité ambiante au coin du sacré, le curé prend-il la tête du cortège des paroissiens électeurs, grossi de leurs familles endimanchées, qui se dirige au chef-lieu du canton. Le maire, le juge de paix, l'instituteur, sont là aussi, au premier rang. Bannières et drapeaux se mêlent, cliques et orphéons complètent la note de fête spirituelle et patriotique. Les aînés se souviennent de la dernière grande consultation, celle d'avril 1815, pendant les Cent-Jours. Encore le suffrage était-il moins universel qu'à présent. Surtout, le cœur n'y était pas. On s'était massivement abstenu. Six semaines plus tard, c'était Waterloo.

Le lundi 24 est encore jour de vote. C'est que l'affaire est d'une complexité sans précédent. Ainsi, à Paris, plus de deux mille candidats pour 34 sièges, plus de trois cent mille électeurs, et la possibilité, partout, de panacher les listes, quand du moins on sait lire et écrire. Sinon, un ami, un notable qui vous veut du bien, peut apporter une précieuse assistance. Au total, chacun en convient, les élections se sont déroulées dans la liberté, la régularité et l'ordre le plus complets, eu égard à la nouveauté de la démarche et à l'inexpérience de l'administration en la matière. Les représentants du peuple en tireront un surcroît de légitimité.

Les dés, à présent, roulent. Quels vont être ces hommes à qui revient de rendre à la société française un état de droit ? L'attente est longue, car le dépouillement et la consignation des résultats sont compliqués : candidatures multiples, noms barrés ou rajoutés sur les bulletins, interminables comptages par des scrutateurs scrupuleux. A Paris, quatre jours sont nécessaires pour établir la liste des 34 élus, dans l'ordre.

Dans l'intervalle, le Gouvernement provisoire, dont les heures à présent sont comptées, parachève son œuvre. Le jeudi 27, il donne force de décret aux conclusions de la commission d'émancipation présidée par Victor Schoelcher : « L'esclavage sera entièrement aboli dans toutes les colonies et possessions françaises deux mois après la promulgation du présent décret. » Ainsi la devise républicaine — liberté, égalité, fraternité — devient une vérité. Partout où flottent les trois couleurs, ne se trouvent plus que des hommes libres et égaux en droit. En droit, mais pas immédiatement en fait, car on ne change pas par décret des habitudes bien ancrées. Ainsi à la Guadeloupe, rapporte Victor Hugo, « au moment où le Gouverneur proclamait l'égalité de la race blanche, de la race mulâtre et de la race noire, il n'y avait sur l'estrade que trois hommes, représentant pour ainsi dire les trois races : un blanc, le Gouverneur ; un mulâtre qui lui tenait le parasol ; et un nègre qui lui portait son chapeau ». Certes, mais la pédagogie de l'égalité et de la dignité est en marche. Un exécutif provisoire, né de la rue, a mis fin à ce que des gouvernements légitimes et régulièrement constitués avaient accepté ou toléré. Les derniers gestes du gouvernement de l'Hôtel de Ville, agissant au nom du peuple français, sont pour les plus démunis : esclaves, mais aussi vieillards, infirmes, orphelins, analphabètes.

Enfin, ce vendredi 28, peu après 22 heures, Marrast, entouré de trois adjoints et des maires d'arrondissements et de banlieue, s'avance sur une estrade installée derrière la grille de l'Hôtel de Ville. Cris d'enthousiasme jaillis de la foule, massée sur la place depuis plusieurs heures, à la lueur des torches. Vraies rumeurs et faux bruits, depuis la fin de l'après-midi, vont bon train. L'heure du verdict est arrivée. Le maire de Paris, plutôt que le ministre de l'Intérieur, proclame les résultats. Il est vrai que lui-même et ses amis sortent grands vainqueurs de la consultation : Lamartine, Dupont de l'Eure, Arago, Garnier-Pagès, Marrast, Marie, Crémieux, obtiennent entre 259 800 et 210 699 voix. D'autres modérés les suivent immédiatement.

Dans la foule mélangée d'ouvriers et de bourgeois, de conservateurs et de démocrates, exclamations de dépit et murmures de satisfaction ponctuent la proclamation de chaque nom. Pour les électeurs de gauche, l'attente est longue, et le coup rude : Albert, le moins mal élu, est en vingt et unième position. Caussidière le talonne. Ledru-Rollin, Louis Blanc, Perdiguier aussi, sont encore plus loin sur une liste que clôt le vieux Lamennais. Mais battus Raspail, Sobrier, Cabet, écrasé Blanqui, avec moins de 5 500 voix. Pour les hommes du Luxembourg, la défaite est cinglante. Comme ils avaient raison de redouter le verdict populaire ! A l'heure où la nation a parlé, au nom de qui peuvent-ils à présent s'exprimer ? George Sand ressent amèrement un échec qui la frappe très directement. De retour du ministère, à deux heures du matin, elle achève sa lettre à Maurice : « Il y aura une fameuse lutte à livrer contre la bourgeoisie. » Petite phrase grosse de guerre civile, classe contre classe.

Ainsi, deux mois exactement après la chute de la monarchie, la France se réveille en République modérée. Lamartinienne. Pour le poète-ministre, le triomphe est éclatant : élu dans dix départements, il a recueilli 1 600 000 voix, plus de 20 % des suffrages exprimés. La province donne largement sa confiance aux notables traditionnels, aux conservateurs éclairés. Quelques ouvriers, figurant sur des listes libérales par souci d'unanimisme, obtiennent eux aussi un siège. C'est le cas de Benoît et de Greppo à Lyon, où Bergier est battu honorablement, avec 39 000 voix ; il lui en a manqué 6 000. Il apprend sa défaite à Paris, où il est en quête d'un appartement. Martin Nadaud voit dans son échec relatif à Bourganeuf « une bonne semence pour l'avenir. » Le voilà reparti pour Paris manier l'équerre et la truelle. A Marseille, Thiers enrage d'avoir échoué, d'autant que ses anciens compagnons de l'opposition dynastique, comme Rémusat, Odilon Barrot, Dufaure, retrouvent leur siège de député, ou plutôt de représentant du peuple. Tocqueville est lui aussi élu massivement à Valognes.

A Paris, tous ceux qui s'étaient regroupés devant l'Hôtel de Ville, le ministère de l'Intérieur ou les mairies d'arrondissement, se dispersent sans incident, habités de pensées contraires. Immense est, pour la plupart, le soulagement, en particulier pour la majorité du Gouvernement provisoire, quasiment plébiscitée, et qui a rempli son mandat initial : réunir une assemblée constituante élue au suffrage universel. Ce qui, quelques semaines auparavant, paraissait, fût-ce matériellement, une gageure, s'est accompli.

Quelques abcès ont cependant percé.

A Rouen, le chômage frappe très durement, en particulier les travailleurs du textile. Le commissaire de la République Deschamps, un proche de Ledru-Rollin, a pris, dès son entrée en fonction, des initiatives en faveur des ouvriers, en organisant notamment des Ateliers nationaux. Il ne cache pas ses tendances socialisantes. Les conseillers municipaux et les officiers de la Garde nationale, déjà hostiles à sa nomination, s'irritent de plus en plus de son comportement. Le conflit atteint son sommet lorsque Deschamps prend la tête d'une liste radicale. Contre lui se dresse un notable local, le procureur général Sénard, proche de Marrast et de la majorité du Gouvernement. Le 25 au soir, les résultats consacrent la défaite de Deschamps et de ses amis en Seine-Inférieure, même si en ville leur score est appréciable. Le lendemain, des ouvriers, en nombre imposant, se regroupent devant la mairie. Veulent-ils contester l'issue du scrutin, favorable aux modérés ? S'opposer par avance à la fermeture prévisible des Ateliers nationaux ? Face à eux, la Garde nationale. Un coup de feu part on ne sait d'où. Très vite, la cavalerie charge. Les ouvriers s'engouffrent dans les rues adjacentes et, bientôt, dressent des barricades des deux côtés de la Seine. Un flottement est perceptible chez les autorités civiles et militaires. Alors Sénard, revêtant sa robe de magistrat, requiert la force armée. Dans la soirée et le jour suivant, la troupe tire dix-neuf coups de canon, et enlève 41 barricades, sans essuyer aucune perte. Trente-quatre ouvriers, indiquera plus tard Sénard, devenu vice-président de l'Assemblée, davantage selon Daniel Stern, paient de leur vie ce soulèvement du désespoir. Rouen a donné ses premiers morts à la République. Le commissaire Deschamps, qui démissionne le samedi 29, est aussitôt remplacé par un homme plus sûr. Cinq cent vingt et un manifestants sont remis à la Justice.

A Limoges, les soubresauts consécutifs aux élections sont

heureusement moins sanglants. Au cours du dépouillement, les ouvriers, dont de nombreux chômeurs et indigents, prenant conscience que leurs candidats seront battus, déchirent et brûlent les procès-verbaux consignant le vote des militaires, soit 1 500 suffrages environ. Puis ils s'en prennent à la Garde nationale, qu'ils désarment à leur profit. Le commissaire de la République, là aussi, leur est favorable. Limoges va-t-il tomber sous le contrôle de l'insurrection ? Un commissaire extraordinaire, le docteur Trélat, appuyé par le comité provisoire de Théodore Bac, à présent représentant du peuple, parvient à rétablir la situation sans qu'aucune victime soit à déplorer.

Rouen, Limoges, Issoudun aussi, les foyers de violence, au total, sont rares, et rapidement circonscrits. En outre, le Gouvernement provisoire s'efforce d'en limiter la portée : un mouvement aussi considérable de l'expression du suffrage universel ne peut aller sans quelque tourbillon. « Ne cherchons point dans ces événements, insiste le *Bulletin de la République*, l'indice de scissions qui ne sauraient désormais exister entre nous... N'oublions pas que fraternité veut dire : amour, charité, tolérance, conciliation, confiance, estime, indulgence réciproques. » Las ! Ces sept vertus de théologie politique sont de moins en moins pratiquées. Les élections ont encore creusé le fossé entre Paris et la province, les villes et les campagnes, ceux qui possèdent et ceux qui n'ont rien à perdre. « Je savais, écrit Martin Nadaud à présent de corvée rue de Charonne, que les ennemis du peuple étaient encore dans la place et qu'il faudrait longtemps pour les en déloger. » « Non, répond Tocqueville, les ouvriers de Paris ne sont pas le peuple français. » Alors, ennemis, ou représentants du peuple ?

Cette alternative, chacun à Paris le pressent, ne sera tranchée que par un conflit. Dès son arrivée dans la capitale, le député de Valognes est formel : « Non seulement cette bataille était inévitable, mais le moment en était proche, et il était à désirer qu'on saisît la première occasion de la livrer. »

Est-ce pour cela que nous avons combattu en février ? La République, le suffrage universel, une assemblée nationale, toutes ces vieilles lunes devenues d'un coup l'aurore de notre liberté, est-il inévitable qu'elles s'abîment dans la violence, la déchirure, le sang versé ? Toujours finir dans la querelle, les armes, la mort ? Quel dieu, quel diable s'acharnent-ils à ensanglanter notre printemps ?

Faut-il encore, ici attaquer, là se défendre ? Soit, nous nous battrons. La République y survivra-t-elle ?

Jean Terson en doute. Son optimisme saint-simonien l'abandonne. L'inquiétude le taraude. Avec la Révolution est venu, croyait-il, « l'avènement des masses travailleuses ». Cette révolution, le peuple la voulait « pacifique, immaculée, conciliatrice avec la bourgeoisie laborieuse ». En place de tout cela, que voit-il, Jean Terson ? « L'incertitude et le désarroi dans les affaires publiques et finalement le mécontentement devenu universel en France. » C'est dit, il se tiendra désormais à l'écart de tous les camps, « ne sachant trop qui accuser du déplorable état où se trouve la nouvelle République ».

Toutes ces menaces, quelque temps refoulées, conjurées par l'espérance des uns et l'attentisme des autres, ce retour des forces sociales dans l'arène politique, les membres du Gouvernement provisoire, dont ce jeudi 4 mai est le dernier jour d'une existence bien remplie, et les plus lucides des représentants du peuple, qui se réunissent pour la première fois, les ont présents à l'esprit.

Une belle journée, pourtant, que ce 4 mai, douce et ensoleillée. A midi, les membres du Gouvernement provisoire quittent le ministère de la Justice pour gagner le Palais-Bourbon, sous les acclamations. Le Garde national Maxime Du Camp, de service sur le pont de la Concorde, les détaille d'un regard croqueur : « Dupont de l'Eure, affaibli, courbé par l'âge et au-dessus duquel on tenait une ombrelle... Lamartine, comme un souverain, saluait à droite et à gauche... Garnier-Pagès s'agitait dans son faux col. » Quelques instants plus tard, ils atteignent la salle des séances, long bâtiment rectangulaire revêtu de bois et de plâtre, « immense, froid, grave », édifié à la hâte dans la cour du palais afin d'accueillir les 900 élus, qui n'auraient pas trouvé place dans l'hémicycle. Les députés sont assis sur des bancs rembourrés et recouverts de grosse serge verte. Il en a coûté 335 000 francs au Trésor public. Le Gouvernement, en quête de symboles évoquant la Grande Révolution, impose aux représentants du peuple, à la suggestion de Marrast peut-être inspiré par Michelet, un costume analogue à celui des conventionnels de l'autre siècle, grand gilet blanc rabattu, à la Robespierre, et « ceinture en soie tricolore garnie d'une frange en or à grains d'épinard ». Un seul député a pris la peine de s'accoutrer de la sorte, ce qui le fait aussitôt remarquer, notamment de Tocqueville : « Je vis un corps très grand et très gros, sur lequel était posée une tête triangulaire, enfoncée profondément entre les deux épaules, l'œil rusé et méchant, un air de bonhomie répandu sur le reste du visage. » Cette « masse de matière informe », c'est Caussidière, qui ne déteste pas se distinguer. Plus impressionnant, Lacordaire, dans sa robe blanche de dominicain, prend place à l'extrême gauche.

A l'entrée des ministres, tandis que le canon tonne, tous les députés se lèvent au cri de : « Vive la République ! », une acclamation dont cette journée sera prodigue. L'après-midi, le général Courtais annonce que le peuple veut voir ses représentants. L'Assemblée suspend alors ses opérations de vérification des pouvoirs pour poser sur le péristyle devant la foule massée au débouché du pont de la Concorde. Maxime Du Camp est encore là : « On battit aux champs et l'on nous fit présenter les armes pendant que nos drapeaux s'inclinaient. » « Des larmes mouillaient tous les yeux, témoigne Daniel Stern. Les mains se cherchaient et s'étreignaient sans se connaître, dans une indicible émotion de transport et de joie. » « Le peuple de Paris voulait voir l'Assemblée, se souvient Odilon Barrot, réélu dans l'Aisne, non pour l'honorer, mais bien pour l'avertir qu'il était là, toujours prêt à revendiquer sur elle et contre elle son droit de surveillance et de souveraineté. » A chacun sa vérité !

La transition des pouvoirs s'opère rapidement. Le 8 mai,

Louis Blanc et Albert démissionnent de la présidence de la Commission du Luxembourg, dont les jours sont désormais comptés. Le surlendemain, l'Assemblée désigne une Commission exécutive, sorte de chef de gouvernement en cinq personnes. La majorité ne souhaite y voir que des modérés. Lamartine refuse de dissocier son sort de celui de Ledru-Rollin. Tous deux sont élus les derniers, après Arago, Garnier-Pagès et Marie. L'astre lamartinien dégringole de son firmament. Les « pentarques » nomment ensuite les ministres, tous choisis dans la mouvance du *National.* Néanmoins, Caussidière conserve la préfecture de police.

Le Gouvernement provisoire a-t-il bien mérité de la patrie ? L'Assemblée, sans aucun doute, répondra unanimement par l'affirmative. C'est compter sans Barbès qui, « au nom du Peuple », demande raison au Gouvernement « des massacres commis à Rouen », de l'abandon des Polonais et autres patriotes étrangers. Sénard lui répond vertement. Lorsque le président Buchez consulte l'Assemblée sur l'hommage au Gouvernement, Barbès et trois de ses amis, dont Benoît de Lyon, demeurent assis.

Louis Blanc, lui, paraît assis même quand il est debout. Aussi, lorsqu'il monte à la tribune, ce même mercredi 10 mai, un huissier lui apporte-t-il un petit escabeau, afin qu'il apparaisse à ses collègues au moins de la tête et des épaules. L'Assemblée rit. Louis Blanc demande, une fois encore, la création d'un ministère du Travail et du Progrès, qu'il ne refuserait pas si on le lui offrait. L'Assemblée murmure. L'orateur persiste : « Je suis ici par le peuple et pour défendre ses droits. » L'Assemblée se déchaîne et rappelle à l'ordre l'impudent.

— Vous n'avez pas le monopole de l'amour du peuple ! Toute l'Assemblée est ici pour défendre les intérêts du peuple !

Et pour le montrer elle vote à l'unanimité une enquête sur l'amélioration du sort des travailleurs industriels et agricoles, dont le principe a été suggéré notamment par Agricol Perdiguier.

Hors de l'enceinte parlementaire, il est plus facile aux opposants de s'exprimer. Sobrier, George Sand déclarent que si l'Assemblée ne se place pas résolument au service du peuple, il faudra chasser « cette fausse représentation nationale ». La Société des droits de l'homme, animée par Barbès, fait savoir par voie d'affiche aux « privilégiés de l'ancienne société » que, s'ils ne se rallient pas humblement et sincèrement à la révolution, ils trouveront « à l'avant-garde, au jour de la lutte, nos sections organisées ; et ce ne sera plus de pardon que vos frères vous parleront, mais de justice ». De leur côté, Blanqui et sa Société républicaine centrale stigmatisent avec violence les événements de Rouen, cette Saint-Barthélemy des ouvriers : « Serait-ce qu'à vos yeux, comme à ceux des rois, le sang du peuple n'est que de l'eau bonne à laver de temps en temps des rues trop encombrées ? » Mais partout des mains anonymes arrachent la vengeresse affiche jaune.

L'angoisse, la haine, montent comme le mercure par temps de fièvre.

Le voisin de Norbert Truquin, fondeur au 10 de la rue Saint-Ambroise, prédit au jeune homme : « Vous voyez comme on nous arrange ! Eh bien, beaucoup de ceux qui m'écoutent ici iront finir leurs jours à Cayenne, et moi peut-être le premier. » Et le fondeur philosophe d'apprendre aux gamins du quartier des chants patriotiques, pour leur insuffler l'amour de la liberté, afin que « si nous succombons dans la lutte, ils soient en état de la continuer en travaillant pour l'émancipation des peuples ».

La lutte, encore la lutte ! Faudra-t-il fatalement en passer par là ?

De l'autre côté, on s'y prépare aussi. L'Assemblée accorde à son président le droit de requérir directement la force publique, et désigne un commissaire de police spécialement affecté à sa sécurité, malgré l'opposition de Caussidière. Maxime Du Camp rend visite à son oncle, un homme « d'une prudence et d'une sagacité de Peau-Rouge ». Il le trouve en train de remplacer la poudre grossière de ses cartouches par la poudre anglaise, plus fine et plus efficace. C'est que « les républicains rouges tenteront certainement un petit 18 brumaire à leur façon ; or, coûte que coûte, il faut défendre l'Assemblée qui est notre salut. Je m'attends à une bataille prochaine ; je m'y prépare et je t'engage à en faire autant ».

La poudre est anglaise ; mais la mise à feu sera polonaise. Est-il raison plus pure pour manifester que d'exiger de la Prusse et de la Russie qu'elles cessent d'opprimer la chère et malheureuse Pologne, et que le Gouvernement français prenne des initiatives dans ce sens ? Au sein de l'Assemblée, Vavin, Montalembert, Wolowski, un immigré élu à Paris, sont les protagonistes les plus actifs de cette cause sacrée.

Au-dehors, Raspail s'en empare : une pétition en faveur de la Pologne sera portée à l'Assemblée, devant laquelle, depuis le 11 mai, des groupes ne cessent de se rassembler, pour exhorter, pour menacer aussi. Un débat sur la Pologne est fixé au lundi 15 mai. Le 14, une affiche est apposée dans Paris, signée Huber et Sobrier, appelant la population à se rassembler le lendemain matin place de la Bastille. Aussitôt, la Commission exécutive convoque Caussidière, qui se fait porter malade, tout en assurant que la manifestation populaire annoncée n'a rien de dangereux. La Commission place la Garde nationale et les troupes de Paris sous le commandement du général Courtais, choix pour le moins discutable. La force armée, en état d'alerte, devra intervenir en cas d'extrême nécessité. Maxime Du Camp juge ces précautions tout à fait insuffisantes. Les chefs de la gauche et les clubistes estiment, tout au contraire, que le mouvement est très mal engagé. Barbès le désapprouve, par hostilité envers Blanqui, qui lui-même n'est guère enthousiaste. Cabet annonce qu'il s'en tient à l'écart, et Louis Blanc tente de dissuader ses amis de s'y rendre. Même Raspail souhaite qu'on n'aille pas au-delà d'une « impression morale ». Tous, en vérité, sont réticents, inquiets. Mais le mot d'ordre, si imprudent soit-il, est lancé. Il est trop tard pour reculer.

Cette nuit-là, Du Camp ne dort pas. Il s'applique à écrire, mais sa pensée est ailleurs. Tendu, il monte de temps à autre sur sa terrasse respirer l'air frais d'une nuit transparente. Au petit jour, il ceint son uniforme, s'équipe. Son bataillon est convoqué à neuf heures précises à la mairie du Ier arrondissement. On se serre dans la petite cour. Les officiers n'ont pas d'ordres. On attend.

A travers Paris, les ouvriers rejoignent la place de la Bastille. Lord Normanby, en route vers le ministère des Affaires étrangères, croise trois Blouses des Ateliers nationaux, vitupérant les députés.

— Ils se donnent 25 francs par jour, ils nous donnent 30 sous, et ils appellent ça égalité !

Ils sont plus de 100 000 qui, à dix heures et demie, forment les rangs et se mettent en marche par les boulevards. En tête, Huber et Sobrier. Bannières des Ateliers nationaux, emblèmes des pays amis — aigle de Pologne, harpe d'Irlande, trois couleurs italiennes — se déploient sous une brise déjà tiède. Joli mois de mai ! En queue, Raspail et les siens, méfiants, prêts à prendre le large si l'affaire tourne mal. On arrive ainsi aux abords de la Madeleine. Un émissaire d'Huber tire alors Raspail par la manche : son chef a perdu son exemplaire de la pétition. A Raspail de venir lire son texte aux manifestants, et de les haranguer. Ce dernier gagne la tête du cortège. Stupeur ! Place de la Madeleine, de nouvelles bandes — d'où viennent-elles donc ? — se joignent à la foule. Aux cris de « Vive la Pologne » s'en ajoutent d'autres, qui n'étaient pas au programme : « Vive Louis Blanc ! Vive l'organisation du travail ! » Provocation ? Pour Raspail, tout cela pue la police à plein nez. D'autant que, à l'entrée du pont de la Concorde, les gardes mobiles en faction mettent la baïonnette au fourreau, sur ordre de Courtais, que la foule ovationne. Au-delà, et c'est suspect, pas le moindre Garde national en vue.

Il est onze heures. A ce moment, les quelques centaines de Gardes nationaux rassemblés à la mairie du Ier arrondissement n'ont toujours reçu aucune consigne. Leur adjudant-major grogne : « Nous devrions être sur le terrain depuis longtemps ! » Quand enfin un lieutenant apporte les instructions du général, il ajoute ce commentaire : « Du reste, vous prendrez conseil des circonstances. » De toute façon, il est trop tard pour intervenir place de la Concorde, à présent noire de monde. Exaspérée, la 1re légion se replie sur l'esplanade des Invalides. Courtais, trahison !

Là-bas, le cortège hésite encore à franchir le Rubicon. De l'autre côté du pont, la colonnade du Palais-Bourbon lui en impose. Un cri déchire l'air.

— En avant !

Retrouvant ses vieux réflexes, Blanqui entraîne le mouvement. Dernier barrage, bien frêle, les grilles du Palais. Toujours complaisant, Courtais les fait ouvrir. Le premier à les franchir s'appelle Louis Pujol. Cet ancien séminariste de vingt-six ans est lieutenant de brigade aux Ateliers nationaux. Derrière lui, une vague se précipite, tandis qu'une autre envahit la rue de Bourgogne pour atteindre l'autre entrée.

Dans la salle des séances, l'ordre du jour suit son cours. La démission de Béranger, élu malgré lui, vient d'être acceptée. Wolowski monte à la tribune pour interpeller le Gouvernement sur les affaires de Pologne. Émouvant Wolowski !

— Non, la Pologne n'était pas morte ! s'exclame-t-il.

— Vive la Pologne ! lui répond, au-dehors, une formidable clameur.

Tocqueville n'en revient pas : « Je n'eusse jamais pu imaginer que des voix humaines, en s'unissant, pussent produire un bruit aussi immense. »

D'un seul coup, les portes des tribunes s'ouvrent à toute volée. La foule est là. Il est treize heures. Commencent alors quatre heures d'une confusion comme Assemblée en connut rarement : Barbès, Louis Blanc, Ledru-Rollin se disputent la tribune. Tandis que Raspail tente de lire sa pétition, le terrible Blanqui, plus pâle et sépulcral que jamais, exige que la France déclare la guerre à toute l'Europe jusqu'à ce que la Pologne soit affranchie. Barbès renchérit, et réclame un impôt de un milliard sur les riches. Il déclare en outre hors-la-loi quiconque battra le rappel : le président Buchez, qui agite désespérément sa sonnette, est prévenu.

A l'extérieur, Lamartine tente de faire barrage aux clubistes.

— Vous ne passerez pas ! s'exclame-t-il noblement, en se plaçant en travers de la porte.

Louis Blanc, qui a quitté la salle des séances, est hissé sur le rebord d'une fenêtre, enveloppé d'un drapeau polonais. Il insiste pour qu'on laisse l'Assemblée délibérer librement. Pour toute réponse, on l'empoigne, et on le ramène en triomphe au milieu de ses collègues. A présent, les tribunes menacent de s'effondrer. Les manifestants, dont le flot s'épaissit, se laissent glisser le long des colonnes et envahissent les travées. Certains, brandissant fusils, pistolets et armes blanches, s'excitent dangereusement. La chaleur est épouvantable. Lord Normanby, quittant la tribune diplomatique, entraîne avec lui quelques dames prêtes à défaillir. Raspail lui-même se trouve mal et sort précipitamment, pour s'écrouler, sans connaissance, sur le gazon du jardin, non loin d'Huber, lui aussi comateux.

Poussière, fournaise, vacarme, sueur, depuis plus de deux heures.

Un rien de plus, un geste malheureux, et c'est l'égorgement. Les représentants du peuple sont à la merci des émeutiers, qui s'estiment en droit de leur dicter leur conduite et leurs votes. Un cordonnier s'assied à côté d'Odilon Barrot.

— N'êtes-vous pas nos commis, et ne nous est-il pas toujours permis de venir vous demander des comptes ?

Le moment serait mal choisi pour le contredire !

Au loin, pourtant, monte le bruit du tambour.

— Le rappel, hurle Barbès, nous sommes trahis !

C'est Buchez qui, bien que cerné par des enragés, est parvenu à glisser un ordre à un officier. On se rue sur lui. Un sabre au-dessus de la tête, il signe un contre-ordre sur une feuille volante. Huber, revenu à lui, tonne.

— Au nom du peuple français trompé par ses représentants, je déclare que l'Assemblée est dissoute !

A ces mots, un groupe se précipite sur la présidence. Buchez est renversé de son fauteuil. Quelques amis, le protégeant de leurs corps, le tirent de ce mauvais pas. Le tumulte est effroyable. Des orateurs improvisés braillent des discours enflammés. Par intermittence, on entend le rappel qui bat et se rapproche. Barbès et Albert, croyant renouveler le 24 février, s'élancent vers l'Hôtel de Ville. A l'intérieur, on lance en vrac des noms pour un nouveau gouvernement : Barbès, Louis Blanc, Raspail, Blanqui, Cabet, Lagrange, Pierre Leroux. Ledru-Rollin, qu'on a retrouvé dans un bureau, refuse obstinément de se joindre à l'entreprise insurectionnelle.

La plupart des députés se dispersent, non sans difficulté. Tocqueville décide de rester. A ce moment, le docteur Trélat, ministre des Travaux publics, lui prend les mains, les larmes aux yeux.

— Ce sont des fous, des fous véritables qui ont causé ceci ! Je les ai tous pratiqués ou traités. Blanqui est un fou, Barbès est un fou, Sobrier est un fou, Huber surtout est un fou, tous fous, Monsieur, qui devraient être à ma Salpêtrière et non ici !

Tocqueville le juge lui-même « un peu timbré ».

Il est déjà seize heures, lorsque la Ier légion reçoit l'ordre de marcher vers le Palais-Bourbon. Dans la vaste enceinte, sens dessus dessous, les légionnaires s'égarent. Se trompant de porte, ils font prisonniers... les employés chargés de l'expédition du courrier. Du Camp gravit en courant un petit escalier. Il se heurte à des manifestants en fuite, car la Garde mobile vient elle aussi d'intervenir. Il prend et rend des coups, avant de déboucher dans les tribunes. Sautant de là sur le plancher, hurlant « Vive l'Assemblée ! » avec ses camarades, il donne la chasse aux émeutiers. Force reste enfin à l'autorité légitime. Peu à peu, les députés reprennent leurs places dans la salle des séances, semblable à un champ de bataille. Duclerc, le ministre des Finances, monte à la tribune.

— Au nom de l'Assemblée qui n'est pas dissoute, au nom

du peuple français qu'une minorité infime et infâme ne déshonorera pas, l'Assemblée nationale reprend ses travaux.

A ces mots, le général Courtais, hagard, fait son apparition. Des Gardes nationaux se jettent sur lui, s'apprêtent à lui faire un mauvais parti.

— A la Seine, le traître !

Tocqueville, Du Camp s'interposent. Le vieil homme, à moitié étranglé, l'épée et les épaulettes arrachées, est prestement évacué et consigné dans la Bibliothèque. Son successeur, Clément Thomas, se présente au même instant. Il est acclamé. Lamartine fait lui aussi son entrée. A l'indignation de Du Camp, il ne flétrit qu'assez mollement les incidents scandaleux qui ont souillé la représentation nationale, et termine, comme à l'accoutumée, sur un mot historique :

— A cette heure, la plus belle tribune du monde, c'est la selle d'un cheval !

Et le voilà parti, flanqué de Ledru-Rollin, à la reconquête de l'Hôtel de Ville où Barbès s'est installé deux heures plus tôt sans coup férir, à tel point que Marrast et son équipe n'ont pas quitté leurs bureaux. Le député de l'Aude, mal à l'aise, et qui n'a guère qu'Albert avec lui, annonce la dissolution de l'Assemblée et la formation d'un nouveau Gouvernement. A peine a-t-il le temps de menacer de guerre la Prusse et la Russie si la Pologne n'est pas libérée que déjà, dans l'escalier, on crie « Vive l'Assemblée, à bas les communistes ! » La Garde nationale progresse de salle en salle, Barbès et les siens se réfugient au fond d'une pièce, sans issue. Un officier s'avance.

— Que faites-vous là ?

— Je suis membre du nouveau Gouvernement provisoire.

— Eh bien, au nom de l'ancien, je vous arrête !

Et il joint le geste à la parole. Lorsque Lamartine et Ledru-Rollin parviennent à l'Hôtel de Ville, tout est déjà fini.

Fini aussi pour Sobrier, coffré au sortir du ministère de l'Intérieur, sur lequel il avait jeté son dévolu.

Fini encore pour Raspail, qui, réfugié chez son fils, rue des Francs-Bourgeois-Saint-Michel, est arrêté le soir même.

Huber, arrêté lui aussi, est curieusement relâché peu après, à la suite d'une conversation avec le maire du IVe arrondissement...

Quant à Blanqui, il est introuvable. Il ne sera découvert et appréhendé que le 26 mai. Alors des Gardes nationaux, surexcités, s'en prennent à sa mère, dont ils mettent à sac la maison, comme ils font pour celles de Sobrier, de Raspail, de Cabet.

Peur, fureur, vengeance, qui n'épargnent pas non plus Louis Blanc. Décidé à reprendre sa place à l'Assemblée, le petit homme est malmené, à l'entrée de la salle des séances, par des Gardes nationaux. Les cheveux en désordre, les habits déchirés, accueilli par des huées, il monte crânement à la tribune pour se justifier. Interrompu, chahuté, injurié, il fait front et, malgré l'absence d'escabeau, réussit à se faire entendre, avant de regagner son banc, épuisé et défait. Du moins obtient-il un sursis, à la différence de Barbès, Albert et Courtais, placés sous la main de la Justice.

Caussidière ne perd rien pour attendre un peu. Lui, le préfet de police, chargé du maintien de l'ordre à Paris, qu'a-t-il fait pour protéger l'Assemblée des outrages et du péril qui ont manqué l'emporter ? N'est-il pas coupable, pour le moins, de non-assistance à République en danger ? La Commission exécutive, réunie au Luxembourg, le convoque tard dans la soirée. Il s'y rend en compagnie de quelques-uns de ses Montagnards. Très remonté, se sentant soutenu par Ledru-Rollin et peut-être protégé par Lamartine, il tient tête, refuse de démissionner. Au milieu de la nuit, Marcus, théâtral, tire sa montre de son gousset :

— Citoyens, il est quatre heures. Si dans un quart d'heure nous ne sommes pas rentrés à la préfecture, on vient nous chercher ici. Vous connaissez nos hommes ; rien ne les fera reculer. Ce qui peut arriver, je l'ignore, mais vous seuls en serez responsables.

La menace fait son effet. Caussidière réintègre la préfecture en temps voulu. Prudent tout de même, il fait placarder le lendemain une proclamation rendant hommage à l'Assemblée et à la Garde nationale, tout en transformant la préfecture en camp retranché. Reste à s'expliquer devant l'Assemblée. Il y défend éloquemment son action depuis deux mois, s'enorgueillissant d'avoir « fait de l'ordre avec du désordre ». Il rejette la responsabilité de la journée d'hier sur Sobrier et surtout sur Blanqui.

Trop tard, Marcus ! La chance, produit de ton audace, t'abandonne ! Au moment où tu pérores, la préfecture est cernée par la troupe, des canons sont mis en batterie face à l'entrée. Le général Bedeau en informe à l'instant l'Assemblée. Lamartine entraîne alors le préfet en état de choc, pour le conduire sur les lieux. En route, on entend crier « A l'eau Caussidière ! » Lamartine calme les braillards agressifs, tout en montrant à Caussidière la seule issue qui lui reste : la démission. Les Montagnards sortent et se dispersent. Marcus n'est plus ni préfet ni député.

Horrifié de ce qu'il a vu et entendu, de la réaction violente qu'il pressent, Lacordaire démissionne, lui de son plein gré, dès le 17.

George Sand, sur le départ pour Nohant, partage son sentiment : « Le spectacle de la réaction bourgeoise m'attriste au point de me rendre malade » écrit-t-elle à Étienne Arago, lui aussi suspect, dès le 16 mai. « La journée d'hier nous remet en arrière de dix ans. Quelle déplorable folie ! »

Folie qui gagne ! Encore le plus terrible reste-t-il à venir. Où l'amour de la Pologne n'a-t-il pas conduit ! Au nom des Polonais martyrs, des Français s'entredéchirent. Le piège, délibéré ou non, se referme un peu plus sur un peuple désemparé.

Au soir de cette journée consternante et pathétique, lord Normanby note sur son journal : « Il paraît impossible que tout ceci finisse sans qu'il y ait un combat dans les rues. »

L'ambassadeur d'Angleterre, on le sait, est un observateur avisé.

XIV

La déchirure

Fainéants ou égoïstes ? — Vau-l'eau. — Derrière les chars. — Du bout des lèvres. — Vive Napoléon ! — Le Président Sénard. — Cavaignac répète. — Le souffle d'un Pygmée. — L'essaim dans la ruche. — Il faut en finir. — Le lion et le tigre. — Mort aux autres !

« La faim aux quartiers populeux
Est une horrible conseillère.
Le lion que brûlent ses feux
Rugit et quitte sa tanière.
Un peu d'or dans l'ombre semé
Un lambeau de pourpre qui brille
Font sortir tout un peuple armé
Quand le pain manque à la famille. »

Pierre Dupont.

Après la grande saturnale du 15 mai, la réaction se met en marche, au pas de charge, tandis que l'opposition se radicalise. Assemblée contre Ateliers nationaux, délégués du Luxembourg et clubistes ; modérés et, de plus en plus, royalistes contre Montagnards et socialistes ; Paris ouvrier, à l'Est, contre Paris nanti, à l'Ouest, avec chacun leurs légions de Gardes nationaux, et, au milieu des antagonistes, une Commission exécutive hésitante, affaiblie, débordée. On s'invective d'un journal à l'autre.

« Combien faut-il de fainéants des Ateliers nationaux, d'ivrognes des barrières, de piliers d'estaminet, de vagabonds des faubourgs et d'aventuriers politiques pour faire un peuple souverain comme l'entendent les anarchistes, les clubistes et les républicains de la veille ? »

« Combien faut-il d'égoïstes sans patriotisme, de corrupteurs, d'agioteurs, d'escrocs officiels, de traîtres diplomates, de militaires sans honneur, pour défendre l'ordre à tout prix, fût-il l'ordre des brigands armoriés de la féodalité ou celui des rois, seigneurs et traitants enrichis par le pacte de famine ? »

Sur les boulevards, au débouché des faubourgs, l'agitation est chronique : attroupements, cortèges, discussions chaudes, suivies de généreuses libations. De cette pression endémique, la Garde nationale, mise à rude épreuve depuis de longues semaines, supporte tout le poids. Appels à la fraternisation, mais aussi sarcasmes, lazzis et hourvaris l'assaillent quotidiennement. On croit, à tout moment, entendre battre le rappel. Le roulement de tambour devient l'obsession du Garde national consciencieux, « ayant la ferme volonté de ne pas déserter à l'heure du péril », cette heure dont chacun est assuré qu'elle viendra, mais quand et comment ? La nuit, on se réveille en sursaut.

— Non, ce n'est pas le rappel, rendors-toi !

La tension est de moins en moins supportable. A qui la faute ? Au Gouvernement, parbleu, ou plutôt à ce qui en tient lieu, cette Commission exécutive qui, au fond de son palais du Luxembourg n'a plus barre sur rien, « la commission du rappel », comme la surnomme la Garde nationale. « Jamais je crois, se souvient Maxime Du Camp, gouvernement plus singulier n'a infructueusement essayé de diriger un pays. C'était le néant. Tout allait à vau-l'eau. » Il est de bon ton, à présent, de la brocarder. Dans les salles de rédaction comme dans les cafés, dans les clubs comme dans les dîners en ville, on se gausse de son impuissance, de sa paresse. Les mauvaises langues en rajoutent : Sardanapales au petit pied, Marie, Crémieux et Garnier-Pagès se vautrent dans le luxe et l'orgie des palais officiels ; liqueurs et vins fins, carrousels et carosses, chevaux de prix, objets d'art et cohorte de valets, rien n'est trop beau pour ces Messieurs et leurs familles, restaurateurs des fastes royaux. Pure invention, complaisamment reprise, naïvement reçue. Les mêmes qui hier encore portaient aux nues Lamartine, sauveur de la République, prennent des airs entendus : si le poète protège ainsi Ledru-Rollin, c'est qu'il est l'amant de sa femme. Ignoble et stupide calomnie, qui se trouve un petit public.

Pour des raisons plus politiques, Marrast est de ceux pour qui la Commission doit céder la place. Il lance l'idée d'une enquête sur les événements du 15 mai. Explicitement, ce sont Louis Blanc et Albert qui sont mis en cause, mais, à travers eux, Ledru-Rollin et Lamartine sont directement visés. Ce dernier défend vigoureusement son ancien collègue du Gouvernement provisoire qui, le 3 juin, échappe de peu à des poursuites, faute que sa participation à la tentative d'insurrection ait été établie. Mais Lamartine, pour la première fois, est en posture défensive.

Il a connu un triomphe ultime, mais ambigu, voire grotesque, quelques jours plus tôt, lorsque la Commission exécutive, en dépit de tout, organise le 21 mai une fête de la Concorde ; tous ceux qui, inquiets et sur leurs gardes, se rendent au Champ-de-Mars avec des armes de poing dans les poches, comme Tocqueville, se demandent bien de quelle concorde il peut s'agir. La mise en scène est grandiose, mais sans âme, morne pastiche des grandes cérémonies de la Grande Révolution. Des chars portant de gigantesques allégories de l'Agriculture, de l'Industrie, de la République, tirés par des chevaux de labour, défilent sous les quolibets. « On nous avait aussi promis des bœufs avec des cornes dorées, persifle Tocqueville, mais on ne nous les donna pas. » Tout de blanc vêtues, des vierges, ou prétendues telles, les suivent en cortège. L'une d'elles récite un hymne à la gloire de Lamartine qui, en remerciement, doit embrasser sans plaisir deux joues dégoulinant de transpiration. Les corps de métier sont là aussi, portant leurs chefs-d'œuvre. Les Compagnons étrennent leur unité toute neuve. Perdiguier, malade, n'a pas pu se joindre à eux. Peut-être, dans son logis du faubourg Saint-

Antoine, lui parvient-il des échos du défilé, célébré par le cordier Calas.

C'était au Champ-de-Mars, un jour de grande fête.
Tous, fils de l'industrie, avec rouleurs en tête,
Nous précédions le char de la Paix, du Travail.
Compagnons de tous rangs, nous étions bien trois mille
Paris applaudissait à cette longue file,
Les Devoirs réunis dans un même bercail.

Si l'élite ouvrière et artisanale est représentée, manquent, et c'est grave, deux institutions liées, pour des raisons différentes, à la révolution. D'abord les Ateliers nationaux, en tant que tels, n'ont pas été invités. De plus en plus, ils font peur. Surtout Mgr Affre, archevêque de Paris, ayant appris que le clergé aurait à se placer derrière le char de l'Agriculture, après les choristes de l'Opéra, s'est scandalisé d'une telle indignité et a défendu à ses prêtres de se prêter à une telle pantalonnade. L'archevêque, pourtant, ne fait pas mystère de son adhésion à la République, et depuis des semaines les curés bénissent à tour de bras des arbres de la liberté. Cette abstention volontaire, la première depuis février, des serviteurs d'un Christ au faîte de sa popularité, fait très mauvais effet.

Et ces rangées innombrables d'hommes en armes — Gardes nationaux, gardes républicains, gardes mobiles, soldats de la ligne qui se regardent avec méfiance et s'apostrophent sans aménité —, sont-elles bien les messagers et les garants de la Concorde et de la paix dont c'est aujourd'hui, paraît-il, la fête ? Le cœur de Tocqueville se serre : « Je prévoyais au contraire que toutes ces baïonnettes que je voyais briller au soleil seraient bientôt levées les unes contre les autres, et je sentais que c'était la revue des deux armées de la guerre civile que nous venions de faire. »

Le surlendemain, Victor Hugo note : « La frontière est à Paris. » Lui, de plus en plus, se range du côté du peuple, du bon peuple en tout cas, celui qui souffre et qui espère, qui attend le salut de Dieu, de la République, et d'hommes généreux capables de la servir. L'ancien pair de France, dessillé par Février, pourrait être de ceux-là. L'occasion, justement, s'en présente. Du fait de l'élection multiple de certains députés, à commencer par Lamartine, ou Perdiguier qui a choisi la Seine plutôt que le Vaucluse, et de la démission de quelques autres, un scrutin partiel est fixé aux 4 et 5 juin. Rien qu'à Paris, onze sièges sont à pourvoir. Durant cette courte campagne électorale, l'alternative est simple. D'un côté les partisans de la Montagne dénoncent les « apologistes de la fatalité » que sont à leurs yeux les membres de la majorité : « Un jour, ils décrèteront de rendre la misère immortelle. » En face se tiennent les défenseurs de la famille, de la morale, de la religion et de la propriété. Certains, à présent, ne se déclarent plus républicains que du bout des lèvres. Sont ainsi élus à gauche Caussidière, en tête à Paris, Pierre Leroux, Lagrange et Proudhon, à droite Changarnier, Thiers, Molé. Les républicains modérés, proches de la Commission exécutive, comme Goudchaux, subissent un demi-échec. Victor Hugo, qui va siéger à droite, est déjà ailleurs. Le juste milieu ne fait plus recette, le lyrisme lamartinien non plus.

L'homme du jour, celui qu'on n'attendait pas, désigné par quatre départements, c'est Louis-Napoléon Bonaparte. Bien qu'il ne soit qu'avant-dernier dans la Seine, son nom, lors de l'annonce des résultats, est le plus acclamé. Pour la bourgeoisie conservatrice, le nom de Bonaparte rime avec ordre et pouvoir fort ; pour le monde rural, avec gloire et patrie, et légalisation des biens nationaux ; une partie de la gauche et du monde ouvrier n'oublie pas que l'oncle, restaurateur de la Pologne, a été proscrit par les Bourbons et le neveu par les Orléans, que ce dernier a lutté aux côtés des patriotes italiens, qu'il a écrit en 1844 *L'Extinction du paupérisme*. Depuis février, ses partisans se sont infiltrés dans les clubs. Depuis quelques semaines, dans les cortèges et les manifestations, on crie souvent, d'un même souffle, « Vive Barbès » et « Vive Napoléon ! » La légende napoléonienne, si bien servie par Béranger, est réactivée. Des grognards paraissent dans les défilés, sanglés dans leur uniformes de l'épopée impériale, lorsque la France dictait sa loi à l'Europe de Metternich et de la réaction. Autorité et ouvriérisme, progrès et propriété, l'image bonapartiste, floue et ambiguë, a de quoi séduire de part et d'autre.

L'argent, du reste, ne manque pas. La propagande, d'un seul coup, se multiplie : boîtes d'allumettes au portrait du prince, médailles et breloques à son effigie, images d'Épinal de la glorieuse famille, fleurissent sur les éventaires et aux devantures. L'imagerie napoléonienne est un signe d'opposition au Gouvernement. Des journaux font leur apparition, avec un ensemble qui ne doit rien à l'improvisation. Chaque feuille vise un public particulier. *La Constitution* et *Le Petit Caporal* sont destinés aux conservateurs, *Le Napoléonien* flatte les modérés, *Napoléon républicain* trouve des accents démocrates, et *L'Organisation du travail*, dont le titre en dit long, est conçu à l'intention des ouvriers, en particulier ceux des Ateliers nationaux, vers lesquels une manne providentielle paraît se déverser.

« L'un d'eux, rapporte Daniel Stern, montra un jour à une personne de ma connaissance pour 8 000 francs de billets de banque. Comme c'était un pauvre diable, on lui demanda d'où lui venait cette somme aussi considérable. Il répondit : "Je sers un maître plus généreux que la République." »

C'est Martin Nadaud qui, de retour sur son chantier de la place du Panthéon, va chez un marchand de vin chercher des ouvriers à lui, trois Allemands du nom de Lahr, qui tardent à reprendre leur tâche. A son entrée, ils lèvent leurs verres.

— A la santé du petit Louis !

D'autres ouvriers arrivent alors chercher leur paie des Ateliers nationaux. « Ceux-ci, s'indigne notre maçon creusois, eussent écharpé celui qui aurait fait entendre autour d'eux un autre cri que celui de "Vive Napoléon". »

C'est Maxime Du Camp qui, mobilisé presque tous les soirs avec sa compagnie pour surveiller les rassemblements ouvriers à la porte Saint-Denis et à la porte Saint-Martin, est accueilli par des : « A bas les bourgeois », « Vive Barbès ! », et, de plus en plus, « Vive Napoléon ! » Parfois, les Gardes nationaux essuient des jets de pierres. Du Camp lui-même reçoit un coup à la cheville qui le fera boiter plusieurs jours.

Ces attroupements inquiétants, Fanny et Joseph Bergier sont bien placés pour les observer. Depuis le 5 mai, en effet, ils sont installés à Paris dans un appartement au 15 boulevard Saint-Martin, loué 1 100 francs par an. Ils le partagent avec le frère de Fanny, César Bertholon, député de l'Isère. Dans le courant du mois de juin, Bergier mesure, effaré, « les phases toujours croissantes de la conspiration napoléonienne », et stigmatise « les bandes qui courent le soir en beuglant Vive Napoléon ».

Reste que Louis-Napoléon est bel et bien élu. Ses partisans le réclament.

Napoléon, rentre dans ta patrie !
Napoléon, sois bon républicain !

Louis-Napoléon apparaît comme un si bon républicain que George Sand elle-même lui trouve de la séduction : « Louis Bonaparte est un aimable prince, et j'ai des sympathies personnelles pour lui », à condition, bien sûr, qu'il n'entende pas refaire le coup du 18 brumaire. Pour ce républicain d'un type nouveau, la faveur populaire grandit. La 12e légion de la Garde nationale songe à l'élire colonel, en remplacement de Barbès sous les verrous. Que Bonaparte soit élu consul, pétitionnent des ouvriers de La Villette et du consulat à l'Empire... L'émigration polonaise s'agite bruyamment en faveur d'un ami supposé de la Pologne.

La Commission exécutive prend conscience du danger. Lamartine surtout est préoccupé. L'entreprise bonapartiste, il le sait, est dirigée contre le Gouvernement, dont la faiblesse est partout dénoncée. Il ne faut s'attendre à aucun soutien de la part de l'Assemblée qui s'est donné un nouveau président le 6 juin, en la personne de l'énergique Sénard, l'homme qui a maté l'insurrection à Rouen. Orléanistes et légitimistes, que les élections partielles encouragent à redresser la tête, comptent se servir de Bonaparte, tout comme, pour des raisons opposées, une partie des républicains de gauche.

Précisément le 10 juin, vient en discussion une proposition de Piétri, député de la Corse, tendant à abroger l'article de la loi du 10 avril 1832 bannissant la famille Bonaparte du territoire français. La logique, disent les bonapartistes, l'impose d'autant plus que déjà l'Assemblée, quelques semaines plus tôt, a validé l'élection de trois neveux de l'empereur, Pierre, fils de Lucien, Napoléon, fils de Jérôme, et un Murat, fils de Caroline.

Au matin du 10 juin, un fort concours de peuple stationne devant le Palais-Bourbon, pour témoigner son enthousiasme au nouveau représentant du peuple. Peine perdue. Le prince n'a toujours pas quitté l'Angleterre. A l'intérieur de l'enceinte parlementaire, un député alsacien interroge le Gouvernement : un régiment de ligne envoyé à Troyes, accueilli par la Garde nationale aux cris de « Vive la République ! », aurait répondu « Vive Napoléon ! ». Le Gouvernement peut-il confirmer ce fait, et quelle suite entend-il lui donner ?

Eugène Cavaignac, depuis le 17 mai, est ministre de la Guerre. Républicain indiscutable, militaire déterminé, il est, en vérité, l'homme fort de l'exécutif, celui dont l'étoile monte quand celle de Lamartine s'éteint. Le général déclare ne rien savoir de cette affaire et lui, habituellement réservé et taciturne, trouve des accents vibrants.

— Je voue à l'exécration publique quiconque osera jamais porter une main sacrilège sur les libertés du pays !

Tonnerre d'applaudissements. Cavaignac réitère sa proclamation. « Je le répète » est l'expression favorite du ministre ; il en assaisonne chacune de ses phrases.

Le 11 juin, la foule, plus nombreuse que la veille, scande : « Nous l'aurons, nous l'aurons, Louis-Napoléon ! »

Ils ne l'auront pas davantage ce jour-là, ni le lendemain. Lamartine est décidé à imposer l'invalidation de l'élection du prétendant. Il obtient de la Commission exécutive qu'elle demande à l'Assemblée d'interdire à Bonaparte l'accès du territoire national.

Le lundi 12 juin, la place de la Concorde est envahie de manifestants. Mais des troupes sont déjà en position, protégeant l'Assemblée. Vers 15 h 30, Maxime Du Camp entend, une nouvelle fois, le son du tambour, mais ses accents graves, lugubres, l'impressionnent. Ce n'est pas le rappel, mais la générale, signe de plus grand péril. La 1re légion débouche par la rue Royale sur la place de la Concorde.

— Chargez-moi cette canaille ! ordonne Clément Thomas.

En fait de charge, les Gardes nationaux avancent lentement. La foule se replie :

— Vive Napoléon ! A bas les aristos ! A bas la Commission ! Vive Barbès !

Du Camp, excédé, en vient aux mains avec un manifestant.

Dans la salle des séances, Lamartine tente de dramatiser. Interrompant son discours de politique générale, il annonce que trois coups de feu ont été tirés sur des officiers, ce qui n'est pas vrai, et il présente alors sa déclaration de bannissement. Mais son lyrisme tragique, qui tourne ce jour-là à la grandiloquence, ne fait plus recette. Le vote est renvoyé au lendemain. Soutenue par le républicain Jules Favre, pour qui la République n'est pas à la merci « du souffle d'un pygmée », par Louis Blanc, par les orléanistes aussi, combattue par Ledru-Rollin, la validation de l'élection du prince est adoptée par une confortable majorité.

Au même moment, Michelet butte sur un barrage établi pont Louis-XV contre un cortège bonapartiste. Furieux, il vitupère cet « idiot » de Louis-Napoléon : « Où trouver assez de rire et de mépris pour ce petit drôle qui, mêlé à tant d'affaires suspectes et sentant son Directoire, voudrait être un Napoléoncule ? »

Le 16 juin, le prince fait savoir à l'Assemblée que, soucieux de ne pas favoriser involontairement le désordre, il renonce à exercer ses fonctions. Il fait ainsi figure de victime de la

Commission exécutive, et son prestige s'accroît d'autant. Son retrait momentané le pose en homme du recours. Lui, au moins, aura tout fait pour éviter les convulsions et les drames dont les signes avant-coureurs se pressent à l'horizon.

« Tentez d'obtenir de vos amis, monsieur, de ne point pousser le peuple dans la rue en l'inquiétant ou en l'irritant, de même que je voudrais pouvoir inspirer aux miens la patience ; car si le combat s'engage, croyez que vous y périrez tous. » Voilà ce que Tocqueville, au cours d'un dîner vers la mi-juin, s'entend dire par George Sand, qu'il rencontre pour la première fois, et qui l'impressionne vivement.

Le peuple a faim. La révolution lui a donné la liberté. Mais qu'est-ce que la liberté quand le pain et le travail manquent ? Quelle est cette République qui ne fait rien pour nourrir ses enfants ? Seuls les Ateliers nationaux, unique conquête sociale des travailleurs, permettent à certains de subsister.

Pas à certains, à tous, à trop, répliquent les possédants. La ruine des affaires, le marasme de l'activité, la détresse des finances publiques, la menace insurectionnelle, tous les maux qui accablent la partie saine de la nation, viennent de cette plaie purulente, les Ateliers nationaux. N'est-ce pas pour les financer que l'impôt des 45 centimes accable les campagnes ? Celles-ci, au reste, crient de plus en plus vigoureusement leur colère.

Or les Ateliers nationaux continuent d'embaucher. De 17 000 le 15 mars, les ouvriers inscrits sont plus de 80 000 au début de mai, et 110 000 peut-être à la fin du mois. Cette masse d'hommes entretenus à ne rien faire, sinon, pour une minorité, à « gratter la terre et la transporter d'un endroit à un autre », comme le reconnait Caussidière, désorganise le marché du travail. Des chapeliers, des tisseurs, des mécaniciens refusent les tarifs proposés par les patrons et s'inscrivent aux Ateliers, façon de faire subventionner leur grève par le Gouvernement. Bien des Montagnards licenciés sont venus grossir leurs rangs. « En quatre mois de fainéantise, tonne Victor Hugo, on a fait du brave ouvrier un flâneur hostile auquel la civilisation est suspecte... Ces travailleurs sont dégoûtés du travail... Il y en a qui rêvent je ne sais quels tristes rêves de pillage, de massacre et d'incendie. »

Oui, les Ateliers nationaux, ce foyer d'infection au cœur de Paris, doivent, d'une manière ou d'une autre, disparaître. « Il faut en finir » devient le mot d'ordre de la majorité de l'Assemblée. Soit, mais comment ? Dès leurs premières séances, les députés se saisissent du problème. Les idées ne manquent pas : entretien et extension des chemins de fer préalablement nationalisés, colonisation de l'Algérie, occuperaient utilement les ouvriers. Le 30 mai, le légitimiste Falloux, rapporteur du comité du travail de l'Assemblée, fait adopter des mesures plus expéditives : substitution, dans les Ateliers nationaux, du travail à la tâche au travail à la journée, expulsion, assortie d'une indemnité, des ouvriers séjournant dans la Seine depuis moins de trois mois et ne justifiant pas de moyens d'existence.

L'exécution de ce décret suppose un recensement auquel Émile Thomas, le directeur des Ateliers, refuse de procéder. Convoqué par Trélat, ministre des Travaux publics, il est sommé de remettre sa démission, et embarqué séance tenante dans une voiture pour Bordeaux entre deux policiers. La République, quand il s'agit d'aller vite, ne dédaigne pas les lettres de cachet. Avec celle-ci, un premier sceau est mis sur l'abandon du droit au travail, et sur le destin des ateliers nationaux.

Chacun, à l'Assemblée, ne pense qu'à cela lorsque, pour la première fois, Pierre Leroux monte à la tribune. Qu'on soit député ou simple citoyen, rares sont les occasions de voir et d'entendre, dans son propre pays, de véritables prophètes. Pierre Leroux, qui depuis février a quitté sa commune de Boussac, en est un, à n'en pas douter. Il en possède, ou en cultive, le physique. « Flamme subtile du regard, lèvre sensuelle, cou épais et court sortant d'une cravate à peine nouée, vêtement d'étoffe grossière, gestes de la main amollie, chevelure inculte, une beauté à la fois épicurienne et rustique. » Ainsi le voit Marie d'Agoult, qui n'est pas insensible, sinon à ses idées, du moins à son charme déroutant. Elle n'est pas la seule. Silencieux, attentifs, médusés, les collègues de Pierre Leroux, qui lui ressemblent si peu, sont emportés dans un tourbillon de paroles, d'images, de rêves et d'abstractions qui les élève jusqu'à des cieux inexplorés. Il leur dépeint, en termes effrayants, l'état de misère matérielle et morale où est plongée une grande partie de la nation ; il leur dévoile ensuite les vertus d'une République où les citoyens, librement associés, créeraient à pleines mains autant de richesses que de bonheur. Ouvrons larges les voies de l'association à la commune républicaine :

— Autrement, vous allez être obligés d'enfermer l'essaim dans la ruche, et alors ce qui s'observe chez les abeilles s'observera dans la société humaine : la guerre, la guerre implacable. Comment concentrer ce qui veut vivre ? Comment contenir ce qui veut sortir, ce que la loi divine veut qui sorte !

Pierre Leroux a fini. Saisis, transfigurés, les représentants du peuple le congratulent. Montalembert, le catholique libéral, Falloux, le strict légitimiste, serrent avec effusion la main du socialiste inspiré.

Ce que retient la majorité, c'est que, si rien n'est fait, un cataclysme social va s'abattre sur le pays. Goudchaux répond à Leroux qu'il exagère les périls du moment. Proposant des solutions pour améliorer la situation ouvrière, il ajoute :

— Il faut que les Ateliers nationaux disparaissent !

Ce que la majorité n'osait pas dire, ce qu'elle souhaitait entendre, Goudchaux, le gros et naïf Goudchaux, inopinément, le proclame, avec insistance.

Tout, désormais, va très vite. Une commission est désignée pour proposer les moyens de régler définitivement la question des Ateliers nationaux. Président : Goudchaux, rapporteur : Falloux.

Il faut en finir.

Les ouvriers et prolétaires parisiens ont compris.

« Le 15 juin, écrira Norbert Truquin qui vient tout juste d'entrer dans sa seizième année, on nous apprit qu'on allait supprimer les Ateliers nationaux ; personne n'aurait pu penser qu'on allait couper les vivres du soir au lendemain à 200 000 travailleurs. » Le fondeur philosophe, voisin de Truquin, voit ses prédictions se vérifier :

— Nous y voici arrivés pourtant ; à présent, vous allez voir les fusillades et la déportation en masse.

Le 18, les travailleurs des Ateliers nationaux placardent une réponse au citoyen Goudchaux :

— Ce n'est pas notre volonté qui manque au travail, c'est un travail utile et approprié à nos professions qui manque à nos bras... Que fera-t-on des 110 000 travailleurs qui attendent chaque jour de leur modeste paye les moyens d'existence pour eux et leurs familles ? Les livrera-t-on aux mauvais conseils de la faim, aux entraînements du désespoir ?

De même, les délégués du Luxembourg, dénonçant « les voix anarchiques », ne réclament que la liberté et le travail.

La liberté et le travail, frères, c'est bien pour eux qu'en février nous avons versé notre sang, que nos camarades ont donné leur vie ! Nous a-t-on assez dit, à nous les Blouses et les Casquettes, que nous étions le ferment de la République ? Les Ateliers nationaux n'étaient-ils pas le premier pas vers une nouvelle organisation du travail, où la richesse créée profiterait aussi, d'abord, à ceux qui la produisent ? Le peuple serait-il abandonné par ses représentants ? Il ne nous reste que l'espérance, la volonté de vivre. Cela, vous ne nous l'ôterez pas, du moins pas sans combat.

Le 19, le débat reprend à l'Assemblée. Paris est en état de cessation de travail. Les attroupements se multiplient. La population retient son souffle. Le Gouvernement tente encore de différer l'issue :

— Il importe à la tranquillité publique, déclare le rapporteur Falloux, à la renaissance des transactions, à l'intérêt évident de toutes les classes de travailleurs que la question des Ateliers nationaux sur laquelle le pays fixe en ce moment ses regards, reçoive une solution rapide et définitive.

— C'est impossible, répond le ministre Trélat, parce qu'il

ne m'arrivera jamais d'agir avec précipitation toutes les fois que les intérêts de mes semblables ou que leur vie seront en jeu.

Le lendemain, pour sa première intervention, Victor Hugo gravit dans un silence absolu les sept marches couvertes de velours rouge à fleurs qui mènent à la tribune. Il parle souffrance, froid, faim. Il supplie qu'on n'arme pas « une misère contre une misère, un désespoir contre un désespoir ». Il fallait, dit-il, « faire descendre la richesse ; on a fait le contraire, on a fait monter la misère ! Prenez garde : deux fléaux sont là, à votre porte. Deux monstres attendent et rugissent là, dans les ténèbres, derrière nous et derrière vous, la guerre civile et la guerre servile, c'est-à-dire le lion et le tigre. Ne les déchaînez pas ! »

Caussidière n'a rien perdu de sa verve, qui fait aussi son succès :

— Aujourd'hui, qu'arrive-t-il de vos 100 000 hommes de trop plein dans Paris, de vos Ateliers nationaux ? Il arrive qu'ils font le club du désespoir, tous les soirs, sur le boulevard... Vous avez 200 000 bouches de trop dans Paris ; et je vous défie, avec toute votre police, de ne pas les faire crever — il prononce *crevère* — un beau matin, comme une vessie trop gonflée.

On rit, on applaudit, on ne décide rien. Partout l'idée de la suppression est acquise, et avec elle celle d'un affrontement décisif. Maxime Du Camp le tient de Goudchaux : « On se résolut à hâter la dissolution des Ateliers nationaux, afin d'engager immédiatement le combat et de vaincre l'armée insurrectionnelle avant qu'elle fût complètement organisée. »

Le mercredi 21 juin, la Commission exécutive prend un arrêté enjoignant à tous les ouvriers de dix-huit à vingt-cinq ans de s'enrôler dans l'armée ou de se tenir prêts à partir dans les départements effectuer des travaux de terrassement à la tâche.

Le 22, l'arrêté paraît dans *Le Moniteur*. Un premier convoi est formé pour la Sologne.

Plutôt que de mourir de fièvre pour 15 sous par jour, autant périr en combattant.

Il faut en finir, disent-ils. Tout de suite, aujourd'hui, sur-le-champ !

En finir avec la menace contre l'ordre, la propriété, la société.

En finir avec la misère, le désespoir, le mépris.

Il faut que l'abcès soit crevé, vidé, cautérisé, par le fer, par le feu. Quelle révolution ? Quelle République ? Quel avenir ? Débat à trancher d'urgence, là, maintenant, dans le vif, dans la chair de Paris. Finis les cortèges, les palabres, les discours. Place à la force ! Voilà le seul argument qui vaille ; la guerre, la guerre à mort. Mort aux autres, qui s'insurgent, qui oppriment !

XV

Du pain ou du plomb

Adieu, citoyen ! — La plus courte nuit. — Têtes nues. — Dans trois jours. — Barricades. — Une épée pour Truquin. — Finissons-en. — Un gros ramier. — Le feu chez Hugo. — Du cœur au ventre. — La Fête-Dieu. — Qui vive ? — Terson arrêté. — La mobile. — Les nouvelles épaulettes. — Mgr Affre tué. — Feu !

« S'ils sont tombés sur ce champ de bataille,
Nos chers enfants, pour défendre Paris,
S'ils ont bravé les boulets, la mitraille,
C'est qu'ils croyaient défendre leur pays. »
(Les nobles martyrs des 22, 23, 24 et 25 juin 1848).

Deux camps sont face à face. Corps à corps. A partir de ce jeudi matin, 22 juin 1848, chaque heure compte. On va se parler encore une dernière fois. Après, plus jamais !

Il est encore tôt, à peine plus de neuf heures, lorsqu'une colonne de quelques centaines d'ouvriers se présente aux grilles du palais du Luxembourg. A sa tête, Louis Pujol, l'ex-séminariste, l'ancien sergent aux Chasseurs d'Afrique. Au nom de la Commission exécutive, Marie le reçoit, avec quatre de ses camarades. Le reste attend dehors, en murmurant. Très vite, le ton monte entre le ministre et les délégués. Soudain, Marie reconnaît Pujol : il est l'un de ceux qui, le 15 mai, ont franchi les premiers la grille de l'Assemblée. La République n'a rien à dire à un émeutier. Avant de se retirer, Pujol lance :

— Aujourd'hui, les travailleurs s'aperçoivent qu'ils ont été indignement trompés ; c'est vous dire qu'ils sont prêts à tous les sacrifices, même celui de leur vie, pour le maintien de leurs libertés.

Marie : — Si les ouvriers ne veulent pas partir pour la province, nous les y contraindrons par la force ; par la force, entendez-vous ?

Pujol : — Par la force, c'est bien ; nous savons maintenant ce que nous voulions savoir.

Marie : — Et que vouliez-vous savoir ?

Pujol : — Que la Commission exécutive n'a jamais voulu sincèrement l'organisation du travail. Adieu, citoyen !

Dernière réplique, ultime dialogue. La parole, à présent, est à la poudre.

Il faut en finir !

Pujol et sa troupe redescendent vers la place Saint-Sulpice. Pujol se hisse sur le rebord de la large fontaine. Il parle. On n'entend rien, car les cloches de Saint-Sulpice battent à toute volée. On s'en va les faire taire. Rendez-vous au Panthéon, ce soir à six heures ! « Vive Barbès », « Vive Pujol », « Vive Napoléon ! »

Les ouvriers se dispersent à travers Paris ; ils sont près de mille qui, vers midi, passent sous les fenêtres de Victor Hugo, marchant six par six, drapeaux tricolores en tête. On chante *La Carmagnole*, on crie « A bas Lamartine ! ».

Lamartine ! C'est déjà du passé. Lamartine qui, un peu plus tard, dit à Hugo à l'Assemblée : « Ce sera ce soir, demain, cette nuit ! » Puisqu'il le sait, pourquoi le Gouvernement n'agit-il pas ? Mais y a-t-il encore un gouvernement ?

A 18 heures, ils sont 5 ou 6 000, qui battent la semelle en attendant Pujol, leur chef improvisé. Ils n'en ont pas, ils n'en auront pas d'autres. Barbès, Raspail, Blanqui, Sobrier, Huber, tous en prison ou en fuite. Pujol arrive enfin :

— Unissons-nous et que ce cri retentisse aux oreilles de nos persécuteurs : du travail ou du pain !

Un cortège se forme, qui deux heures durant porte ce cri rue Saint-Jacques, sur les quais et jusqu'au faubourg Saint-Antoine, avant de revenir au Panthéon.

Il est 21 heures passées. A cette heure-là, Maxime Du Camp descend du train à la petite gare qui fait face au jardin du Luxembourg. La soirée est claire, tiède, vraie première nuit de l'été. Parvenu rue Saint-Jacques, il tend l'oreille. « C'était une sorte de mélopée sourde qui reproduisait toujours les mêmes notes graves, en mineur, d'une incomparable tristesse. » Du Camp tombe en fait sur la colonne que Pujol ramène au Panthéon, au son murmuré et lugubre de : « Du pain ou du plomb ! Du pain ou du plomb ! »

— C'est du malheur qu'on prépare pour le pauvre monde, marmonne une vieille sur le pas de sa porte.

Le jour est tombé. Paris s'enfonce dans sa plus courte nuit. Place du Panthéon, Pujol s'est juché sur une table. Des torches jettent à la foule son ombre de géant.

— Il faut que la trahison s'éteigne dans le sang de nos ennemis ; elle s'y éteindra, je vous le jure ! A demain matin, six heures, ici !

— La liberté ou la mort ! lui répondent d'un seul élan des milliers de voix. Ou la mort !

Du Camp, resté à bonne distance, n'entend, ne retient que cela.

A la même heure, au Théâtre-Français, se donne la première d'une comédie en trois actes d'Alfred de Musset, *Il ne faut jurer de rien.*

— De quoi aurais-je peur ? demande Cécile à Valentin. Est-ce de vous, ou de la nuit ?

Vif succès.

A l'Assemblée, la séance s'éternise. Lamartine demande que le maintien de l'ordre soit entièrement confié au ministre de la Guerre, auquel la Commission exécutive ordonne d'envoyer des troupes occuper au petit jour la place du Panthéon, afin de prévenir l'insurrection. Cavaignac n'en fait rien. Il a son plan. On ne refera pas à l'armée le coup de février. Mieux vaut attendre pour frapper très fort, massivement.

Il faut en finir. Le combat, la guerre, la mort, sont pour demain.

Vendredi 23 juin, 6 heures. Place du Panthéon, 7 à 8 000 ouvriers sont au rendez-vous fixé par Pujol. Il les entraîne jusqu'à la Bastille, et monte sur le piédestal de la colonne de Juillet. S'improvise alors une messe, un office des morts, fervent, stupéfiant :

— Têtes nues ! s'écrie Pujol.

La foule se découvre.

— Citoyens, vous êtes sur la tombe des premiers martyrs de la liberté !

L'assistance s'agenouille.

— Héros de la Bastille, les héros des barricades viennent se prosterner au pied du monument érigé à votre immortalité... La révolution est à recommencer... La liberté ou la mort !

Les fidèles reprennent : « La liberté ou la mort ! » et se relèvent. Pujol noue à la hampe d'un drapeau des fleurs que lui tend une bouquetière. La procession se met en branle, prend par le boulevard des Filles-du-Calvaire et le boulevard du Temple.

Dix heures. Les époux Bergier s'apprêtent à passer à table quand Suzanne, la petite bonne qu'ils ont amenée de Lyon, leur signale qu'approche une troupe de peuple en blouse. Penché à sa fenêtre, Joseph Bergier aperçoit en effet « 200 à 300 gamins portant des drapeaux des Ateliers nationaux » et criant :

— A bas l'Assemblée nationale ! Vive Napoléon ! Chambre à louer, nous allons la vider !

En réalité, la colonne est beaucoup plus nombreuse. Elle atteint le boulevard Saint-Denis, les brigadiers des Ateliers nationaux appellent : « Aux armes ! Aux barricades ! » En quelques instants, calmement, trois barricades sont édifiées, principalement, selon Bergier qui observe avec une lunette d'approche, avec des voitures, des tables et des chaises. On n'entend pas battre le rappel. Il suffirait pourtant, estime à tort Bergier, d'un seul Garde national pour arrêter « ces deux ou trois petits merdeux qui avaient l'air de commander le mouvement ».

Vers 11 heures, quelques Gardes nationaux se montrent.

Les premiers coups de feu claquent. En moins d'une heure, tout le boulevard est dégagé.

En ce milieu de matinée, Tocqueville, se rendant à l'Assemblée, constate que de nombreux omnibus sont regroupés place de la Madeleine :

— Cela m'apprit qu'on commençait à élever des barricades dans les rues.

Au Palais-Bourbon, tandis qu'on signale les premiers troubles, Falloux monte à la tribune pour présenter son rapport. Plusieurs membres de la Commission l'adjurent d'en modérer les conclusions. Il reste intransigeant :

— Les Ateliers nationaux seront dissous dans les trois jours !

Le vote est remis à plus tard. Mais ces neuf mots sonnent comme une déclaration de guerre. Une guerre qui est déjà commencée, à laquelle la phrase de Falloux apporte des munitions.

A présent, de minute en minute, l'Est de Paris se couvre de barricades. Du faubourg Poissonnière à l'Hôtel de Ville, du faubourg du Temple au faubourg Saint-Antoine et, rive gauche, depuis la Cité jusqu'en haut du faubourg Saint-Jacques et de la rue Mouffetard en passant par le Panthéon. Et le rappel qui ne sonne toujours pas !

Tocqueville, parti en reconnaissance à l'Hôtel de Ville, admire l'habileté avec laquelle les hommes du peuple construisent leurs barricades. Il pousse jusqu'aux quartiers Saint-Denis et Saint-Martin, en effervescence. En revenant, il rencontre rue des Jeûneurs « un garde national couvert de sang et de fragments de cervelle », ceux d'un camarade tué à côté de lui à la porte Saint-Denis, là où Bergier a vu la première fusillade. Pour le reste, Tocqueville n'a pas aperçu le moindre uniforme.

11 h 30. Enfin, le tambour martèle l'air moite, étouffant. Maxime Du Camp, édifié par ce qu'il a vu la veille au soir, est prêt à une longue bataille. Il se munit d'argent, de cartouches, de linge de rechange. Les effectifs de sa légion,

rassemblée devant la mairie de son arrondissement, sont moins nombreux qu'à l'ordinaire. C'est que l'affaire s'annonce chaude. Dans les quartiers populaires, rares sont les Gardes nationaux qui répondent à la convocation. Certains rejoignent leurs amis sur les barricades, d'autres s'en tiennent à une prudente neutralité.

Chenu, de retour à Paris depuis le début du mois, est de ceux qui obéissent au rappel. Sa légion, ou ce qu'il en reste, se regroupe près du canal Saint-Martin. Des insurgés le reconnaissent : ils ont combattu à ses côtés en février. Il accepte de se mettre à leur tête, sans enthousiasme. Après de vifs affrontements avec des dragons, il rentre chez lui. Cette lutte fratricide ne le concerne plus. Chenu est un dégoûté de la Révolution. Bien des Gardes nationaux partagent le même sentiment. La Garde mobile, composée d'enfants des faubourgs, est, croit-on, encore moins fiable.

Cavaignac, vers midi, prend ses dispositions en conséquence. La troupe ne doit intervenir qu'à coup sûr. Laissons l'adversaire se découvrir et prendre position, pour mieux le réduire et le détruire. Ordre est donné aux régiments de se masser aux Champs-Élysées, aux Tuileries, à la Concorde et aux Invalides. De là partiront trois colonnes : celle du général Bedeau, pour l'Hôtel de Ville, celle de Damesme pour le Luxembourg et le Panthéon, celle de Lamoricière, vers les faubourgs, depuis la Madeleine jusqu'au Château d'Eau.

Lamoricière, aussitôt, s'ébranle avec sa division. La perspective du combat le transfigure. Tocqueville le rencontre près du Palais-Bourbon :

— Que faites-vous ? On s'est déjà battu à la porte Saint-Denis, et les environs de l'Hôtel de Ville se couvrent de barricades.

— Patience, nous y allons. Nous laissons les insurgés se concentrer dans les quartiers que nous ne pouvons leur disputer, et nous irons ensuite les y détruire. Ils ne nous échapperont pas cette fois !

A peine achève-t-il ces mots qu'un orage épouvantable

s'abat sur Paris. Éclairs, tonnerre, torrents d'eau, qui ralentissent les combats mais ne calment pas les ardeurs.

Tandis que déjà on se bat porte Saint-Denis, la situation se tend place du Panthéon, ceinturée par quatre puissantes barricades. Les ouvriers du bâtiment y ont déployé leurs talents. Quand le maire fait battre le rappel, trente hommes seulement se présentent. Des pourparlers s'engagent entre les insurgés et l'autorité municipale, lorsque François Arago, le vieux républicain, s'avance à la tête d'un fort détachement de troupes vers le haut de la rue Soufflot, fermé par une barricade. Dialogue pathétique ! On rappelle au ministre son passé de combattant républicain. Il tente de ramener les émeutiers au respect de la légalité.

— Monsieur Arago, vous n'avez jamais eu faim, vous ne savez pas ce que c'est que la misère !

Déçu et irrité, Arago commande l'attaque. Au prix de combats meurtriers, la barricade est enlevée, et la place investie. Le général Damesme, peu après, y installe son quartier général.

Un peu plus bas, vers la Seine, la bataille fait rage. Marchot, un jeune traiteur, a quitté tôt ce matin le faubourg Saint-Antoine, où il demeure, pour sa boutique de la rue du Petit-Pont. L'insurrection ne lui plaît guère.

La haine est son conseil, l'émeute est son génie.
De sinistres couleurs teignent son étendard,
Sa pourpre c'est du sang et son sceptre un poignard.

Au milieu de la matinée, il ferme sa devanture. A présent, la rue Saint-Jacques, à proximité du fleuve, est hérissée de barricades. A midi, des troupes de ligne et des Gardes nationaux refoulent les insurgés. Marchot se calfeutre dans sa boutique. Le canon tonne.

Ce gamin qui trottine vers la Bastille, poussé par la curiosité et par la sympathie pour les ouvriers révoltés, c'est le marquis de Haute Misère, Norbert Truquin. Sur le boulevard, la foule est dense. S'approche une compagnie de Gardes nationaux, peu nombreux dans ce secteur à avoir répondu à l'appel. Les gardes vont-ils tirer sur leurs voisins, leurs camarades, leurs frères ? Un jeune ouvrier marbrier s'en prend violemment à leur capitaine. Hors de lui, effrayé aussi sans doute, l'officier tire son sabre et frappe. La foule protège aussitôt le blessé et refoule la compagnie jusqu'au coin de la place des Vosges, où, rapporte Truquin, elle est désarmée, comme l'est un peu plus tard une compagnie de la garde marine ; ce que Cavaignac voulait éviter à tout prix.

De retour rue Saint-Ambroise, Truquin trouve son voisin fondeur faisant chanter *La Marseillaise* à une trentaine de gosses :

— Ils veulent notre sang, mais il faut le vendre cher.

La petite bande, à laquelle se joint le marquis, s'en va quérir, au théâtre de la Gaîté, des armes entreposées dans le magasin à costumes. D'autres se sont servis avant eux. Truquin s'empare d'une épée. Les voilà devant la barricade qui se dresse à l'entrée du faubourg du Temple. Truquin et les siens mettent en fuite les quelques Gardes nationaux qui la protègent. Dans sa course, Truquin les dépasse. Ce garde qui court juste derrière lui, pourquoi ne pas le faire prisonnier ? Truquin se retourne brusquement, détourne le canon du fusil adverse et appuie son épée sur la poitrine du Garde qui lâche son fusil. Mais ses collègues ne sont pas loin, et l'attrapeur est attrapé, cerné, capturé. Heureusement, la foule qui s'est agglutinée le tire de ce mauvais pas, et le jeune homme en est quitte pour une grosse peur. Décidément, il est trop jeune pour combattre. Mieux vaut aider à la construction de barricades, comme en février.

Truquin fait bien de se retirer de la mêlée, car le combat tourne à une violence inouïe. Bientôt des bruits incontrôlés, absurdes, circulent. Ici des Gardes nationaux et des Gardes mobiles auraient été empalés, là un Garde mobile aurait été scié en long par une virago en furie ; des vivandières vendraient aux soldats de l'eau-de-vie empoisonnée...

Partout les Gardes nationaux, débordés, se plaignent d'être abandonnés, trahis par le Gouvernement et les militaires. En vérité, ils font les frais de la tactique de Cavaignac. La colonne de Lamoricière que Tocqueville a rencontrée devant l'Assemblée arrive enfin sur les lieux de la bataille. Le secteur à tenir est immense, de la Madeleine au faubourg du Temple, la troupe, 4 à 5 000 hommes, hésitante. Les Gardes mobiles, contre toute attente, se montrent les plus combatifs. L'alcool qu'on leur sert sans lésiner n'y est pas pour rien. Et l'odeur de la poudre les enivre. Lamoricière établit son poste de commandement au Château d'Eau. Il est environ 15 h 30.

Les nouvelles qui lui parviennent ne sont pas bonnes. Près de l'église Saint-Paul, le général Clément Thomas a reçu deux balles dans la cuisse en enlevant une barricade rue Culture-Sainte-Catherine. Le député Dornès, journaliste au *National*, tentant de parlementer avec des insurgés du faubourg Saint-Martin, est gravement blessé.

Lamoricière galvanise ses troupes, les lance à l'attaque, paie de sa personne. Il s'agit d'empêcher les insurgés de s'emparer des rues conduisant de l'Hôtel de Ville aux boulevards. Débordé, il fait parvenir à Cavaignac un appel de détresse. Vers 17 heures, Joseph Bergier voit passer le ministre de la Guerre, accompagné de Lamartine et de Duclerc. Rue Saint-Maur, une énorme barricade, assise sur six rangs de pavés, haute d'un étage, reliée à deux autres constructions du même type, dessine un véritable fort. Les ouvriers qui l'occupent, renforcés d'anciens Montagnards de Caussidière, sont armés jusqu'aux dents. Cavaignac dirige lui-même les opérations. Sept bataillons engagés, de l'artillerie, plusieurs heures de lutte, des centaines de victimes, et la redoute tombe enfin.

De l'autre côté de la Seine, au même moment, les combats ne sont pas moins acharnés. Le général Bedeau tente, au prix de pertes énormes, de rétablir la jonction entre la Cité et le Panthéon. Rue du Petit-Pont, des gardes mobiles déchaînés se livrent à un atroce carnage. La rue Saint-Jacques, elle, reste impénétrable. Bedeau doit renoncer. En se repliant sur l'Hôtel de Ville, il est blessé à la cuisse. Le député Bixio, qui l'a accompagné tout l'après-midi, reçoit une balle en pleine poitrine.

Au crépuscule, les deux camps, peu à peu, posent les armes. L'insurrection est contenue, elle est loin d'être vaincue. Les deux armées, face à face, rassemblent leurs forces pour un lendemain où tout doit s'accomplir. Les ouvriers reconstituent et augmentent armement, munitions, vivres, renforcent leurs barricades : celles de la rue Saint-Maur, de la rue Saint-Jacques, sont reconstruites, plus formidables encore. Gardes et soldats se reposent et se réorganisent. Des renforts, venant de la banlieue et des départements, sont annoncés.

A l'Assemblée, où s'exprime la plus mâle détermination, où toute idée de concession est violemment repoussée, Cavaignac présente son rapport, tristement, précisément. Tocqueville, au milieu de la nuit, regagne son domicile. Sur le Pont-Royal, Paris endormi lui apparaît calme, désert, silencieux. Est-ce bien, à cette heure, le Paris brisé, ensanglanté, assassiné de la veille ?

Paris dort dans sa paix ; une paix d'un instant ; une paix armée. Demain, la mort va reprendre son œuvre, gourmande, insatiable. Haine, folie, mort. Qui a vraiment voulu cela ?

Demain, finissons-en !

Brève est la nuit. Fanny et Joseph Bergier ont mal dormi. Lanciers et dragons, il est vrai, campent sous leurs fenêtres. A 4 h 30, le canon réveille Joseph. Marchot, qui ne dort pas, l'entend aussi.

— Quel est donc ce son métallique et sec ? demande Tocqueville à sa femme.

— Le canon.

Encore et toujours le canon. Un soleil resplendissant éclabousse les toits de la ville. Le bruit du tambour qui bat alterne avec celui de la canonnade. Chacun s'habille et s'équipe à la hâte. Victor Hugo s'en va reconnaître la barricade de la rue Baudoyer, où bientôt commence le coup de feu.

A 6 heures, Cavaignac et son escorte sont déjà en bas de la

rue Saint-Jacques. Marchot voit s'avancer Gardes mobiles et nationaux. A ses pieds tombe un Garde national, couvert de sang. Les soldats restent maîtres du terrain, et commencent à fouiller les maisons, car, de plus en plus, les insurgés tirent des fenêtres. Ils frappent à la porte de l'immeuble à coups de crosse. Marchot, qui s'avance pour leur parler, est reçu par une décharge. Il se précipite pour tirer le cordon de la porte. Malheur ! Le cordon lui reste dans la main. La concierge accourt ; une balle l'atteint au bras. Les soldats sont nerveux, surexcités. Marchot leur ouvre sa boutique. Un prisonnier est fusillé sous ses yeux. Horreur ! Après quoi, les soldats réclament à manger. Marchot le traiteur s'empresse. Toute la journée, il servira à boire et à manger à la soldatesque.

Maxime Du Camp, esthète impénitent, savoure le petit matin d'été : « La journée du 24 se leva enfin, claire, charmante, avec de petites nuées blanches qui couraient dans l'azur. On ouvrait les boutiques ; les laitières en jupon rayé arrivaient de la campagne, quelques balayeurs nettoyaient le boulevard... Dans le jardin du ministère — Du Camp cantonne boulevard des Capucines — un gros ramier roucoulait sur un platane ; tout vivait. » Tout, ici, vit.

Quelques centaines de mètres plus à l'Est, tout se bat et meurt.

Tocqueville sort de chez lui. Les Gardes nationaux qu'il rencontre lui semblent remplis d'énergie, mais s'en prennent à la Commission exécutive, qui n'agit pas. Qu'attend-on pour proclamer l'état de siège, pour lancer l'armée et écraser l'insurrection ?

Il faut en finir.

L'Assemblée, dès l'ouverture de la séance, à 8 heures, s'est ressaisie. Sous l'impulsion du président Sénard, elle vote coup sur coup trois mesures capitales : la République adopte tous les enfants de ceux qui meurent pour la défendre ; l'état de siège est déclaré. Ce second point ne va pas sans difficulté. Les libéraux y répugnent : Tocqueville, Odilon Barrot, Jules Grévy y sont défavorables. C'est le triste et insignifiant

Bastide, ministre des Affaires étrangères, qui emporte la décision d'une simple phrase :

— On nous annonce que dans une heure peut-être l'Hôtel de Ville sera pris.

Par le même vote, le pouvoir exécutif est remis au général Cavaignac. Il est un peu plus de 10 heures du matin.

Victor Hugo, à cette heure, est à son banc. Son collègue Belley, qui habite rue des Tournelles, lui annonce que sa maison, place des Vosges, a été incendiée ; sa famille est en sûreté chez un voisin.

— Nous sommes perdus ! ajoute Belley.

Victor Hugo se précipite dans le bureau de la Commission exécutive, dont les membres sont affalés dans des fauteuils. Lamartine est blême, défait, la barbe longue, l'habit non brossé et tout poudreux.

— Nous sommes foutus !

— Qu'est-ce que cela veut dire ?

— Cela veut dire que dans un quart d'heure l'Assemblée sera envahie.

— Comment ! Et les troupes ?

— Il n'y en a pas !

La veille, Lamartine parlait pourtant de 60 000 hommes.

— Je le croyais, dit-il comme pour s'excuser.

Y aurait-il trahison ?

— Je ne suis pas ministre de la Guerre, insiste Lamartine.

Traître, Cavaignac ? Victor Hugo se sent gagné par le soupçon.

A cet instant, on annonce aux ministres que l'état de siège est proclamé. Lamartine s'effondre. Quelques minutes plus tard, la Commission exécutive remet sa démission à l'Assemblée, qui n'a même pas pris la peine de la lui demander.

La Garde nationale reprend courage. « On sentit, relève Maxime Du Camp, que l'on allait obéir à une direction sérieuse, unique, déterminée. » L'Assemblée décide de renforcer l'effet d'annonce en envoyant 60 de ses membres informer et haranguer les Gardes nationaux. Tocqueville, Cormenin,

Crémieux, Goudchaux, partent ainsi en délégation, un peu à l'aventure. Il est 11 heures passées. Par la rue Saint-Honoré, déserte, muette, boutiques fermées, persiennes closes, ils atteignent le Palais-Royal, et poussent jusqu'à la rue Rambuteau. Tocqueville et Crémieux multiplient les discours, et trouvent les hommes très remontés.

Boulevard Saint-Martin, à 11 h 30, Bergier voit passer 25 à 30 représentants du peuple, salués aux cris de « Vive l'Assemblée nationale ! » auxquels ils répondent par « Vive la Garde nationale ! Vive l'armée ! Vive la République ! ». Des renforts commencent à parvenir de la province, amenés par trains entiers.

Les insurgés ne peuvent compter que sur eux-mêmes, tandis que Cavaignac, tout-puissant, dispose de réserves inépuisables. Derrière les barricades, une seule alternative : vaincre, tout de suite, ou mourir.

La journée est terrible.

A quoi bon décrire l'horreur ? Tout ce qu'il y a de violence en l'homme se déchaîne. Se battre, tuer, être tué. Meurtre, sang, désespoir, haine, vengeance. L'un de nous deux ne doit pas se relever.

Voyez, en ce début d'après-midi, la barricade du faubourg Poissonnière, colossale, d'où part une fusillade ordonnée de main de maître, d'anciens sous-officiers de l'armée d'Afrique peut-être. Alentour, le mur d'octroi est percé de meurtrières, hérissé de fusils. A chaque fenêtre, invisible, un tireur embusqué, qui choisit calmement sa cible, un officier se préférence. En face, les Gardes nationaux de la 2e légion, dont nombre de pères de famille, âgés, maladroits, sans enthousiasme, mais décidés à défendre leurs biens et l'ordre social.

Enfin, ordre est donné à la 1re légion de s'avancer par les boulevards sur le lieu du combat. On distribue les cartouches, on charge les fusils. La colonne s'engage dans le faubourg Poissonnière. Du Camp a peur. Il n'a jamais été au feu. Un canon est amené, avec son caisson de munitions. Malheur ! La clef du caisson est restée à l'École militaire ! On s'acharne sur la charnière, en vain. Un serrurier, réquisitionné, découpe le cadenas. On peut repartir. Quelques légionnaires, parmi lesquels Du Camp, sont postés dans une maison d'où ils tireront en feu plongeant sur les insurgés. Du Camp s'installe à cheval sur le faîte du toit. Quelques coups de fusil claquent. Du Camp, de son observatoire, juge que l'on pourrait prendre la barricade à revers. Il s'en ouvre au général Lebreton, qui l'envoie promener. Une attaque frontale est décidée.

— Allons, ceux qui ont du cœur au ventre, au pas de course sur la barricade !

Ils sont une trentaine à s'élancer. Une salve nourrie les cueille. Un choc violent à la jambe. Du Camp s'effondre sur le pavé, la botte trempée de sang, le péroné fracassé. Dans le cabaret où il est transporté, « plus d'un Garde national prend courage auprès du comptoir ». Lebreton vient les relancer :

— Allons, Messieurs, vous aurez tout le temps de vous désaltérer ce soir !

Les blessés s'accumulent. Un jeune Garde mobile, touché à la tête, murmure :

— Je voudrais boire du madère, j'en ai jamais bu.

Il tire une longue goulée et meurt dans les bras de la patronne en pleurs.

Le combat fait rage. La barricade, tenue par des mécaniciens du chemin de fer et des ouvriers métallurgistes, résiste. Peu avant 19 heures, Joseph Bergier entend des tambours. Il descend voir. C'est un bataillon de la Garde nationale d'Amiens. Prise entre deux feux, la barricade tombe enfin. Du Camp, exsangue, affamé, est ramené chez lui.

Lamoricière pousse son avantage vers le canal Saint-Martin, à coups de bombes, d'incendies. La troupe progresse le long des maisons éventrées, en flammes. En deux jours, le général a trois chevaux tués sous lui. Ce sont des bêtes de location car, réduit par la loi du cumul à sa seule indemnité parlementaire, Lamoricière n'a pas de monture à lui. L'État indemnisera le loueur à hauteur de 1 800 francs.

Sur la rive gauche, au prix d'une véritable tuerie, le haut

de la montagne Sainte-Geneviève est peu à peu dégagé. A coups de canon, le général Damesme fait céder les portes du Panthéon. Dans l'édifice on se bat au corps à corps. Les insurgés s'enfuient par les jardins du collège Henri IV où Mgr Affre, affolé, a passé la journée. Il ne regagne qu'au soir son palais épiscopal. Devant la dernière barricade, rue de Fourcy, Damesme reçoit une balle dans la cuisse. Il faudra l'amputer. Le général Bréa le remplace.

En cette soirée du 24 juin, l'insurrection, partout circonscrite, est refoulée en plusieurs endroits. Mais la détermination des insurgés est intacte, et leur ingéniosité est sans limite. Rue Saint-Ambroise, des ouvriers fondeurs, sous le regard admiratif de Truquin, construisent un obusier et son affût. Ils refroidissent le tube rudimentaire en le balançant dans l'air tandis que des femmes le tamponnent de chiffons humides. L'engin est destiné à une barricade de la rue de Ménilmontant. Les pharmaciens sont requis de fabriquer de la poudre, mais insuffisamment sèche, elle n'est guère efficace. Ailleurs, on fond le plomb des comptoirs de cabarets. Les femmes rivalisent de ruses pour faire passer à leurs hommes vivres et munitions. Sur les barricades, exaltées, farouches, elles s'exposent au premier rang.

La nuit tombe sur le terrain de massacre, que Tocqueville parcourt : « Des fenêtres brisées, des portes enfoncées, des maisons tachetées par les balles ou percées par les boulets, des arbres abattus, des pavés amoncelés, de la paille mêlée de sang et de boue. »

Dans l'ombre, la mort affûte ses instruments. A peine quelques heures, et le délire de sang va, à nouveau, monter à la tête des combattants.

Le jour de la Fête-Dieu !

Dimanche au petit jour, Tocqueville sursaute en entendant la clef tourner dans la serrure. C'est son domestique qui rentre.

— Eh bien, Eugène, comment vont les affaires ?

— Très bien, monsieur, parfaitement bien !

— Comment, très bien, mais j'entends toujours le bruit du canon ?

— Il est vrai qu'on se bat toujours, mais tout le monde assure que ça finira très bien.

Eugène ôte son uniforme, nettoie les bottes de son maître, brosse ses habits, remet son uniforme :

— Si monsieur n'a plus besoin de moi et s'il veut bien me le permettre, je vais maintenant m'en retourner à la bataille.

La bataille qui reprend, plus cruelle, plus désespérée encore que la veille. Tocqueville se rend au plus fort de la mêlée, autour du Château d'Eau, où il manque lui-même être emporté dans un brusque reflux de troupes. « Les hommes qui étaient atteints devant moi semblaient percés par un trait invisible ; ils chancelaient et tombaient sans qu'on vît d'abord autre chose qu'un petit trou fait dans leurs vêtements... C'était une chose étrange et effrayante que de voir changer soudainement les visages, et le feu du regard s'y éteindre tout à coup dans la terreur de la mort. »

— C'est le premier auquel manquera la force morale qui sera vaincu, dit Lamoricière.

Terreur, douleur indicible, corps et âme disjoints. On se bat pour se battre, on tire parce que l'autre tire, on tue pour ne pas être tué. Partout, Qui vive ?

Tocqueville, sur le boulevard, voit « un pauvre diable qu'on venait d'arrêter sans armes, mais dont la bouche et les mains étaient noircies par une substance qu'on supposait être de la poudre ». On veut le fusiller. Le député calme les Gardes nationaux. La même aventure, l'après-midi, se produit pour Truquin, en promenade lui aussi du côté du Château d'Eau :

— Mais voyez donc ce gamin ; c'est un insurgé ; il a les lèvres et les mains noires de poudre.

Des Gardes nationaux se jettent sur lui. Norbert sort de sa poche une poignée de cerises noires et leur en offre :

— Les voilà mes cartouches !

Combien ont échappé ainsi à l'exécution sommaire ? Les

ouvriers de la rue Saint-Ambroise sont fusillés devant la porte de la fonderie avec leur contremaître.

Depuis le début de la matinée, Marchot travaille à démonter la barricade de la rue Galande. Peu avant 10 heures, on le renvoie à ses fourneaux. Un adjudant et quelques hommes viennent perquisitionner chez lui, et lui demandent son fusil de Garde national. L'arme est chargée. Pourtant, on ne distribue les cartouches que juste avant le combat. Marchot tente de s'expliquer. Peine perdue. Il est emmené à la préfecture. Un officier passe par là :

— Un suspect ? Fusillez-le !

Conduit à la Conciergerie, il rejoint une masse d'autres prisonniers dans un grand souterrain.

— Au premier mouvement, dit un capitaine, je fais tirer dans le tas à travers les soupiraux !

Jean Terson, de son côté, parcourt les quartiers populaires. Il est déchiré, notre saint-simonien ! D'un côté, les Gardes nationaux, de l'autre les ouvriers. Tous sont ses frères. Comment prendre parti ? Deux fois, ce dimanche, il est arrêté, puis relâché. Enfin, boulevard des Italiens, à la hauteur de la rue Pelletier, un Garde national le reconnaît :

— C'est le citoyen Terson, un ami de Louis Blanc !

Terson ne se connaissait pas cette relation !

Le nom de Louis Blanc sent le soufre. La veille, en revenant de l'Assemblée, il a failli être écharpé. Terson est amené à la mairie de l'arrondissement puis, avec d'autres suspects, il rejoint Marchot dans son souterrain de la Conciergerie. De peu s'en est fallu qu'au cours du trajet des Gardes nationaux ne les abattent.

Pour en finir.

Le général Bréa commande au Panthéon. Ce 25 juin est le jour de sa fête. Bon augure ! Bréa est un homme généreux et bienveillant. Parlant le langage du cœur et de la raison, montrant le décret que l'Assemblée vient d'adopter qui accorde trois millions de secours aux nécessiteux parisiens, lisant aux insurgés l'appel de Cavaignac : « Les bras de la République sont tout prêts à vous recevoir » —, il est parvenu sans coup férir, avec sa colonne, jusqu'à la barrière d'Italie, murée par quatre énormes barricades. Là encore il s'avance pour parlementer. Il est invité à passer de l'autre côté des pavés. Ses officiers tentent de l'en dissuader. En vain. Trois d'entre eux l'accompagnent alors. La discussion s'engage à peine qu'une foule excitée par de fausses rumeurs pénètre dans la pièce où le général s'entretient avec quelques insurgés. Sous la menace, Bréa signe un ordre à ses troupes de se retirer. On entend alors crier :

— Voilà la mobile !

Des coups de feu partent. Bréa et son aide de camp sont transpercés. On s'acharne sur leurs corps. Parmi les meurtriers, Lahr, cet Allemand dont Martin Nadaud avait surpris le zèle bonapartiste. Cavaignac, informé de la disparition et de l'ordre suspect de Bréa, ordonne aussitôt l'assaut. Dans le bureau de l'octroi, on découvre le cadavre mutilé de Bréa. Horreur, vengeance, vengeance ! Ce ne sont plus des socialistes, des révoltés que l'on combat, ce sont des assassins, des barbares, des chiens enragés, à détruire au plus vite, par tous les moyens.

Dans l'après-midi, les insurgés tiennent encore solidement le faubourg Saint-Martin, le faubourg du Temple, et surtout le faubourg Saint-Antoine, entré plus tardivement en soulèvement.

Vers 13 h 30, Du Camp, encore bien faible, est brutalement réveillé : des régiments d'artillerie traversent à grand fracas la place de la Madeleine pour gagner la Bastille, traînant des pièces de gros calibre, juste arrivées de Bourges, pour canonner le faubourg Saint-Antoine. A 14 h 15, Bergier entend d'énormes coups de canon, tirés de minute en minute ; l'artillerie de Bourges est entrée en action. Les troupes de Lamoricière, que Bergier voit passer sous ses fenêtres et auxquelles, sur ordre, il fait descendre de la soupe et du vin, progressent le long du canal Saint-Martin en direction de la Bastille. L'intention du général est de rejoindre Duvivier qui, depuis l'Hôtel de Ville, s'avance vers la place en deux colonnes. Le colonel Renaut commande la première, qui est engagée dans la rue Saint-Antoine. Renaut est nommé général sur le champ de bataille. Marrast lui accroche lui-même ses nouvelles épaulettes.

— Regardez comment je les gagne, dit le nouveau général.

Un quart d'heure après, il est tué d'une balle en pleine poitrine. Le général Perrot, qui lui succède, doit enlever 68 barricades avant d'atteindre la Bastille. Au même moment, Duvivier, qui a pris par les quais, est atteint au pied. La blessure paraît légère. Elle sera mortelle. Le général Négrier prend le commandement. Après de durs combats, il s'avance presque seul jusqu'au pied de la colonne de Juillet. Il est tué net, en compagnie du député Charbonnel.

Au palais épiscopal, après une nuit de prières, Mgr Affre, ce prêtre frêle et discret, décide de tenter une médiation. La paix du Christ ! Elle seule, peut-être, aura raison de la violence et de la haine. Cavaignac ne parvient pas à le dissuader. Transfiguré, en habits sacerdotaux, l'archevêque, dans l'après-midi, marche vers la place de l'Arsenal, s'arrêtant pour bénir les blessés et absoudre les mourants. Hier, il craignait pour sa vie ; aujourd'hui il l'offre, s'il le faut, en sacrifice.

A l'entrée du faubourg Saint-Antoine, il demande une suspension d'armes. Il est 20 heures. On convient d'une trêve d'une heure. Le crucifix à la main, précédé d'un Garde national qui agite un rameau de buis, suivi de ses deux grands vicaires et, à quelque distance, de trois députés, le prélat s'avance à la rencontre de la puissante barricade qui interdit l'accès du faubourg.

De l'autre côté, c'est l'autre monde. A peine Mgr Affre, debout sur un tas de pavés, a-t-il dit quelques mots aux visages farouches qui l'entourent, qu'un coup de feu part. Brève fusillade. Mgr Affre chancelle, frappé aux reins. Stupéfaction, désespoir des insurgés ! Non, la balle ne vient pas de leur côté ! Porté à l'abri, déposé sur un brancard, l'archevêque est conduit au presbytère de Sainte-Marguerite. Il souffre. Il agonise. Bon pasteur, martyrisé par les loups.

Pour faire cesser une lutte intestine,
Et ramener des hommes égarés,
Un homme saint, d'une bonté divine,
A son devoir vient de sacrifier.
Qu'il soit béni cet homme charitable,
Lui qui voulait ramener ses brebis.
Honneur, honneur au prélat charitable,
A Monseigneur l'archevêq' de Paris.

Les trois députés, qu'on aurait pris, note Truquin, « pour de frères ignorantins déguisés en civil », s'entretenaient de leur côté avec des ouvriers. Surpris par la décharge, ces hommes se replient avec les parlementaires, des traîtres à coup sûr, à fusiller ! Des camarades s'interposent :

— Allons chez Perdiguier, il nous dira ce qu'il faut faire.

Les voilà partis, entourés par une foule hostile, jusqu'au passage de la Bonne-Graine, à la hauteur du 123 faubourg Saint-Antoine. On s'arrête au 121, chez l'horlogier-bijoutier Marchal, qui fait monter les otages au premier étage, et monte bonne garde au bas de l'escalier. Les plus exaltés vont trouver le compagnon menuisier de Devoir Perdiguier, toujours alité. Lui qui est député doit bien connaître ses trois collègues.

— Que pensez-vous des trois hommes qui sont entre nos mains ?

— Des libéraux, peu prononcés peut-être, mais honnêtes et incapables de trahison.

— Vous en répondez ?

— Oui.

Devant chez Marchal, la foule crie à la mort.

En haut du faubourg, le combat a repris, acharné. Ce soir, personne ne songe ni à la trêve ni au repos. Cette nuit, il faut en finir.

Vers 22 h 30, Truquin et un tailleur de pierre approchent du canal Saint-Martin. Il fait noir à présent. Depuis la rive opposée, les troupes de Lamoricière tirent à feu continu. Le tailleur de pierre, père de cinq enfants, terrorisé, avance courbé en deux.

— Poltron, vous risqueriez moins à marcher droit, plaisante le marquis de Haute Misère, impavide.

A l'instant, son compagnon s'écroule. Un faux-pas sans doute. Truquin tâte dans l'ombre : une balle, entrée par la nuque, lui a coupé la gorge. Mort !

A 2 heures du matin, Marchal, d'accord avec Perdiguier, délivre les députés qu'il retenait. C'est que les négociations se sont engagées avec le Gouvernement pour trouver une fin honorable au combat. Le président Sénard, à 4 heures, accepte le principe d'un cessez-le-feu ; les meneurs ne seront pas poursuivis, du moins dans l'immédiat. Mais, un peu plus tard, Cavaignac, remonté par Lamoricière, refuse tout ce qui ne serait pas une capitulation sans condition. Les insurgés ont jusqu'à 10 heures pour déposer les armes. Les délégués du faubourg rejoignent leur quartier, qui répond par un seul cri :

— A bas Cavaignac, mort au bourreau du peuple !

Au coin de la place et du faubourg, le général Perrot tire sa montre : 10 h 10.

— Feu !

Norbert Truquin se trouve sur la barricade, juste en face. Elle n'est plus défendue que par une trentaine de combattants, presque tous anciens soldats, résolus à mourir les armes à la main. La première décharge fauche huit hommes. Des habitants arrivent en renfort. Norbert aide à transporter les morts et les blessés. Une balle, en ricochant, lui tombe dans la main, qu'elle engourdit. Un ancien officier aux Chasseurs d'Afrique, blessé à la tête, lui crie :

— Va-t'en d'ici, mon petit ! Ce n'est pas la peine de risquer ta vie pour rien, puisque tu ne combats pas !

Quelques minutes plus tard, un éclat de pavé lui fracasse la tête. Il ne reste plus que cinq ou six combattants, qui voient la troupe se lancer à l'assaut. Ils s'égayent. L'attaque n'a pas duré un quart d'heure.

A 11 h 20, Sénard monte à son fauteuil présidentiel, annonce la reddition du faubourg :

— Oh que je suis heureux, remerciez Dieu !

Vive la République !

Meurent l'espérance, la fraternité, la promesse de l'aube !

Truquin regagne la rue Saint-Ambroise, en passant par la rue de Ménilmontant : « Un combattant qui venait de recevoir une balle en pleine poitrine s'écria "Je suis touché !". Il porta la main à sa blessure, fit une cinquantaine de pas comme pour rentrer chez lui, puis s'affaissa pour ne plus se relever. »

Dernier mort de juin sans doute.

Tout est fini.

Joseph Bergier note :

« Le temps a été magnifique tout le jour. »

Épilogue

« Je crois, dit le maçon creusois Martin Nadaud, qu'à nulle autre époque de notre histoire, l'opinion publique n'avait montré de meilleures dispositions pour améliorer la condition morale et matérielle du peuple. »

Aujourd'hui, avec les caricatures de Daumier dans la rétine, quand on dit les « Quarante-huitards », pour un peu, on se moquerait de leur élan vers la justice et la liberté — alors qu'ils ont institué le suffrage universel, proclamé le droit au travail, tenté d'organiser le monde ouvrier, émancipé les esclaves... La République des Blouses et celle des Habits, cherchant d'une certaine façon à mêler les besoins de l'industrialisation et l'appel du peuple-Christ, se sont égarées à la poursuite d'un autre ordre de choses, une utopie sociale, un bonheur lui aussi universel.

Difficile d'aller vers les Quarante-huitards et de faire le tour de leur aventure ; leurs exigences, leurs réussites, leurs confusions, leurs barricades, leurs chansons ont laissé dans les bibliothèques et les journaux tant de nouvelles et d'informations que nous n'avons pu tout utiliser. On en trouvera ici quelques-unes, comme pour montrer que Quarante-huit ne s'achève pas en juin, et qu'aucun livre ne le contient tout entier.

*Le 24 février 1851, à Londres, un banquet, destiné à

célébrer le troisième anniversaire de la Révolution, réunit 750 proscrits italiens, hongrois, allemands, polonais, français.

« Des drapeaux rouges, double symbole de l'unité sociale et de la glorification des martyrs, tapissent la salle. Des drapeaux noirs rappellent le deuil laissé dans toutes les âmes par cette insurrection de juin qui fut la bataille de la faim, faisant suite aux révoltes de l'esclavage. [...] Devant la tribune, une table de douze couverts portant les noms des principales prisons politiques de l'Europe. »

Nombreuses adresses, dont une de Martin Nadaud. Au dessert, dix-huit toasts, dont un de Louis Blanc : « A la liberté par l'égalité ! »

Victor Schoelcher, Pierre Leroux, Gustave Lefrançais — personnage à qui Eugène Pottier choisira de dédier sa chanson *L'Internationale* — se trouvent aussi à Londres. Leroux y a rencontré Martin Nadaud, toujours maçon, travaillant sur un échafaudage.

Lefrançais attend les élections françaises de 1852, tandis que le chansonnier Pierre Dupont dit sa conviction :

C'est dans deux ans, deux ans à peine
Que le coq gaulois chantera...

*Le lundi 25 septembre 1848, à 6 heures du soir, Joseph Bergier a quitté Paris par les Berlines Postes pour aller faire ses vendanges à Collonges. Il est arrivé à Lyon le 27 à 2 heures du matin. Là finit son *Journal*, et disparaît sa trace. Ce fut un bon républicain.

*Des 459 prisonniers politiques déportés en Algérie après les journées de Juin, dont plusieurs « mauvaises têtes », incarcérées à Alger, onze s'évadent le 4 octobre 1851 en écrivant une « Lettre à la France républicaine » : « *Nul de nous n'a jamais eu l'intention de frapper la société, et nous plaçons au premier rang de ses bases le travail, dont nous sommes les apôtres. Nous plions le genou devant la fraternité, cette religion suprême. [...] Avant-garde du Progrès, nous avons* *conservé pure dans la transportation l'idée révolutionnaire qui naquit du baiser de février à ton front, Ô patrie !* »

*Pauline Roland, quittant le Boussac de Pierre Leroux après juin 1848, participe à la Fondation fraternelle des instituteurs, institutrices et professeurs socialistes, « avec programme d'éducation ».

Condamnée à la déportation en Algérie, rapatriée pour raisons de santé, elle meurt à Lyon.

« C'était une âme énergique et fière, visant haut, commente Pierre Leroux. [...] Elle ne relèvera plus mon courage, elle me manque, elle manque à mes enfants, elle manque à tous. »

« Elle allait, dit alors Victor Hugo, portant de l'un à l'autre l'espérance ; c'était une espèce d'apôtre que Dieu, sur cette terre où nous gémissons tous, avait fait mère et femme afin qu'il fût plus doux. »

*Le Père Prosper Enfantin : polytechnicien, ingénieur, il fonda une église saint-simonienne avant de créer la Société d'étude pour le canal de Suez, qu'il eut l'idée de faire percer. Il s'intéressa aussi aux chemins de fer. Il est à l'origine, après 1848, de la ligne Paris-Lyon-Méditerranée. Fou, mais constructif...

Ses adeptes en économie sociale, comme le chocolatier Menier et le fabricant de poêles Godin, montèrent des ensembles de vie et de production qui subsistèrent au XXe siècle.

*Charles Gille, ancien ouvrier cérusien maltraité, qui dit en 1847-1848 quelques rudes vérités en composant des chansons vendues sur les trottoirs, contre les patrons et les conditions de travail. Nommé lieutenant de la Garde républicaine par Caussidière, il vécut en donnant des leçons de français et d'écriture à raison d'un franc le cachet.

Tremblez ! Tremblez ! La guerre sociale

A de nos jours pris son point de départ.

C'était sa conviction après Juin. « Englué dans la misère », le 24 avril 1856, après avoir soldé un compte de 2 francs chez un boutiquier, il s'est pendu dans sa chambre, à l'âge de trente-six ans.

*Autre suicide, celui de Jean Terson, ancien prêtre puis saint-simonien, l'un des quarante fils du Père Enfantin à Ménilmontant, né en 1803. De sa vie militante, il tira une morale ayant servi d'épigraphe à son premier livre (*Vie et souvenirs d'un ami du Progrès et de la Liberté*) : « Il ne saurait y avoir de véritable Démocratie que dans et par une République où tout se ferait par le Peuple et pour le Peuple. » Puis, à l'âge de quatre-vingt-un ans, ayant écrit *L'Idéalie*, il alla se jeter dans la Seine.

*Au temps du Gouvernement provisoire, du 27 février au 28 avril, se sont succédé quotidiennement des délégations à l'Hôtel de Ville, 271 démarches ou défilés en tout — 271 dont les Porteurs d'eau des fontaines marchands, les Marchands de fruits du marché des Innocents, les Suisses résidant à Paris, les représentants du département de la Haute-Marne...

*« Déjà, déjà ! (j'ai vingt-neuf ans à peine) et je compte plus d'affections parmi les morts que parmi les vivants. » En ce premier jour de 1853, le cœur lui fond, à Philippe Faure, et de Londres où le retient son opposition à l'Empire, le pays, les amis, lui manquent cruellement. Trois ans plus tard, à Jersey, le voilà porté en terre par Auguste Desmoulins, gendre de Pierre Leroux. Tous les jours, sa mère vient s'agenouiller et prier sur sa tombe. Victor Hugo, autre exilé, l'a rencontrée, sombre et inconsolable, en 1860.

Le 4 février 1853, Philippe avait été gracié, avec beaucoup d'autres, par Napoléon III, à l'occasion de son mariage avec Eugénie. Mais, introuvable, il ne l'a jamais su. Aurait-il accepté cette mesure de clémence impériale ? Les vrais démocrates, ses amis, en doutent. Ce sont des idées, c'est du peuple que viendra le salut.

*Norbert Truquin, l'enfant de Février, a choisi le grand large. Après Juin, il est parti en Algérie, quelques mois. En 1872, laissant sa femme à Lyon, il embarque pour l'Amérique du Sud. Il ne reviendra pas. Le mal de misère, contracté dès sa naissance, ne l'a jamais quitté.

« Peu d'hommes ont produit, dans leur vie, autant de travail, et souffert au même degré de l'injustice de leurs semblables. Mais l'excès de la souffrance a épuré ses haines, qu'il réserve pour les institutions vicieuses, sans garder aucun fiel contre les individus. »

Sans rancune, Norbert ! Ces dernières lignes sont datées d'avril 1887, à « Independencia près Villa Encarnacion, Paraguay. »

Le Paraguay, terre de révolutions innombrables ! Est-ce là-bas, si loin, que repose Truquin dans la terre des hommes ? Son dernier souffle — recueilli par qui ? — n'est pas venu jusqu'à nous, plus heureux que lui. Sa voix, elle, demeure inoubliable.

*Durant le sac des Tuileries, le 25 février, on trouve dans l'un des appartements privés un perroquet qui crie « Vive Guizot ! »

*A Limoges, au grand banquet de l'hiver 48, on protesta contre *La Marseillaise* :

— Ce n'est qu'un chant de guerre...

— Citoyens, répondit Marcellin Dussoubs-Gaston, l'aîné de la famille, il n'y a plus de sang impur !

Les Dussoubs vivaient au « Repaire », dans un vallon du Limousin : trois frères, leur mère, un oncle et la vieille négresse qui a sauvé celui-ci de l'insurrection de Saint-Domingue.

Marcellin Dussoubs-Gaston sera élu représentant du peuple. En juin, malade, il est remplacé sur la barricade par un de ses jeunes frères — qui s'y fera tuer.

*Voici Cavaignac vu par Pierre Leroux : « Par son air hautain, sa stature militaire, son visage étrange et sinistre et la couleur de la peau qu'avaient noircie et jaunie à la fois le soleil d'Afrique, une ambition concentrée et le feu lent de sa maladie, il me rappelait Othello. Il fut l'Othello insensé de cette République de Marrast que conduisait la Peur, et qui le conduisait.

« O razzias d'Alger, combien nous avions eu raison de pronostiquer que vous nous amèneriez des razzias de France !

« Il semble qu'à force de voir ses zouaves à couper les têtes de Bédouins, Eugène Cavaignac avait fini par adopter le dogme oriental de la Fatalité.

« La nuit où l'on condamna Louis Blanc, à la suite des journées de Juin, me rencontrant avec Cavaignac à l'entrée de la salle, presque au moment du scrutin :

— C'est bien malheureux, Monsieur, lui dis-je, que vous soyez obligé de commettre un crime !

— Oui, Monsieur, me répondit-il avec son ton bref et saccadé, c'est bien malheureux, mais c'est nécessaire.

« Il ne s'arrêta pas, il entra dans la salle et alla déposer sa boule pour ce qu'il reconnaissait être un crime. »

« Savez-vous, dit un jour Cavaignac à un de ses flatteurs, comment la Postérité nous appellera ? Elle nous appellera des bouchers... »

*Les comptoirs d'escompte ne prennent en pension que du papier revêtu de deux signatures, des récépissés sur marchandises, par exemple. La plupart des commerçants et industriels ne peuvent avoir de deuxième signature donc d'accès aux comptoirs d'escompte. Le sous-comptoir des Entrepreneurs joue les intermédiaires entre eux et le comptoir d'escompte local pour obtenir l'escompte de leurs titres ou effets par engagement direct, aval ou endos moyennant nantissement des marchandises ou d'autres valeurs ou certificats de dépôt. L'Assemblée met 500 000 francs à la disposition du CDE le 4 juillet et garantit ses opérations jusqu'à 4,5 millions de francs. Le sous-comptoir des Entrepreneurs existe encore aujourd'hui.

*Anthelme Corbon, l'un des trois représentants des Ateliers nationaux à l'Assemblée constituante. A l'âge de sept ans, il était en Haute-Marne rattacheur de fil, accroupi sous le métier de l'artisan. Il apprit à lire et à écrire seul, devint peintre en lettres puis métreur du bâtiment avant de gagner à vingt-cinq ans Paris, où il devint typographe, metteur en pages, sculpteur sur bois et sculpteur sur marbre avant d'écrire dans le journal *L'Atelier*, puis secrétaire de Garnier-Pagès en 1848. Le compagnonnage, expliquait-il, était, dans le travail, la seule voie pour le salut du peuple : « Que, repoussant l'idée décourageante de l'expiation, la pensée de la Révolution transforme le lieu d'exil en un domaine à exploiter, le bagne immense en un immense atelier. »

*Chenu, un des adjoints de Caussidière puis son ennemi intime, raconte, après Juin, ses aventures et ses blessures dans un livre qui sort en 1850. Sa langue, notamment quand il parle de Pornin, gouverneur de la préfecture de Police, s'efforce de respecter un argot de base — les aristos, les réacs, les bouchons, les discours chiqués, les rousses (policiers) autour de leur panier à salade, les rupins qui triment et ceux qui en ont plein leur sac, se font coffrer. « Et zig, et toc, c'est chouette, on peut rigoler... Tu veux prendre un canon, citoyen ? »

*« Nous croyons fermement à la justice de la révolution qui vient de s'accomplir, lance l'éditorial du premier numéro de *L'Ère nouvelle*, journal catholique de joie et d'espérance.

Nous la croyons non pas seulement permise mais voulue de Dieu ; nous croyons qu'elle est un des mouvements les plus honorables, les plus profonds, les plus doués de fécondité que le monde ait encore vus... En dénudant les fictions politiques, elle a dénudé à tous les yeux les réalités sociales... » Tandis que l'abbé Maret lance des formules comme : « Fille du christianisme et de la raison, la démocratie moderne est le dernier des progrès sociaux », Mgr Affre, archevêque de Paris, bénit lui-même, sur le parvis de Notre-Dame, un arbre de la liberté qui lui permet de dire son espoir entre le peuple républicain et l'Église.

*En mars 1948, tandis que Pierre Leroux s'est un peu éloigné de sa ferme et de son imprimerie de Boussac, son frère Jules demande l'impression, aux frais de l'État, de 2 698 000 volumes — soit 80 volumes pour chaque commune de France.

Quel vrac ! Les temps historiques contiennent leur propre vie, leur secret. Le destin des hommes consiste alors à s'associer pour construire une humanité qui donnera un sens à leurs bonheurs et à leurs misères. Par exemple, Quarante-huit, avec son socialisme (mot inventé par Pierre Leroux) religieux, est une de nos sources les plus claires.

A coup sûr, accompagner l'histoire dans le pas et le mot de ses acteurs peut nous obliger, comme le propose Renan, à devenir « le compagnon de route des étoiles ». Il s'agit en somme de franchir les rêves romantiques, les recherches lyriques ou les exigences matérialistes qui nous ont menés jusqu'ici, jusqu'à maintenant. Gardant en notre cœur cette histoire de pavés, d'obus et d'âmes...

Bibliographie

Les ouvrages portant sur 1848 sont en nombre presque infini. Sont recensés ici ceux d'entre eux que nous avons non seulement eus sous les yeux, mais effectivement utilisés, en commençant par les témoignages que nous avons choisis pour nous guider à travers les événements de février à juin 1848.

I. — TÉMOIGNAGES

BERGIER J., *Le Journal d'un Bourgeois de Lyon en 1848*, édité par J. Godart, Paris, 1924.

CHENU A., *Les conspirateurs, les sociétés secrètes. La Préfecture de Police sous Caussidière. Les Corps Francs*, Paris, 1850.

Id. Les Montagnards de 1848, précédé de *Réponse à Caussidière et autres démocs-socs*, Paris, 1850.

DU CAMP M., *Souvenirs de l'année 1848*, Paris, 1876.

Id., Souvenirs d'un demi-siècle, Paris, 1949.

FAURE Ph., *Journal d'un combattant de février*, édité par A. Desmoulins, Jersey, 1859. Sur Ph. Faure, voir aussi L. GUYON : « Un journaliste de 1848, Philippe Faure », *Bull. soc. d'hist. révol. 1848*, t. III, 1906-1907.

NADAUD M., *Mémoires de Léonard, ancien garçon maçon*, édité par M. Agulhon, Hachette, 1976.

PERDIGUIER A., *Mémoires d'un compagnon*. Sur A. Perdiguier, voir aussi J. Briquet, *Agricol Perdiguier, compagnon du Tour de France et représentant du peuple,* Marcel Rivière, 1955.

Roland P. : voir notamment M. Thibert, « Une apôtre socialiste de 1848 : Pauline Roland », *Bull. soc. d'hist. révol., 1848,* t. XXII, 1925-1926, et E. Thomas, *Pauline Roland, socialisme et féminisme au* XIX*e siècle,* Marcel Rivière, 1956.

Sand G., *Correspondance,* t. VII et VIII, édité par G. Lubin, Garnier, 1970-1971.

Id., Histoire de ma vie, Paris, s.d.

Terson J., *Mémoires,* Manuscrit, Bibl, Arsenal, Fds Enfantin. sur J. Terson, voir aussi M. Emerit, « Les Mémoires de Terson », *Revue Africaine,* Alger, 1948.

Tocqueville A. de, *Souvenirs,* nombreuses éditions.

Truquin N., *Mémoires et aventures d'un prolétaire à travers la révolution,* Maspero, 1977.

II. — Mémoires, études et récits contemporains

Alton-Shée (comte d'), *Souvenirs de 1847 et de 1848, pour faire suite à « Mes mémoires »,* Paris, s.d.

Apponyi (comte Rodolphe), *De la Révolution au coup d'État (1848-1851),* Genève, s.d.

Id., Vingt-cinq ans à Paris, (1826-1850), Paris, 1913-1926.

Audiffret G., *La Crise financière de 1848,* Paris, 1848.

Barrot, O., *Mémoires posthumes,* Paris, 1875-1876.

Benoit J., *Souvenirs de la République de 1848, Lyon, Paris,* Genève, 1855.

Beslay Ch., *1830, 1848. Mes souvenirs,* Paris, 1873.

Blanc L., *Histoire de la Révolution de 1848,* Paris, 1870.

Blanqui A., *Des classes ouvrières en France pendant l'année 1848,* Paris, 1849.

Boigne (comtesse de), *Récits d'une tante. Mémoires,* Paris, 1921-1923.

Caussidière L., *Mémoires,* Londres, 1848.

Chassin Ch.-L., *Félicien ou Souvenirs d'un étudiant de 1848,* Paris, 1904.

Dunoyer M., *La Révolution du 24 février,* Paris, 1849.

DUPIN M., *Mémoires*, Paris, 1855-1861.

FALLOUX A. de, *Mémoires d'un royaliste*, Paris, 1888.

FLAUBERT G., *L'Éducation sentimentale*, Paris, 1869.

GARNIER-PAGÈS L.-A., *Histoire de la Révolution de 1848*, Paris, 1860-1871.

GUIZOT F., *Mémoires pour servir à l'histoire de mon temps*, Paris, 1858-1867.

HUGO V., *Choses vues*, nombreuses éditions.

Journal d'un insurgé malgré lui, par J.-C. du faubourg Saint-Antoine, détenu au fort d'Ivry, Paris, 1849.

Journées de la Révolution de 1848, par un Garde national, Paris, 1848.

LA HODDE (de), *Histoire des sociétés secrètes et du parti républicain de 1830 à 1848*, Paris, 1850.

Id, La naissance de la République en février 1848, Paris, 1850.

LAMARTINE A. de, *Histoire de la Révolution de 1848*, Paris, 1849.

LEFRANÇAIS G., *Souvenirs d'un révolutionnaire*, Maspero, 1972.

LEROUX P., *Compte rendu du banquet de Limoges*, extrait de *L'Éclaireur de l'Indre*, Boussac, 1848.

LISZT F. et AGOULT (comtesse Marie d'), *Correspondance, 1840-1864*, édité par M.D. Ollivier, Paris, 1934.

LUCAS A., *Les Clubs et les Clubistes. Histoire complète et anecdotique des Clubs et des comités électoraux depuis la Révolution de 1848*, Paris, 1851.

MARNAY A.J. de (Charles Read), *Mémoires secrets et témoignages authentiques : chute de Charles X, royauté de Juillet, 24 février 1848. Accompagné de remarques sur la part des gouvernements étrangers dans nos révolutions*, Paris, 1875.

MARRAST A., *Les funérailles révolutionnaires*, Paris, 1848.

MARTIN-BERNARD M., *Dix ans de prison au Mont Saint-Michel et à la citadelle de Doullens, 1839 à 1848*, Paris, 1895.

MARX K., *La lutte des classes en France (1848-1851)*, traduit de l'allemand par L. Remy, Paris, 1900.

MICHELET J., *Journal*, édité par P. Viallaneix, Gallimard, 1959.

NORMANBY (marquis de), *Une année de révolution d'après un journal paru à Paris en 1848*, Paris, 1860.

PASQUIER (Chancelier), *La Révolution de 1848*, mémoires publiés par le duc d'Audiffret-Pasquier, Paris, 1944.

PELLETAN E., *Histoire des trois journées de février 1848*, Paris, 1848.

PROUDHON P.J., *Les Confessions d'un Révolutionnaire pour servir l'histoire de la Révolution de Février*, édité par D. Halévy, Paris, 1929.

REGNAULT E., *Histoire de huit ans (1840-1848)*, Paris, 1860.

Id., *Histoire du Gouvernement provisoire*, Paris, 1850.

RÉMUSAT Ch. de, *Mémoires de ma vie, 1841-1851*, édité par C.H. Pouthas, Plon, 1962.

SAINTE-BEUVE Ch.-A., *Portraits contemporains*, t. I, Paris, 1868.

STERN D. (Agoult comtesse Marie d'), *Histoire de la Révolution de 1848*, Paris, 1850-1853.

VÉRON Dr., *Mémoires d'un bourgeois de Paris*, Paris, 1853-1856.

VILLEMESSANT H. de, *Mémoires d'un journaliste*, Paris, 1867-1878.

III. — SOURCES PARTICULIÈRES

Sur les émeutes dans l'Indre et le Cher en 1847, *Arch. dép. Indre* : 2u70, 2u71 et 1u166, *Arch. dép. Cher* : 38u201, *Bibl. Nat :* F° LB 51-4258.

Histoire de la révolution de 1848, du Gouvernement provisoire et de la République, Bordeaux, 1849.

Procès-verbaux du Gouvernement provisoire et de la commission du pouvoir exécutif (24 février-22 juin 1848), Imprimerie Nationale, 1950.

Procès-verbaux du Comité de Travail à l'Assemblée Constituante de 1848, Biblio. de la Rév. de 1848, Paris, 1908.

Procès des insurgés de Rouen. Cour d'Assises du Calvados, Caen, 1849.

Biographie parlementaire des représentants du peuple à l'Assemblée Nationale Constituante de 1848, rédigée par une société de publicistes et d'hommes de lettres sous la direction de M. Athoy, Paris, s.d.

Procès des accusés du 15 mai devant la Haute Cour de Bourges, Paris, s.d. (1849-1850).

Procès des insurgés des 23, 24, 25 et 26 juin 1848 devant le conseil de guerre de la Première Division militaire avec un exposé de l'insurrection et le portrait des principaux accusés, publié par les sténographes de l'Assemblée nationale, revu par un avocat de la Cour d'Appel, Paris, 1848.

Juin 1848. Rapport de la Commission d'Enquête sur l'insurrection qui a éclaté dans la journée du 23 juin et sur les événements du 15 mai, Imprimerie Nationale, 1848.

DELVAU A., *Les murailles révolutionnaires*, Paris, 1851.

IZAMBARD H., *La Presse parisienne, statistique, bibliographie et Alphabétique de tous les journaux, revues et canards périodiques, nés, morts, ressuscités ou métamorphosés à Paris depuis le 22 février 1848 jusqu'à l'Empire, et suivi de la liste exacte de tous les journaux des départements*, Paris, 1853.

La chanson française. Le pamphlet du pauvre (1834-1851), édité par P. Brochon, Éd. Sociales, 1957.

DUPONT P., *Chants et chansons*, Paris, 1852.

POTTIER E., *Œuvres complètes*, édité par P. Brochon, Maspero, 1966.

MAITRON J. (sous la direction de), *Dictionnaire biographique du mouvement ouvrier français. Première partie : 1789-1864*, Éd. Ouvrières, Paris, 1964-1968.

IV. — AUTRES OUVRAGES

L'historiographie de 1848 s'est considérablement développée avec la création, en 1904, de la Société d'histoire de la Révolution de 1848 et des révolutions du XIXe siècle, qui a publié, jusqu'en 1940, un Bulletin, continué à partir de 1985, ainsi que des études diverses, l'ensemble constituant la Bibliothèque de la Révolution de 1848, dont la consultation est naturellement indispensable.

D'autre part, a paru en 1948 aux Presses Universitaires de France, sous les auspices du Comité national du Centenaire, une Collection du centenaire de la Révolution de 1848, comportant plus de vingt titres, brefs ouvrages consacrés notamment à des personnages tels que Blanqui, Raspail, Ledru-Rollin, Lamennais, Lamartine... Nous renvoyons à l'ensemble de cette série.

Parmi les titres récents ou plus anciens, nous nous sommes surtout servis de :

Actes du Congrès du centenaire de la Révolution de 1848, P.U.F., 1948.

ADLER L., *A l'aube du féminisme ; les premières journalistes (1830-1850)*, Payot, 1979.

AGULHON M., *1848 ou l'apprentissage de la république*, Seuil, 1973.

Id., *Les Quarante-Huitards*, Gallimard/Julliard, 1975.

ALMERAS H. (d'), *La vie parisienne sous la république de 1848*, Albin Michel, s.d.

BARRET P./GURGAND J.-N., *Ils voyagaient la France, vie et traditions des Compagnons du Tour de France au XIXe siècle*, Hachette, 1980.

BASTID P., *Doctrines et institutions politiques de la Seconde République*, Hachette, 1945.

BIONNIER Y., *Les Jacqueries de 1847 en Bas-Berry* (mémoire de maîtrise), Tours, à compte d'auteur, 1979.

CHEVALIER L., *Classes laborieuses et classes dangereuses à Paris pendant la première moitié du XIXe siècle*, Plon, 1958.

CORME A., *Karl Marx et la Révolution de 1848*, Paris, 1948.

CUVILLIER A., *Un journal d'ouvriers. L'« Atelier » (1840-1850)*, Paris, 1914.

DANSETTE A., *Louis-Napoléon à la conquête du pouvoir*, Hachette, 1961.

DAUMARD A., *La bourgeoisie parisienne de 1815 à 1848*, Paris, S.E.V.P.E.N., 1963.

DOMMANGET M., *Auguste Blanqui des origines à la révolution de 1848*, Mouton, 1969.

Id., *Les idées politiques et sociales d'Auguste Blanqui*, Rivière, 1957.

DUTACQ F., *Histoire politique de Lyon pendant la Révolution de 1848 (25 février-15 juillet)*, Paris, 1910.

DUVEAU G., *1848*, Gallimard, 1965.

Id., *Études d'histoire moderne et contemporaine*, Paris, 1948.

EVANS D.O., *Le socialisme romantique, Pierre Leroux et ses contemporains*, M. Rivière, 1948.

GIRARD L., *La IIe République*, Calmann-Lévy, 1968.

Id., *La Garde nationale*, Plon, 1964.

Id., *Nouvelle histoire de Paris, la IIe République et le Second Empire*, Hachette, 1981.

GRAS S., *La crise du milieu du XIXe siècle en Bas-Berry*, thèse B.U. Paris X, Nanterre.

GUILLEMIN H., *La première résurrection de la République*, Gallimard, 1967.

HUBERT E., *Le Bas-Berry, canton de Buzançais*, Paris, 1908.

JAILLAIS E., *La crise agricole 1846-1847 : problèmes des subsistances, émeutes frumentaires. Le cas de l'Indre-et-Loire* (mémoire de maîtrise), Inst. d'hist., Université F. Rabelais, Tours.

LABROUSSE E., *Le mouvement ouvrier et les théories sociales en France de 1815 à 1848*, Paris, 1960, Cours de Sorbonne ronéotypé.

LIMOUZIN-LAMOTHE R. et LEFLON J., *Mgr G. A. Affre, archevêque de Paris*, Paris, Vrin, 1971.

MOULIN Ch. (sous la direction de), *Le Livre du Centenaire*, Atlas, 1948.

MUHLSTEIN A., *James de Rothschild*, Gallimard, 1981.

MURAT I., *La IIe République*, Paris, 1987.

PIERRARD P., *L'Église et les ouvriers en France (1840-1940)*, Hachette, 1984.

Id., Les pauvres, l'Évangile et la révolution, Desclée de Brouwer, 1977.

THOMAS E., *Les femmes de 1848*, P.U.F., 1948.

VIGIER Ph., *La Seconde République*, P.U.F., 1967.

WASSERMANN S., *Les Clubs de Barbès et de Blanqui en 1848*, (Bibliothèque d'histoire moderne, XII), 1913.

Table

Cet ouvrage a été réalisé sur
Système Cameron
par la SOCIÉTÉ NOUVELLE FIRMIN-DIDOT
Mesnil-sur-l'Estrée
pour le compte des Éditions Fayard
le 18 avril 1988

Imprimé en France
Dépôt légal : avril 1988
N° d'édition : 8650 – N° d'impression : 9287
35-33-7868-01
ISBN 2-213-02096-5

35-7868-9